FRIEDRICH SCHILLER

Wallenstein

Ein dramatisches Gedicht

Wilhelm Goldmann Verlag

Vollständiger Text nach der Ausgabe letzter Hand. Verantwort-
lich für die Textredaktion: Jost Perfahl. Nachwort: Benno von
Wiese. Anmerkungen: Helmut Koopmann

70711 · Made in Germany · II · 13118
Genehmigte Taschenbuchausgabe. Die Originalausgabe, der „Wallenstein" ent-
nommen wurde, ist im Winkler-Verlag, München, erschienen. Umschlagent-
wurf: Creativ Shop, A.+A. Bachmannn, München. Foto: Theatermuseum
(Abteilung des Bayerischen Nationalmuseums), München. Druck: Presse-Druck
Augsburg. Verlagsnummer: 7564 · MV/ho
ISBN 3-442-07564-5

INHALT

WALLENSTEIN

Ein dramatisches Gedicht

WALLENSTEINS LAGER

Wachtmeister	*von einem Terzkyschen Karabinierregiment*
Trompeter	
Konstabler	

Scharfschützen
Zwei Holkische reitende Jäger
Buttlerische Dragoner
Arkebusiere *vom Regiment Tiefenbach*

Kürassier *von einem wallonischen*	*Regiment*
Kürassier *von einem lombardischen*	

Kroaten
Ulanen
Rekrut
Bürger
Bauer
Bauerknabe
Kapuziner
Soldatenschulmeister
Marketenderin
Eine Aufwärterin
Soldatenjungen
Hoboisten

Vor der Stadt Pilsen in Böhmen.

PROLOG

Gesprochen bei Wiedereröffnung der Schaubühne in Weimar im Oktober 1798

Der scherzenden, der ernsten Maske Spiel,
Dem ihr so oft ein willig Ohr und Auge
Geliehn, die weiche Seele hingegeben,
Vereinigt uns aufs neu in diesem Saal –
Und sieh! er hat sich neu verjüngt, ihn hat
Die Kunst zum heitern Tempel ausgeschmückt,
Und ein harmonisch hoher Geist spricht uns
Aus dieser edeln Säulenordnung an,
Und regt den Sinn zu festlichen Gefühlen.

Und doch ist dies der alte Schauplatz noch,
Die Wiege mancher jugendlichen Kräfte,
Die Laufbahn manches wachsenden Talents.
Wir sind die Alten noch, die sich vor euch
Mit warmem Trieb und Eifer ausgebildet.
Ein edler Meister stand auf diesem Platz,
Euch in die heitern Höhen seiner Kunst
Durch seinen Schöpfergenius entzückend.
Oh! möge dieses Raumes neue Würde
Die Würdigsten in unsre Mitte ziehn,
Und eine Hoffnung, die wir lang gehegt,
Sich uns in glänzender Erfüllung zeigen.
Ein großes Muster weckt Nacheiferung
Und gibt dem Urteil höhere Gesetze.
So stehe dieser Kreis, die neue Bühne
Als Zeugen des vollendeten Talents.
Wo möcht es auch die Kräfte lieber prüfen,
Den alten Ruhm erfrischen und verjüngen,
Als hier vor einem auserlesnen Kreis,
Der rührbar jedem Zauberschlag der Kunst
Mit leisbeweglichem Gefühl den Geist
In seiner flüchtigsten Erscheinung hascht?

Denn schnell und spurlos geht des Mimen Kunst,
Die wunderbare, an dem Sinn vorüber,
Wenn das Gebild des Meißels, der Gesang
Des Dichters nach Jahrtausenden noch leben.
Hier stirbt der Zauber mit dem Künstler ab,
Und wie der Klang verhallet in dem Ohr,
Verrauscht des Augenblicks geschwinde Schöpfung,
Und ihren Ruhm bewahrt kein daurend Werk.
Schwer ist die Kunst, vergänglich ist ihr Preis,
Dem Mimen flicht die Nachwelt keine Kränze,
Drum muß er geizen mit der Gegenwart,
Den Augenblick, der sein ist, ganz erfüllen,
Muß seiner Mitwelt mächtig sich versichern,
Und im Gefühl der Würdigsten und Besten
Ein lebend Denkmal sich erbaun – So nimmt er
Sich seines Namens Ewigkeit voraus,
Denn wer den Besten seiner Zeit genug
Getan, der hat gelebt für alle Zeiten.

Die neue Ära, die der Kunst Thaliens
Auf dieser Bühne heut beginnt, macht auch
Den Dichter kühn, die alte Bahn verlassend,
Euch aus des Bürgerlebens engem Kreis,
Auf einen höhern Schauplatz zu versetzen,
Nicht unwert des erhabenen Moments
Der Zeit, in dem wir strebend uns bewegen.
Denn nur der große Gegenstand vermag
Den tiefen Grund der Menschheit aufzuregen,
Im engen Kreis verengert sich der Sinn,
Es wächst der Mensch mit seinen größern Zwecken.

Und jetzt an des Jahrhunderts ernstem Ende,
Wo selbst die Wirklichkeit zur Dichtung wird,
Wo wir den Kampf gewaltiger Naturen
Um ein bedeutend Ziel vor Augen sehn,
Und um der Menschheit große Gegenstände
Um Herrschaft und um Freiheit wird gerungen,
Jetzt darf die Kunst auf ihrer Schattenbühne
Auch höhern Flug versuchen, ja sie muß,
Soll nicht des Lebens Bühne sie beschämen.

Zerfallen sehen wir in diesen Tagen
Die alte feste Form, die einst vor hundert
Und funfzig Jahren ein willkommner Friede
Europens Reichen gab, die teure Frucht
Von dreißig jammervollen Kriegesjahren.
Noch einmal laßt des Dichters Phantasie
Die düstre Zeit an euch vorüberführen,
Und blicket froher in die Gegenwart
Und in der Zukunft hoffnungsreiche Ferne.

In jenes Krieges Mitte stellt euch jetzt
Der Dichter. Sechzehn Jahre der Verwüstung,
Des Raubs, des Elends sind dahingeflohn,
In trüben Massen gäret noch die Welt,
Und keine Friedenshoffnung strahlt von fern.
Ein Tummelplatz von Waffen ist das Reich,
Verödet sind die Städte, Magdeburg
Ist Schutt, Gewerb und Kunstfleiß liegen nieder,
Der Bürger gilt nichts mehr, der Krieger alles,
Straflose Frechheit spricht den Sitten Hohn,
Und rohe Horden lagern sich, verwildert
Im langen Krieg, auf dem verheerten Boden.

Auf diesem finstern Zeitgrund malet sich
Ein Unternehmen kühnen Übermuts
Und ein verwegener Charakter ab.
Ihr kennet ihn – den Schöpfer kühner Heere,
Des Lagers Abgott und der Länder Geißel,
Die Stütze und den Schrecken seines Kaisers,
Des Glückes abenteuerlichen Sohn,
Der von der Zeiten Gunst emporgetragen,
Der Ehre höchste Staffeln rasch erstieg,
Und ungesättigt immer weiterstrebend,
Der unbezähmten Ehrsucht Opfer fiel.
Von der Parteien Gunst und Haß verwirrt
Schwankt sein Charakterbild in der Geschichte,
Doch euren Augen soll ihn jetzt die Kunst,
Auch eurem Herzen, menschlich näherbringen.
Denn jedes Äußerste führt sie, die alles
Begrenzt und bindet, zur Natur zurück,
Sie sieht den Menschen in des Lebens Drang

Und wälzt die größre Hälfte seiner Schuld
Den unglückseligen Gestirnen zu.

Nicht Er ist's, der auf dieser Bühne heut
Erscheinen wird. Doch in den kühnen Scharen,
Die sein Befehl gewaltig lenkt, sein Geist
Beseelt, wird euch sein Schattenbild begegnen,
Bis ihn die scheue Muse selbst vor euch
Zu stellen wagt in lebender Gestalt,
Denn seine Macht ist's, die sein Herz verführt,
Sein Lager nur erkläret sein Verbrechen.

Darum verzeiht dem Dichter, wenn er euch
Nicht raschen Schritts mit einemmal ans Ziel
Der Handlung reißt, den großen Gegenstand
In einer Reihe von Gemälden nur
Vor euren Augen abzurollen wagt.
Das heut'ge Spiel gewinne euer Ohr
Und euer Herz den ungewohnten Tönen,
In jenen Zeitraum führ es euch zurück,
Auf jene fremde kriegerische Bühne,
Die unser Held mit seinen Taten bald
Erfüllen wird.   Und wenn die Muse heut,
Des Tanzes freie Göttin und Gesangs,
Ihr altes deutsches Recht, des Reimes Spiel,
Bescheiden wieder fodert – tadelt's nicht!
Ja danket ihr's, daß sie das düstre Bild
Der Wahrheit in das heitre Reich der Kunst
Hinüberspielt, die Täuschung, die sie schafft
Aufrichtig selbst zerstört und ihren Schein
Der Wahrheit nicht betrüglich unterschiebt,
Ernst ist das Leben, heiter ist die Kunst.

Marketenderzelte, davor eine Kram- und Trödelbude. Soldaten von allen Farben und Feldzeichen drängen sich durcheinander, alle Tische sind besetzt. Kroaten und Ulanen an einem Kohlfeuer kochen, Marketenderin schenkt Wein, Soldatenjungen würfeln auf einer Trommel, im Zelt wird gesungen.

EIN BAUER *und sein* SOHN.

BAUERKNABE: Vater, es wird nicht gut ablaufen,
 Bleiben wir von dem Soldatenhaufen.
 Sind Euch gar trotzige Kameraden;
 Wenn sie uns nur nichts am Leibe schaden.
BAUER: Ei was! Sie werden uns ja nicht fressen,
 Treiben sie's auch ein wenig vermessen.
 Siehst du? sind neue Völker herein,
 Kommen frisch von der Saal und dem Main,
 Bringen Beut mit, die rarsten Sachen!
 Unser ist's, wenn wir's nur listig machen.
 Ein Hauptmann, den ein andrer erstach
 Ließ mir ein Paar glückliche Würfel nach.
 Die will ich heut einmal probieren,
 Ob sie die alte Kraft noch führen.
 Mußt dich nur recht erbärmlich stellen,
 Sind dir gar lockere, leichte Gesellen.
 Lassen sich gerne schöntun und loben,
 So wie gewonnen, so ist's zerstoben.
 Nehmen sie uns das Unsre in Scheffeln,
 Müssen wir's wiederbekommen in Löffeln;
 Schlagen sie grob mit dem Schwerte drein,
 So sind wir pfiffig und treiben's fein.
  Im Zelt wird gesungen und gejubelt.
 Wie sie juchzen – daß Gott erbarm!
 Alles das geht von des Bauern Felle.
 Schon acht Monate legt sich der Schwarm
 Uns in die Betten und in die Ställe,
 Weit herum ist in der ganzen Aue

Keine Feder mehr, keine Klaue,
Daß wir für Hunger und Elend schier
Nagen müssen die eignen Knochen.
War's doch nicht ärger und krauser hier,
Als der Sachs noch im Lande tät pochen.
Und die nennen sich Kaiserliche!

BAUERKNABE: Vater, da kommen ein paar aus der Küche,
Sehen nicht aus als wär viel zu nehmen.

BAUER: Sind einheimische, geborne Böhmen,
Von des Terschkas Karabinieren,
Liegen schon lang in diesen Quartieren.
Unter allen die Schlimmsten just,
Spreizen sich, werfen sich in die Brust,
Tun als wenn sie zu fürnehm wären,
Mit dem Bauer ein Glas zu leeren.
Aber dort seh ich die drei scharfe Schützen
Linker Hand um ein Feuer sitzen.
Sehen mir aus wie Tiroler schier.
Emmerich komm! An die wollen wir,
Lustige Vögel, die gerne schwatzen,
Tragen sich sauber und führen Batzen.
          Gehen nach den Zelten.

ZWEITER AUFTRITT

VORIGE. WACHTMEISTER. TROMPETER. ULAN.

TROMPETER: Was will der Bauer da? Fort Halunk!

BAUER: Gnädige Herren, einen Bissen und Trunk,
Haben heut noch nichts Warmes gegessen.

TROMPETER: Ei das muß immer saufen und fressen.

ULAN *mit einem Glase*: Nichts gefrühstückt? Da trink, du Hund!
          Führt den Bauer nach dem Zelte; jene kommen vorwärts.

WACHTMEISTER *zum Trompeter*: Meinst du, man hab uns ohne
Heute die doppelte Löhnung gegeben,   [Grund
Nur daß wir flott und lustig leben?

TROMPETER: Die Herzogin kommt ja heute herein
Mit dem fürstlichen Fräulein –

WACHTMEISTER: Das ist nur der Schein.
Die Truppen, die aus fremden Landen
Sich hier vor Pilsen zusammenfanden,

Die sollen wir gleich an uns locken
Mit gutem Schluck und guten Brocken,
Damit sie sich gleich zufrieden finden,
Und fester sich mit uns verbinden.

TROMPETER: Ja es ist wieder was im Werke!

WACHTMEISTER: Die Herrn Generäle und Kommendanten -

TROMPETER: Es ist gar nicht geheuer, wie ich merke.

WACHTMEISTER: Die sich so dick hier zusammenfanden –

TROMPETER: Sind nicht für die Langweil herbemüht.

WACHTMEISTER: Und das Gemunkel, und das Geschicke –

TROMPETER: Ja! ja!

WACHTMEISTER: Und von Wien die alte Perücke,
Die man seit gestern herumgehn sieht,
Mit der guldenen Gnadenkette,
Das hat was zu bedeuten, ich wette.

TROMPETER: Wieder so ein Spürhund, gebt nur acht,
Der die Jagd auf den Herzog macht.

WACHTMEISTER: Merkst du wohl? sie trauen uns nicht,
Fürchten des Friedländers heimlich Gesicht.
Er ist ihnen zu hoch gestiegen,
Möchten ihn gern herunterkriegen.

TROMPETER: Aber wir halten ihn aufrecht, wir.
Dächten doch alle wie ich und Ihr!

WACHTMEISTER: Unser Regiment und die andern vier,
Die der Terschka anführt, des Herzogs Schwager,
Das resoluteste Korps im Lager,
Sind ihm ergeben und gewogen,
Hat er uns selbst doch herangezogen.
Alle Hauptleute setzt' er ein,
Sind alle mit Leib und Leben sein.

DRITTER AUFTRITT

KROAT *mit einem Halsschmuck.* SCHARFSCHÜTZE *folgt.* VORIGE.

SCHARFSCHÜTZ: Kroat, wo hast du das Halsband gestohlen?
Handle dir's ab! dir ist's doch nichts nütz.
Geb dir dafür das Paar Terzerolen.

KROAT: Nix, nix! du willst mich betrügen, Schütz.

SCHARFSCHÜTZ: Nun! geb dir auch noch die blaue Mütz,
Hab sie soeben im Glücksrad gewonnen.

Siehst du? Sie ist zum höchsten Staat.
KROAT *läßt das Halsband in der Sonne spielen*:
's ist aber von Perlen und edelm Granat.
Schau, wie das flinkert in der Sonnen!
SCHARFSCHÜTZ *nimmt das Halsband*:
Die Feldflasche noch geb ich drein, *Besieht es*.
Es ist mir nur um den schönen Schein.
TROMPETER: Seht nur, wie der den Kroaten prellt!
Halbpart Schütze, so will ich schweigen.
KROAT *hat die Mütze aufgesetzt*: Deine Mütze mir wohlgefällt.
SCHARFSCHÜTZ *winkt dem Trompeter*:
Wir tauschen hier! Die Herrn sind Zeugen!

VIERTER AUFTRITT

VORIGE. KONSTABLER.

KONSTABLER *tritt zum Wachtmeister*: Wie ist's, Bruder Kara-
Werden wir uns lang noch die Hände wärmen,   [binier?
Da die Feinde schon frisch im Feld herumschwärmen?
WACHTMEISTER: Tut's Ihm so eilig, Herr Konstabel?
Die Wege sind noch nicht praktikabel.
KONSTABLER: Mir nicht. Ich sitze gemächlich hier;
Aber ein Eilbot ist angekommen,
Meldet, Regenspurg sei genommen.
TROMPETER: Ei, da werden wir bald aufsitzen.
WACHTMEISTER: Wohl gar! Um dem Bayer sein Land zu schüt-
Der dem Fürsten so unfreund ist?   [zen?
Werden uns eben nicht sehr erhitzen.
KONSTABLER: Meint Ihr? – Was Ihr nicht alles wißt!

FÜNFTER AUFTRITT

VORIGE. ZWEI JÄGER. *Dann* MARKETENDERIN. SOLDATEN-
JUNGEN. SCHULMEISTER. AUFWÄRTERIN.

ERSTER JÄGER: Sieh! sieh!
Da treffen wir lustige Kompanie.
TROMPETER: Was für Grünröck mögen das sein?
Treten ganz schmuck und stattlich ein.

WACHTMEISTER: Sind Holkische Jäger, die silbernen Tressen
   Holten sie sich nicht auf der Leipziger Messen.
MARKETENDERIN *kommt und bringt Wein*:
   Glück zur Ankunft, ihr Herrn!
ERSTER JÄGER: Was? der Blitz!
   Das ist ja die Gustel aus Blasewitz.
MARKETENDERIN: I freilich! Und Er ist wohl gar Mußjö,
   Der lange Peter aus Itzehö?
   Der seines Vaters goldene Füchse
   Mit unserm Regiment hat durchgebracht
   Zu Glückstadt, in einer lustigen Nacht. –
ERSTER JÄGER: Und die Feder vertauscht mit der Kugelbüchse.
MARKETENDERIN: Ei! da sind wir alte Bekannte!
ERSTER JÄGER: Und treffen uns hier im böhmischen Lande.
MARKETENDERIN: Heute da, Herr Vetter, und morgen dort –
   Wie einen der rauhe Kriegesbesen
   Fegt und schüttelt von Ort zu Ort,
   Bin indes weit herum gewesen.
ERSTER JÄGER: Will's Ihr glauben! Das stellt sich dar.
MARKETENDERIN: Bin hinauf bis nach Temesvár
   Gekommen, mit den Bagagewagen,
   Als wir den Mansfelder täten jagen.
   Lag mit dem Friedländer vor Stralsund,
   Ging mir dorten die Wirtschaft zugrund.
   Zog mit dem Sukkurs vor Mantua,
   Kam wieder heraus mit dem Feria,
   Und mit einem spanischen Regiment
   Hab ich einen Abstecher gemacht nach Gent.
   Jetzt will ich's im böhmischen Land probieren,
   Alte Schulden einkassieren –
   Ob mir der Fürst hilft zu meinem Geld.
   Und das dort ist mein Marketenderzelt.
ERSTER JÄGER: Nun, da trifft Sie alles beisammen an!
   Doch wo hat Sie den Schottländer hingetan,
   Mit dem Sie damals herumgezogen?
MARKETENDERIN: Der Spitzbub! der hat mich schön betrogen.
   Fort ist er! Mit allem davongefahren,
   Was ich mir tät am Leibe ersparen.
   Ließ mir nichts, als den Schlingel da!
SOLDATENJUNGE *kömmt gesprungen*:
   Mutter! sprichst du von meinem Papa?

ERSTER JÄGER: Nun, nun! das muß der Kaiser ernähren,
  Die Armee sich immer muß neu gebären.
SOLDATENSCHULMEISTER *kommt*:
  Fort in die Feldschule! Marsch, ihr Buben!
ERSTER JÄGER: Das fürcht sich auch vor der engen Stuben!
AUFWÄRTERIN *kommt*: Base, sie wollen fort.
MARKETENDERIN: Gleich! gleich!
ERSTER JÄGER: Ei, wer ist denn das kleine Schelmengesichte?
MARKETENDERIN: 's ist meiner Schwester Kind – aus dem
ERSTER JÄGER: Ei, also eine liebe Nichte?   [Reich.
              Marketenderin geht.
ZWEITER JÄGER *das Mädchen haltend*:
  Bleib Sie bei uns doch, artiges Kind.
AUFWÄRTERIN: Gäste dort zu bedienen sind.
              Macht sich los und geht.
ERSTER JÄGER: Das Mädchen ist kein übler Bissen! –
  Und die Muhme! beim Element!
  Was haben die Herrn vom Regiment
  Sich um das niedliche Lärvchen gerissen! –
  Was man nicht alles für Leute kennt!
  Und wie die Zeit von dannen rennt. –
  Was werd ich noch alles erleben müssen!
              Zum Wachtmeister und Trompeter:
  Euch zur Gesundheit, meine Herrn! –
  Laßt uns hier auch ein Plätzchen nehmen.

SECHSTER AUFTRITT

JÄGER. WACHTMEISTER. TROMPETER.

WACHTMEISTER: Wir danken schön. Von Herzen gern.
  Wir rücken zu. Willkommen in Böhmen!
ERSTER JÄGER: Ihr sitzt hier warm. Wir, in Feindesland,
  Mußten derweil uns schlecht bequemen.
TROMPETER: Man sollt's euch nicht ansehn, ihr seid galant.
WACHTMEISTER: Ja, ja, im Saalkreis und auch in Meißen
  Hört man euch Herrn nicht besonders preisen.
ZWEITER JÄGER: Seid mir doch still. Was will das heißen?
  Der Kroat es ganz anders trieb,
  Uns nur die Nachles übrigblieb.
TROMPETER: Ihr habt da einen saubern Spitzen

Am Kragen, und wie euch die Hosen sitzen!
Die feine Wäsche, der Federhut!
Was das alles für Wirkung tut!
Daß doch den Burschen das Glück soll scheinen,
Und so was kommt nie an unsereinen!

WACHTMEISTER:
Dafür sind wir des Friedländers Regiment,
Man muß uns ehren und respektieren.

ERSTER JÄGER: Das ist für uns andre kein Kompliment,
Wir ebensogut seinen Namen führen.

WACHTMEISTER: Ja, ihr gehört auch so zur ganzen Masse.

ERSTER JÄGER: Ihr seid wohl von einer besondern Rasse?
Der ganze Unterschied ist in den Röcken,
Und ich ganz gern mag in meinem stecken.

WACHTMEISTER: Herr Jäger, ich muß Euch nur bedauern,
Ihr lebt so draußen bei den Bauern;
Der feine Griff und der rechte Ton
Das lernt sich nur um des Feldherrn Person.

ERSTER JÄGER: Sie bekam Euch übel, die Lektion.
Wie er räuspert und wie er spuckt,
Das habt Ihr ihm glücklich abgeguckt;
Aber sein Schenie, ich meine sein Geist,
Sich nicht auf der Wachparade weist.

ZWEITER JÄGER: Wetter auch! wo Ihr nach uns fragt,
Wir heißen des Friedländers wilde Jagd,
Und machen dem Namen keine Schande –
Ziehen frech durch Feindes- und Freundeslande,
Querfeldein durch die Saat, durch das gelbe Korn –
Sie kennen das Holkische Jägerhorn! –
In einem Augenblick fern und nah,
Schnell wie die Sündflut, so sind wir da –
Wie die Feuerflamme bei dunkler Nacht
In die Häuser fähret, wenn niemand wacht –
Da hilft keine Gegenwehr, keine Flucht,
Keine Ordnung gilt mehr und keine Zucht. –
Es sträubt sich – der Krieg hat kein Erbarmen –
Das Mägdlein in unsern sennigten Armen –
Fragt nach, ich sag's nicht um zu prahlen;
In Bayreuth, im Vogtland, in Westfalen,
Wo wir nur durchgekommen sind –
Erzählen Kinder und Kindeskind

Nach hundert und aber hundert Jahren
Von dem Holk noch und seinen Scharen.

WACHTMEISTER: Nun da sieht man's! Der Saus und Braus
Macht denn der den Soldaten aus?
Das Tempo macht ihn, der Sinn und Schick,
Der Begriff, die Bedeutung, der feine Blick.

ERSTER JÄGER: Die Freiheit macht ihn! Mit Euren Fratzen!
Daß ich mit Euch soll darüber schwatzen. –
Lief ich darum aus der Schul und der Lehre,
Daß ich die Fron und die Galeere,
Die Schreibstub und ihre engen Wände
In dem Feldlager wiederfände? –
Flott will ich leben und müßig gehn,
Alle Tage was Neues sehn,
Mich dem Augenblick frisch vertrauen,
Nicht zurück, auch nicht vorwärts schauen –
Drum hab ich meine Haut dem Kaiser verhandelt,
Daß keine Sorg mich mehr anwandelt.
Führt mich ins Feuer frisch hinein,
Über den reißenden, tiefen Rhein,
Der dritte Mann soll verloren sein;
Werde mich nicht lang sperren und zieren. –
Sonst muß man mich aber, ich bitte sehr,
Mit nichts weiter inkommodieren.

WACHTMEISTER: Nu, nu, verlangt Ihr sonst nichts mehr?
Das ließ sich unter dem Wams da finden.

ERSTER JÄGER: Was war das nicht für ein Placken und Schinden
Bei Gustav dem Schweden, dem Leuteplager!
Der machte eine Kirch aus seinem Lager,
Ließ Betstunde halten, des Morgens, gleich
Bei der Reveille und beim Zapfenstreich.
Und wurden wir manchmal ein wenig munter,
Er kanzelt' uns selbst wohl vom Gaul herunter.

WACHTMEISTER: Ja, es war ein gottesfürchtiger Herr.

ERSTER JÄGER: Dirnen, die ließ er gar nicht passieren,
Mußten sie gleich zur Kirche führen.
Da lief ich, konnt's nicht ertragen mehr.

WACHTMEISTER: Jetzt geht's dort auch wohl anders her.

ERSTER JÄGER: So ritt ich hinüber zu den Ligisten,
Sie täten sich just gegen Magdeburg rüsten.
Ja, das war schon ein ander Ding!

Alles da lustiger, loser ging,
Soff und Spiel und Mädels die Menge!
Wahrhaftig, der Spaß war nicht gering.
Denn der Tilly verstand sich aufs Kommandieren.
Dem eigenen Körper war er strenge;
Dem Soldaten ließ er vieles passieren,
Und ging's nur nicht aus seiner Kassen,
Sein Spruch war: leben und leben lassen.
Aber das Glück blieb ihm nicht stet —
Seit der Leipziger Fatalität
Wollt es eben nirgends mehr flecken,
Alles bei uns geriet ins Stecken;
Wo wir erschienen und pochten an
Ward nicht gegrüßt noch aufgetan.
Wir mußten uns drücken von Ort zu Ort,
Der alte Respekt war eben fort. —
Da nahm ich Handgeld von den Sachsen,
Meinte, da müßte mein Glück recht wachsen.

WACHTMEISTER: Nun! da kamt Ihr ja eben recht
  Zur böhmischen Beute.

ERSTER JÄGER: Es ging mir schlecht.
  Sollten da strenge Mannszucht halten,
  Durften nicht recht als Feinde walten,
  Mußten des Kaisers Schlösser bewachen,
  Viel Umständ und Komplimente machen,
  Führten den Krieg, als wär's nur Scherz,
  Hatten für die Sach nur ein halbes Herz,
  Wollten's mit niemand ganz verderben,
  Kurz, da war wenig Ehr zu erwerben,
  Und ich wär bald für Ungeduld
  Wieder heimgelaufen zum Schreibepult,
  Wenn nicht eben auf allen Straßen
  Der Friedländer hätte werben lassen.

WACHTMEISTER: Und wie lang denkt Ihr's hier auszuhalten?

ERSTER JÄGER: Spaßt nur! solange der tut walten
  Denk ich Euch, mein Seel! an kein Entlaufen.
  Kann's der Soldat wo besser kaufen? —
  Da geht alles nach Kriegessitt,
  Hat alles 'nen großen Schnitt.
  Und der Geist, der im ganzen Korps tut leben,
  Reißet gewaltig, wie Windesweben,

Auch den untersten Reiter mit.
Da tret ich auf mit beherztem Schritt,
Darf über den Bürger kühn wegschreiten,
Wie der Feldherr über der Fürsten Haupt.
Es ist hier wie in den alten Zeiten,
Wo die Klinge noch alles tät bedeuten,
Da gibt's nur ein Vergehn und Verbrechen:
Der Order fürwitzig widersprechen!
Was nicht verboten ist, ist erlaubt;
Da fragt niemand, was einer glaubt.
Es gibt nur zwei Ding überhaupt,
Was zur Armee gehört und nicht,
Und nur der Fahne bin ich verpflicht'.

WACHTMEISTER: Jetzt gefallt Ihr mir, Jäger! Ihr sprecht
Wie ein Friedländischer Reitersknecht.

ERSTER JÄGER: Der führt's Kommando nicht wie ein Amt,
Wie eine Gewalt, die vom Kaiser stammt!
Es ist ihm nicht um des Kaisers Dienst,
Was bracht er dem Kaiser für Gewinst?
Was hat er mit seiner großen Macht
Zu des Landes Schirm und Schutz vollbracht?
Ein Reich von Soldaten wollt er gründen,
Die Welt anstecken und entzünden,
Sich alles vermessen und unterwinden –

TROMPETER: Still! Wer wird solche Worte wagen!

ERSTER JÄGER: Was ich denke, das darf ich sagen.
Das Wort ist frei, sagt der General.

WACHTMEISTER: So sagt er, ich hört's wohl einigemal,
Ich stand dabei. „Das Wort ist frei,
Die Tat ist stumm, der Gehorsam blind",
Dies urkundlich seine Worte sind.

ERSTER JÄGER: Ob's just seine Wort sind, weiß ich nicht;
Aber die Sach ist so wie er spricht.

ZWEITER JÄGER: Ihm schlägt das Kriegsglück nimmer um,
Wie's wohl bei andern pflegt zu geschehen.
Der Tilly überlebte seinen Ruhm.
Doch unter des Friedländers Kriegspanieren
Da bin ich gewiß zu viktorisieren.
Er bannet das Glück, es muß ihm stehen.
Wer unter seinem Zeichen tut fechten,
Der steht unter besondern Mächten.

Denn das weiß ja die ganze Welt,
Daß der Friedländer einen Teufel
Aus der Hölle im Solde hält.

WACHTMEISTER: Ja, daß er fest ist, das ist kein Zweifel.
Denn in der blut'gen Affär bei Lützen
Ritt er Euch unter des Feuers Blitzen
Auf und nieder mit kühlem Blut.
Durchlöchert von Kugeln war sein Hut,
Durch den Stiefel und Koller fuhren
Die Ballen, man sah die deutlichen Spuren,
Konnt ihm keine die Haut nur ritzen,
Weil ihn die höllische Salbe tät schützen.

ERSTER JÄGER: Was wollt Ihr da für Wunder bringen!
Er trägt ein Koller von Elendshaut,
Das keine Kugel kann durchdringen.

WACHTMEISTER: Nein, es ist die Salbe von Hexenkraut,
Unter Zaubersprüchen gekocht und gebraut.

TROMPETER: Es geht nicht zu mit rechten Dingen!

WACHTMEISTER: Sie sagen, er les auch in den Sternen
Die künftigen Dinge, die nahen und fernen;
Ich weiß aber besser, wie's damit ist.
Ein graues Männlein pflegt bei nächtlicher Frist
Durch verschlossene Türen zu ihm einzugehen,
Die Schildwachen haben's oft angeschrien,
Und immer was Großes ist drauf geschehen,
Wenn je das graue Röcklein kam und erschien.

ZWEITER JÄGER: Ja, er hat sich dem Teufel übergeben,
Drum führen wir auch das lustige Leben.

SIEBENTER AUFTRITT

VORIGE. EIN REKRUT. EIN BÜRGER. DRAGONER.

REKRUT *tritt aus dem Zelt, eine Blechhaube auf dem Kopfe, eine Weinflasche in der Hand*: Grüß den Vater und Vaters Brüder!
Bin Soldat, komme nimmer wieder.

ERSTER JÄGER: Sieh, da bringen sie einen Neuen!

BÜRGER: Oh! gib acht, Franz! Es wird dich reuen.

REKRUT *singt*:   Trommeln und Pfeifen,
                        Kriegrischer Klang!
                        Wandern und streifen

Die Welt entlang,
Rosse gelenkt,
Mutig geschwenkt,
Schwert an der Seite,
Frisch in die Weite,
Flüchtig und flink,
Frei, wie der Fink
Auf Sträuchern und Bäumen
In Himmelsräumen,
Heisa! ich folge des Friedländers Fahn!

ZWEITER JÄGER: Seht mir! das ist ein wackrer Kumpan!

Sie begrüßen ihn.

BÜRGER: Oh! laßt ihn! Er ist guter Leute Kind.

ERSTER JÄGER: Wir auch nicht auf der Straße gefunden sind.

BÜRGER: Ich sag euch, er hat Vermögen und Mittel.
Fühlt her, das feine Tüchlein am Kittel!

TROMPETER: Des Kaisers Rock ist der höchste Titel.

BÜRGER: Er erbt eine kleine Mützenfabrik.

ZWEITER JÄGER: Des Menschen Wille, das ist sein Glück.

BÜRGER: Von der Großmutter einen Kram und Laden.

ERSTER JÄGER: Pfui! wer handelt mit Schwefelfaden!

BÜRGER: Einen Weinschank dazu von seiner Paten;
Ein Gewölbe mit zwanzig Stückfaß Wein.

TROMPETER: Den teilt er mit seinen Kameraden.

ZWEITER JÄGER: Hör du! Wir müssen Zeltbrüder sein.

BÜRGER: Eine Braut läßt er sitzen in Tränen und Schmerz.

ERSTER JÄGER: Recht so, da zeigt er ein eisernes Herz.

BÜRGER: Die Großmutter wird für Kummer sterben.

ZWEITER JÄGER: Desto besser, so kann er sie gleich beerben.

WACHTMEISTER *tritt gravitätisch herzu, dem Rekruten die Hand auf
die Blechhaube legend*: Sieht Er! das hat Er wohl erwogen.
Einen neuen Menschen hat Er angezogen,
Mit dem Helm da und Wehrgehäng,
Schließt Er sich an eine würdige Meng.
Muß ein fürnehmer Geist jetzt in Ihn fahren –

ERSTER JÄGER: Muß besonders das Geld nicht sparen.

WACHTMEISTER: Auf der Fortuna ihrem Schiff
Ist Er zu segeln im Begriff,
Die Weltkugel liegt vor Ihm offen,
Wer nichts waget, der darf nichts hoffen.
Es treibt sich der Bürgersmann, träg und dumm,

Wie des Färbers Gaul, nur im Ring herum.
Aus dem Soldaten kann alles werden,
Denn Krieg ist jetzt die Losung auf Erden.
Seh Er mal mich an! In diesem Rock
Führ ich, sieht Er, des Kaisers Stock.
Alles Weltregiment, muß Er wissen,
Von dem Stock hat ausgehen müssen;
Und das Zepter in Königshand
Ist ein Stock nur, das ist bekannt.
Und wer's zum Korporal erst hat gebracht,
Der steht auf der Leiter zur höchsten Macht,
Und so weit kann Er's auch noch treiben.

ERSTER JÄGER: Wenn Er nur lesen kann und schreiben.

WACHTMEISTER: Da will ich Ihm gleich ein Exempel geben,
Ich tät's vor kurzem selbst erleben.
Da ist der Chef vom Dragonerkorps,
Heißt Buttler, wir standen als Gemeine
Noch vor dreißig Jahren bei Köln am Rheine,
Jetzt nennt man ihn Generalmajor.
Das macht, er tät sich baß hervor,
Tät die Welt mit seinem Kriegsruhm füllen,
Doch meine Verdienste, die blieben im stillen.
Ja, und der Friedländer selbst, sieht Er,
Unser Hauptmann und hochgebietender Herr,
Der jetzt alles vermag und kann,
War erst nur ein schlichter Edelmann,
Und weil er der Kriegsgöttin sich vertraut,
Hat er sich diese Größ erbaut,
Ist nach dem Kaiser der nächste Mann,
Und wer weiß, was er noch erreicht und ermißt,
Pfiffig: Denn noch nicht aller Tage Abend ist.

ERSTER JÄGER: Ja, er fing's klein an und ist jetzt so groß,
Denn zu Altdorf, im Studentenkragen,
Trieb er's, mit Permiß zu sagen,
Ein wenig locker und purschikos,
Hätte seinen Famulus bald erschlagen.
Wollten ihn drauf die Nürnberger Herren
Mir nichts, dir nichts, ins Karzer sperren,
's war just ein neugebautes Nest,
Der erste Bewohner sollt es taufen.
Aber wie fängt er's an? Er läßt

Weislich den Pudel voran erst laufen.
Nach dem Hunde nennt sich's bis diesen Tag;
Ein rechter Kerl sich dran spiegeln mag.
Unter des Herrn großen Taten allen
Hat mir das Stückchen besonders gefallen.

*Das Mädchen hat unterdessen aufgewartet; der zweite Jäger schäkert
mit ihr.*

DRAGONER *tritt dazwischen*: Kamerad! laß Er das unterwegen.
ZWEITER JÄGER: Wer Henker! hat sich da dreinzulegen!
DRAGONER: Ich will's Ihm nur sagen, die Dirn ist mein.
ERSTER JÄGER: Der will ein Schätzchen für sich allein!
    Dragoner, ist Er bei Troste! Sag Er!
ZWEITER JÄGER: Will was Apartes haben im Lager.
    Einer Dirne schön Gesicht
    Muß allgemein sein, wie 's Sonnenlicht! *Küßt sie.*
DRAGONER *reißt sie weg*: Ich sag's noch einmal, das leid ich nicht.
ERSTER JÄGER: Lustig! lustig! da kommen die Prager!
ZWEITER JÄGER: Sucht Er Händel? Ich bin dabei.
WACHTMEISTER: Fried, ihr Herren! Ein Kuß ist frei!

ACHTER AUFTRITT

*Bergknappen treten auf und spielen einen Walzer, erst langsam und
dann immer geschwinder. Der erste Jäger tanzt mit der Aufwärterin,
die Marketenderin mit dem Rekruten; das Mädchen entspringt, der
Jäger hinter ihr her und bekommt den Kapuziner zu fassen, der eben
hereintritt.*

KAPUZINER: Heisa, juchheia! Dudeldumdei!
    Das geht ja hoch her. Bin auch dabei!
    Ist das eine Armee von Christen?
    Sind wir Türken? sind wir Antibaptisten?
    Treibt man so mit dem Sonntag Spott,
    Als hätte der allmächtige Gott
    Das Chiragra, könnte nicht dreinschlagen?
    Ist's jetzt Zeit zu Saufgelagen?
    Zu Banketten und Feiertagen?
    Quid hic statis otiosi?
    Was steht ihr und legt die Hände in Schoß?
    Die Kriegsfuri ist an der Donau los,
    Das Bollwerk des Bayerlands ist gefallen,

Regenspurg ist in des Feindes Krallen,
Und die Armee liegt hier in Böhmen,
Pflegt den Bauch, läßt sich's wenig grämen,
Kümmert sich mehr um den Krug als den Krieg,
Wetzt lieber den Schnabel als den Sabel,
Hetzt sich lieber herum mit der Dirn,
Frißt den Ochsen lieber als den Oxenstirn.
Die Christenheit trauert in Sack und Asche,
Der Soldat füllt sich nur die Tasche.
Es ist eine Zeit der Tränen und Not,
Am Himmel geschehen Zeichen und Wunder
Und aus den Wolken, blutigrot,
Hängt der Herrgott den Kriegsmantel runter.
Den Kometen steckt er wie eine Rute
Drohend am Himmelsfenster aus,
Die ganze Welt ist ein Klagehaus,
Die Arche der Kirche schwimmt in Blute,
Und das römische Reich – daß Gott erbarm!
Sollte jetzt heißen römisch Arm,
Der Rheinstrom ist worden zu einem Peinstrom,
Die Klöster sind ausgenommene Nester,
Die Bistümer sind verwandelt in Wüsttümer,
Die Abteien und die Stifter
Sind nun Raubteien und Diebesklüfter,
Und alle die gesegneten deutschen Länder
Sind verkehrt worden in Elender –
Woher kommt das? das will ich euch verkünden,
Das schreibt sich her von euern Lastern und Sünden,
Von dem Greuel und Heidenleben,
Dem sich Offizier und Soldaten ergeben.
Denn die Sünd ist der Magnetenstein,
Der das Eisen ziehet ins Land herein.
Auf das Unrecht, da folgt das Übel,
Wie die Trän auf den herben Zwiebel,
Hinter dem U kömmt gleich das Weh,
Das ist die Ordnung im ABC.
    Ubi erit victoriae spes,
Si offenditur Deus? Wie soll man siegen,
Wenn man die Predigt schwänzt und die Meß,
Nichts tut als in den Weinhäusern liegen?
Die Frau in dem Evangelium

Fand den verlornen Groschen wieder,
Der Saul seines Vaters Esel wieder,
Der Joseph seine saubern Brüder;
Aber wer bei den Soldaten sucht
Die Furcht Gottes und die gute Zucht,
Und die Scham, der wird nicht viel finden,
Tät er auch hundert Laternen anzünden.
Zu dem Prediger in der Wüsten,
Wie wir lesen im Evangelisten,
Kamen auch die Soldaten gelaufen,
Taten Buß und ließen sich taufen,
Fragten ihn: Quid faciemus nos?
Wie machen wir's, daß wir kommen in Abrahams Schoß?
Et ait illis. Und er sagt:
Neminem concutiatis,
Wenn ihr niemanden schindet und plackt.
Neque calumniam faciatis,
Niemand verlästert, auf niemand lügt.
Contenti estote, euch begnügt
Stipendiis vestris mit eurer Löhnung
Und verflucht jede böse Angewöhnung.
Es ist ein Gebot: Du sollst den Namen
Deines Herrgotts nicht eitel auskramen,
Und wo hört man mehr blasphemieren
Als hier in den Friedländischen Kriegsquartieren?
Wenn man für jeden Donner und Blitz,
Den ihr losbrennt mit eurer Zungenspitz,
Die Glocken müßt läuten im Land umher,
Es wär bald kein Meßner zu finden mehr.
Und wenn euch für jedes böse Gebet,
Das aus eurem ungewaschnen Munde geht,
Ein Härlein ausging aus eurem Schopf,
Über Nacht wär er geschoren glatt,
Und wär er so dick wie Absalons Zopf.
Der Josua war doch auch ein Soldat,
König David erschlug den Goliath,
Und wo steht denn geschrieben zu lesen,
Daß sie solche Fluchmäuler sind gewesen?
Muß man den Mund doch, ich sollte meinen,
Nicht weiter aufmachen zu einem Helf Gott!
Als zu einem Kreuz Sackerlot!

Aber wessen das Gefäß ist gefüllt,
Davon es sprudelt und überquillt.
   Wieder ein Gebot ist: Du sollst nicht stehlen.
Ja, das befolgt ihr nach dem Wort,
Denn ihr tragt alles offen fort,
Vor euren Klauen und Geiersgriffen,
Vor euren Praktiken und bösen Kniffen
Ist das Geld nicht geborgen in der Truh,
Das Kalb nicht sicher in der Kuh,
Ihr nehmt das Ei und das Huhn dazu.
Was sagt der Prediger? Contenti estote,
Begnügt euch mit eurem Kommißbrote.
Aber wie soll man die Knechte loben,
Kömmt doch das Ärgernis von oben!
Wie die Glieder, so auch das Haupt!
Weiß doch niemand an wen der glaubt!

ERSTER JÄGER: Herr Pfaff! Uns Soldaten mag Er schimpfen,
  Den Feldherrn soll Er uns nicht verunglimpfen.

KAPUZINER: Ne custodias gregem meam!
  Das ist so ein Ahab und Jerobeam,
  Der die Völker von der wahren Lehren
  Zu falschen Götzen tut verkehren.

TROMPETER *und* REKRUT: Laß Er uns das nicht zweimal hören!

KAPUZINER: So ein Bramarbas und Eisenfresser,
  Will einnehmen alle festen Schlösser.
  Rühmte sich mit seinem gottlosen Mund,
  Er müsse haben die Stadt Stralsund,
  Und wär sie mit Ketten an den Himmel geschlossen.
  Hat aber sein Pulver umsonst verschossen.

TROMPETER: Stopft ihm keiner sein Lästermaul?

KAPUZINER: So ein Teufelsbeschwörer und König Saul,
  So ein Jehu und Holofern,
  Verleugnet wie Petrus seinen Meister und Herrn,
  Drum kann er den Hahn nicht hören krähn –

BEIDE JÄGER: Pfaffe, jetzt ist's um dich geschehn!

KAPUZINER: So ein listiger Fuchs Herodes –

TROMPETER *und* BEIDE JÄGER *auf ihn eindringend*:
  Schweig stille! Du bist des Todes.

KROATEN *legen sich drein*: Bleib da, Pfäfflein, fürcht dich nit,
  Sag dein Sprüchel und teil's uns mit.

KAPUZINER *schreit lauter*: So ein hochmütiger Nebukadnezer,

So ein Sündenvater und muffiger Ketzer,
Läßt sich nennen den Wallenstein,
Ja freilich ist er uns allen ein Stein
Des Anstoßes und Ärgernisses,
Und solang der Kaiser diesen Friedeland
Läßt walten, so wird nicht Fried im Land.

*Er hat nach und nach bei den letzten Worten, die er mit erhobener
Stimme spricht, seinen Rückzug genommen, indem die Kroaten die
übrigen Soldaten von ihm abwehren.*

NEUNTER AUFTRITT

VORIGE *ohne den Kapuziner.*

ERSTER JÄGER *zum Wachtmeister:*
Sagt mir! Was meint' er mit dem Göckelhahn,
Den der Feldherr nicht krähen hören kann?
Es war wohl nur so gesagt ihm zum Schimpf und Hohne?
WACHTMEISTER:
Da will ich Euch dienen! Es ist nicht ganz ohne!
Der Feldherr ist wundersam geboren,
Besonders hat er gar kitzlichte Ohren.
Kann die Katze nicht hören mauen,
Und wenn der Hahn kräht, so macht's ihm Grauen.
ERSTER JÄGER: Das hat er mit dem Löwen gemein.
WACHTMEISTER: Muß alles mausstill um ihn sein.
Den Befehl haben alle Wachen,
Denn er denkt gar zu tiefe Sachen.
STIMMEN *im Zelt. Auflauf:*
Greift ihn, den Schelm! Schlagt zu! Schlagt zu.
DES BAUERN STIMME: Hilfe! Barmherzigkeit!
ANDRE STIMMEN: Friede! Ruh!
ERSTER JÄGER: Hol mich der Teufel! Da setzt's Hiebe.
ZWEITER JÄGER: Da muß ich dabeisein!
                    Laufen ins Zelt.
MARKETENDERIN *kommt heraus:*   Schelmen und Diebe!
TROMPETER: Frau Wirtin, was setzt Euch so in Eifer?
MARKETENDERIN: Der Lump! der Spitzbub, der Straßenläufer!
Das muß mir in meinem Zelt passieren!
Es beschimpft mich bei allen Herrn Offizieren.
WACHTMEISTER: Bäschen, was gibt's denn?

MARKETENDERIN: Was wird's geben?
  Da erwischten sie einen Bauer eben,
  Der falsche Würfel tät bei sich haben.
TROMPETER: Sie bringen ihn hier mit seinem Knaben.

ZEHNTER AUFTRITT

SOLDATEN *bringen den* BAUER *geschleppt.*

ERSTER JÄGER: Der muß baumeln!
SCHARFSCHÜTZEN *und* DRAGONER: Zum Profoß! zum Profoß!
WACHTMEISTER: Das Mandat ist noch kürzlich ausgegangen.
MARKETENDERIN: In einer Stunde seh ich ihn hangen!
WACHTMEISTER: Böses Gewerbe bringt bösen Lohn.
ERSTER ARKEBUSIER *zum andern*:
  Das kommt von der Desperation.
  Denn seht! erst tut man sie ruinieren,
  Das heißt sie zum Stehlen selbst verführen.
TROMPETER: Was? was? Ihr redt ihm das Wort noch gar?
  Dem Hunde! tut Euch der Teufel plagen?
ERSTER ARKEBUSIER:
  Der Bauer ist auch ein Mensch – sozusagen.
ERSTER JÄGER *zum Trompeter*: Laß sie gehen! sind Tiefenbacher,
  Gevatter Schneider und Handschuhmacher!
  Lagen in Garnison zu Brieg,
  Wissen viel, was der Brauch ist im Krieg.

EILFTER AUFTRITT

VORIGE. KÜRASSIERE.

ERSTER KÜRASSIER: Friede! Was gibt's mit dem Bauer da?
ERSTER SCHARFSCHÜTZ: 's ist ein Schelm, hat im Spiel betrogen!
ERSTER KÜRASSIER: Hat er dich betrogen etwa?
ERSTER SCHARFSCHÜTZ: Ja, und hat mich rein ausgezogen.
ERSTER KÜRASSIER: Wie? du bist ein Friedländischer Mann,
  Kannst dich so wegwerfen und blamieren,
  Mit einem Bauer dein Glück probieren?
  Der laufe was er laufen kann.
          Bauer entwischt, die andern treten zusammen.
ERSTER ARKEBUSIER: Der macht kurze Arbeit, ist resolut,

Das ist mit solchem Volke gut.
Was ist's für einer? Es ist kein Böhm.

MARKETENDERIN: 's ist ein Wallon! Respekt vor dem!
Von des Pappenheims Kürassieren.

ERSTER DRAGONER *tritt dazu*:
Der Piccolomini, der junge, tut sie jetzt führen,
Den haben sie sich aus eigner Macht
Zum Oberst gesetzt in der Lützner Schlacht,
Als der Pappenheim umgekommen.

ERSTER ARKEBUSIER: Haben sie sich so was rausgenommen?

ERSTER DRAGONER: Dies Regiment hat was voraus,
Es war immer voran bei jedem Strauß.
Darf auch seine eigene Justiz ausüben,
Und der Friedländer tut's besonders lieben.

ERSTER KÜRASSIER *zum andern*:
Ist's auch gewiß? Wer bracht es aus?

ZWEITER KÜRASSIER: Ich hab's aus des Obersts eigenem Munde.

ERSTER KÜRASSIER: Was Teufel! Wir sind nicht ihre Hunde.

ERSTER JÄGER: Was haben die da? sind voller Gift.

ZWEITER JÄGER: Ist's was, ihr Herrn, das uns mit betrifft?

ERSTER KÜRASSIER: Es hat sich keiner drüber zu freuen.

Soldaten treten herzu.

Sie wollen uns in die Niederland leihen;
Kürassiere, Jäger, reitende Schützen,
Sollen achttausend Mann aufsitzen.

MARKETENDERIN: Was? was? da sollen wir wieder wandern?
Bin erst seit gestern zurück aus Flandern.

ZWEITER KÜRASSIER *zu den Dragonern*:
Ihr Buttlerischen, sollt auch mitreiten.

ERSTER KÜRASSIER: Und absonderlich wir Wallonen.

MARKETENDERIN: Ei, das sind ja die allerbesten Schwadronen!

ERSTER KÜRASSIER: Den aus Mailand sollen wir hinbegleiten.

ERSTER JÄGER: Den Infanten! Das ist ja kurios!

ZWEITER JÄGER: Den Pfaffen! Da geht der Teufel los.

ERSTER KÜRASSIER: Wir sollen von dem Friedländer lassen,
Der den Soldaten so nobel hält,
Mit dem Spanier ziehen zu Feld,
Dem Knauser, den wir von Herzen hassen?
Nein, das geht nicht! Wir laufen fort.

TROMPETER: Was zum Henker! sollen wir dort?
Dem Kaiser verkauften wir unser Blut

Und nicht dem hispanischen roten Hut.
ZWEITER JÄGER: Auf des Friedländers Wort und Kredit allein
  Haben wir Reitersdienst genommen;
  Wär's nicht aus Lieb für den Wallenstein,
  Der Ferdinand hätt uns nimmer bekommen.
ERSTER DRAGONER: Tät uns der Friedländer nicht formieren?
  Seine Fortuna soll uns führen.
WACHTMEISTER: Laßt euch bedeuten, hört mich an.
  Mit dem Gered da ist's nicht getan.
  Ich sehe weiter als ihr alle,
  Dahinter steckt eine böse Falle.
ERSTER JÄGER: Hört das Befehlbuch! Stille doch!
WACHTMEISTER: Bäschen Gustel, füllt mir erst noch
  Ein Gläschen Melnecker für den Magen,
  Alsdann will ich euch meine Gedanken sagen.
MARKETENDERIN *ihm einschenkend*:
  Hier, Herr Wachtmeister! Er macht mir Schrecken.
  Es wird doch nichts Böses dahinterstecken!
WACHTMEISTER: Seht, ihr Herrn, das ist all recht gut,
  Daß jeder das Nächste bedenken tut;
  Aber, pflegt der Feldherr zu sagen,
  Man muß immer das Ganze überschlagen.
  Wir nennen uns alle des Friedländers Truppen.
  Der Bürger, er nimmt uns ins Quartier,
  Und pflegt uns und kocht uns warme Suppen.
  Der Bauer muß den Gaul und den Stier
  Vorspannen an unsre Bagagewagen,
  Vergebens wird er sich drüber beklagen.
  Läßt sich ein Gefreiter mit sieben Mann
  In einem Dorfe von weitem spüren,
  Er ist die Obrigkeit drin und kann
  Nach Lust drin walten und kommandieren.
  Zum Henker! Sie mögen uns alle nicht,
  Und sähen des Teufels sein Angesicht
  Weit lieber als unsre gelben Kolletter.
  Warum schmeißen sie uns nicht aus dem Land? Potz Wetter!
  Sind uns an Anzahl doch überlegen,
  Führen den Knittel, wie wir den Degen.
  Warum dürfen wir ihrer lachen?
  Weil wir einen furchtbaren Haufen ausmachen!
ERSTER JÄGER: Ja, ja, im Ganzen, da sitzt die Macht!

Der Friedländer hat das wohl erfahren,
Wie er dem Kaiser vor acht – neun Jahren
Die große Armee zusammenbracht.
Sie wollten erst nur von zwölftausend hören;
Die, sagt er, die kann ich nicht ernähren;
Aber ich will sechzigtausend werben,
Die, weiß ich, werden nicht Hungers sterben.
Und so wurden wir Wallensteiner.

WACHTMEISTER: Zum Exempel, da hack mir einer
Von den fünf Fingern, die ich hab,
Hier an der rechten den kleinen ab.
Habt ihr mir den Finger bloß genommen?
Nein, beim Kuckuck! ich bin um die Hand gekommen!
's ist nur ein Stumpf, und nichts mehr wert.
Ja, und diese achttausend Pferd,
Die man nach Flandern jetzt begehrt,
Sind von der Armee nur der kleine Finger.
Läßt man sie ziehn, ihr tröstet euch,
Wir seien um ein Fünftel nur geringer?
Prost Mahlzeit! da fällt das Ganze gleich.
Die Furcht ist weg, der Respekt, die Scheu,
Da schwillt dem Bauer der Kamm aufs neu,
Da schreiben sie uns in der Wiener Kanzlei
Den Quartier- und den Küchenzettel,
Und es ist wieder der alte Bettel.
Ja, und wie lang wird's stehen an,
So nehmen sie uns auch noch den Feldhauptmann –
Sie sind ihm am Hofe so nicht grün,
Nun, da fällt eben alles hin!
Wer hilft uns dann wohl zu unserm Geld?
Sorgt, daß man uns die Kontrakte hält?
Wer hat den Nachdruck und hat den Verstand,
Den schnellen Witz und die feste Hand,
Diese gestückelten Heeresmassen
Zusammenzufügen und -zupassen?
Zum Exempel – Dragoner – sprich:
Aus welchem Vaterland schreibst du dich?

ERSTER DRAGONER: Weit aus Hibernien her komm ich.

WACHTMEISTER *zu den beiden Kürassieren*:
Ihr, das weiß ich, seid ein Wallon,
Ihr ein Welscher. Man hört's am Ton.

ERSTER KÜRASSIER: Wer ich bin? ich hab's nie können erfahren,
   Sie stahlen mich schon in jungen Jahren.
WACHTMEISTER: Und du bist auch nicht aus der Näh?
ERSTER ARKEBUSIER: Ich bin von Buchau am Federsee.
WACHTMEISTER: Und Ihr, Nachbar?
ZWEITER ARKEBUSIER: Aus der Schwitz.
WACHTMEISTER *zum zweiten Jäger*:
   Was für ein Landsmann bist du, Jäger?
ZWEITER JÄGER: Hinter Wismar ist meiner Eltern Sitz.
WACHTMEISTER *auf den Trompeter zeigend*:
   Und der da und ich, wir sind aus Eger.
   Nun! und wer merkt uns das nun an,
   Daß wir aus Süden und aus Norden
   Zusammengeschneit und -geblasen worden?
   Sehn wir nicht aus, wie aus einem Span?
   Stehn wir nicht gegen den Feind geschlossen,
   Recht wie zusammengeleimt und -gegossen?
   Greifen wir nicht wie ein Mühlwerk flink
   Ineinander, auf Wort und Wink?
   Wer hat uns so zusammengeschmiedet,
   Daß ihr uns nimmer unterschiedet?
   Kein andrer sonst als der Wallenstein!
ERSTER JÄGER: Das fiel mir mein Lebtag nimmer ein,
   Daß wir so gut zusammenpassen;
   Hab mich immer nur gehenlassen.
ERSTER KÜRASSIER: Dem Wachtmeister muß ich Beifall geben.
   Dem Kriegsstand kämen sie gern ans Leben;
   Den Soldaten wollen sie niederhalten,
   Daß sie alleine können walten.
   's ist eine Verschwörung, ein Komplott.
MARKETENDERIN: Eine Verschwörung? du lieber Gott!
   Da können die Herren ja nicht mehr zahlen.
WACHTMEISTER: Freilich! Es wird alles bankerott.
   Viele von den Hauptleuten und Generalen
   Stellten aus ihren eignen Kassen
   Die Regimenter, wollten sich sehen lassen,
   Täten sich angreifen über Vermögen,
   Dachten, es bring ihnen großen Segen.
   Und die alle sind um ihr Geld,
   Wenn das Haupt, wenn der Herzog fällt.
MARKETENDERIN: Ach! du mein Heiland! das bringt mir Fluch!

Die halbe Armee steht in meinem Buch.
Der Graf Isolani, der böse Zahler,
Restiert mir allein noch zweihundert Taler.
ERSTER KÜRASSIER: Was ist da zu machen, Kameraden?
Es ist nur eins, was uns retten kann,
Verbunden können sie uns nichts schaden,
Wir stehen alle für einen Mann.
Laßt sie schicken und ordenanzen,
Wir wollen uns fest in Böhmen pflanzen,
Wir geben nicht nach und marschieren nicht,
Der Soldat jetzt um seine Ehre ficht.
ZWEITER JÄGER:
Wir lassen uns nicht so im Land rumführen!
Sie sollen kommen und sollen's probieren!
ERSTER ARKEBUSIER: Liebe Herren, bedenkt's mit Fleiß,
's ist des Kaisers Will und Geheiß.
TROMPETER: Werden uns viel um den Kaiser scheren.
ERSTER ARKEBUSIER: Laß Er mich das nicht zweimal hören.
TROMPETER: 's ist aber doch so, wie ich gesagt.
ERSTER JÄGER: Ja, ja, ich hört's immer so erzählen,
Der Friedländer hab hier allein zu befehlen.
WACHTMEISTER: So ist's auch, das ist sein Beding und Pakt.
Absolute Gewalt hat er, müßt ihr wissen,
Krieg zu führen und Frieden zu schließen,
Geld und Gut kann er konfiszieren,
Kann henken lassen und pardonieren,
Offiziere kann er und Obersten machen,
Kurz, er hat alle die Ehrensachen.
Das hat er vom Kaiser eigenhändig.
ERSTER ARKEBUSIER: Der Herzog ist gewaltig und hochver-
Aber er bleibt doch, schlecht und recht,   [ständig;
Wie wir alle, des Kaisers Knecht.
WACHTMEISTER: Nicht wie wir alle! das wißt Ihr schlecht.
Er ist ein unmittelbarer und freier
Des Reiches Fürst, so gut wie der Bayer.
Sah ich's etwa nicht selbst mit an,
Als ich zu Brandeis die Wach getan,
Wie ihm der Kaiser selbsten erlaubt
Zu bedecken sein fürstlich Haupt?
ERSTER ARKEBUSIER: Das war für das Mecklenburger Land,
Das ihm der Kaiser versetzt als Pfand.

ERSTER JÄGER *zum Wachtmeister*: Wie? In des Kaisers Gegen-
    Das ist doch seltsam und sehr apart!   [wart?
WACHTMEISTER *fährt in die Tasche*:
    Wollt ihr mein Wort nicht gelten lassen,
    Sollt ihr's mit Händen greifen und fassen.
              Eine Münze zeigend.
    Wes ist das Bild und Gepräg?
MARKETENDERIN: Weist her!
    Ei, das ist ja ein Wallensteiner!
WACHTMEISTER: Na! da habt ihr's, was wollt ihr mehr?
    Ist er nicht Fürst so gut als einer?
    Schlägt er nicht Geld, wie der Ferdinand?
    Hat er nicht eigenes Volk und Land?
    Eine Durchlauchtigkeit läßt er sich nennen!
    Drum muß er Soldaten halten können.
ERSTER ARKEBUSIER: Das disputiert ihm niemand nicht.
    Wir aber stehn in des Kaisers Pflicht,
    Und wer uns bezahlt, das ist der Kaiser.
TROMPETER: Das leugn ich Ihm, sieht Er, ins Angesicht.
    Wer uns nicht zahlt, das ist der Kaiser!
    Hat man uns nicht seit vierzig Wochen
    Die Löhnung immer umsonst versprochen?
ERSTER ARKEBUSIER: Ei was! das steht ja in guten Händen.
ERSTER KÜRASSIER: Fried, ihr Herrn! Wollt ihr mit Schlägen
    Ist denn darüber Zank und Zwist,   [enden?
    Ob der Kaiser unser Gebieter ist?
    Eben drum, weil wir gern in Ehren
    Seine tüchtigen Reiter wären,
    Wollen wir nicht seine Herde sein,
    Wollen uns nicht von den Pfaffen und Schranzen
    Herum lassen führen und verpflanzen.
    Sagt selber! Kommt's nicht dem Herrn zugut,
    Wenn sein Kriegsvolk was auf sich halten tut?
    Wer anders macht ihn als seine Soldaten
    Zu dem großmächtigen Potentaten?
    Verschafft und bewahrt ihm weit und breit
    Das große Wort in der Christenheit?
    Mögen sich die sein Joch aufladen,
    Die mitessen von seinen Gnaden,
    Die mit ihm tafeln im goldnen Zimmer,
    Wir, wir haben von seinem Glanz und Schimmer

Nichts als die Müh und als die Schmerzen,
Und wofür wir uns halten in unserm Herzen.
ZWEITER JÄGER: Alle großen Tyrannen und Kaiser
Hielten's so und waren viel weiser.
Alles andre täten sie hudeln und schänden,
Den Soldaten trugen sie auf den Händen.
ERSTER KÜRASSIER: Der Soldat muß sich können fühlen.
Wer's nicht edel und nobel treibt,
Lieber weit von dem Handwerk bleibt.
Soll ich frisch um mein Leben spielen,
Muß mir noch etwas gelten mehr.
Oder ich lasse mich eben schlachten
Wie der Kroat – und muß mich verachten.
BEIDE JÄGER: Ja, übers Leben noch geht die Ehr!
ERSTER KÜRASSIER: Das Schwert ist kein Spaten, kein Pflug,
Wer damit ackern wollte, wäre nicht klug.
Es grünt uns kein Halm, es wächst keine Saat,
Ohne Heimat muß der Soldat
Auf dem Erdboden flüchtig schwärmen,
Darf sich an eignem Herd nicht wärmen,
Er muß vorbei an der Städte Glanz,
An des Dörfleins lustigen, grünen Auen,
Die Traubenlese, den Erntekranz
Muß er wandernd von ferne schauen.
Sagt mir, was hat er an Gut und Wert,
Wenn der Soldat sich nicht selber ehrt?
Etwas muß er sein eigen nennen,
Oder der Mensch wird morden und brennen.
ERSTER ARKEBUSIER: Das weiß Gott, 's ist ein elend Leben!
ERSTER KÜRASSIER: Möcht's doch nicht für ein andres geben.
Seht, ich bin weit in der Welt rumkommen,
Hab alles in Erfahrung genommen.
Hab der hispanischen Monarchie
Gedient und der Republik Venedig
Und dem Königreich Napoli,
Aber das Glück war mir nirgends gnädig.
Hab den Kaufmann gesehn und den Ritter,
Und den Handwerksmann und den Jesuiter,
Und kein Rock hat mir unter allen
Wie mein eisernes Wams gefallen.
ERSTER ARKEBUSIER: Ne! das kann ich eben nicht sagen.

ERSTER KÜRASSIER: Will einer in der Welt was erjagen,
   Mag er sich rühren und mag sich plagen,
   Will er zu hohen Ehren und Würden,
   Bück er sich unter die goldnen Bürden.
   Will er genießen den Vatersegen,
   Kinder und Enkelein um sich pflegen,
   Treib er ein ehrlich Gewerb in Ruh.
   Ich – ich hab kein Gemüt dazu.
   Frei will ich leben und also sterben,
   Niemand berauben und niemand beerben,
   Und auf das Gehudel unter mir
   Leicht wegschauen von meinem Tier.
ERSTER JÄGER: Bravo! Just so ergeht es mir.
ERSTER ARKEBUSIER: Lustiger freilich mag sich's haben,
   Über anderer Köpf wegtraben.
ERSTER KÜRASSIER: Kamerad, die Zeiten sind schwer,
   Das Schwert ist nicht bei der Waage mehr;
   Aber so mag mir's keiner verdenken,
   Daß ich mich lieber zum Schwert will lenken.
   Kann ich im Krieg mich doch menschlich fassen,
   Aber nicht auf mir trommeln lassen.
ERSTER ARKEBUSIER: Wer ist dran schuld, als wir Soldaten,
   Daß der Nährstand in Schimpf geraten?
   Der leidige Krieg, und die Not und Plag
   In die sechzehn Jahr schon währen mag.
ERSTER KÜRASSIER: Bruder, den lieben Gott da droben,
   Es können ihn alle zugleich nicht loben.
   Einer will die Sonn, die den andern beschwert,
   Dieser will's trocken, was jener feucht begehrt.
   Wo du nur die Not siehst und die Plag,
   Da scheint mir des Lebens heller Tag.
   Geht's auf Kosten des Bürgers und Bauern,
   Nun wahrhaftig, sie werden mich dauern;
   Aber ich kann's nicht ändern – seht,
   's ist hier just, wie's beim Einhaun geht,
   Die Pferde schnauben und setzen an,
   Liege wer will mitten in der Bahn,
   Sei's mein Bruder, mein leiblicher Sohn,
   Zerriß mir die Seele sein Jammerton,
   Über seinen Leib weg muß ich jagen,
   Kann ihn nicht sachte beiseite tragen.

ERSTER JÄGER: Ei, wer wird nach dem andern fragen!

ERSTER KÜRASSIER:
Und weil sich's nun einmal so gemacht,
Daß das Glück dem Soldaten lacht,
Laßt's uns mit beiden Händen fassen,
Lang werden sie's uns nicht so treiben lassen.
Der Friede wird kommen über Nacht,
Der dem Wesen ein Ende macht;
Der Soldat zäumt ab, der Bauer spannt ein,
Eh man's denkt, wird's wieder das Alte sein.
Jetzt sind wir noch beisammen im Land,
Wir haben's Heft noch in der Hand,
Lassen wir uns auseinandersprengen,
Werden sie uns den Brotkorb höher hängen.

ERSTER JÄGER: Nein, das darf nimmermehr geschehn!
Kommt, laßt uns alle für einen stehn.

ZWEITER JÄGER: Ja, laßt uns eine Abrede nehmen, hört!

ERSTER ARKEBUSIER *ein ledernes Beutelchen ziehend, zur Marketenderin*: Gevatterin, was hab ich verzehrt?

MARKETENDERIN: Ach! es ist nicht der Rede wert!

Sie rechnen.

TROMPETER: Ihr tut wohl, daß ihr weitergeht,
Verderbt uns doch nur die Sozietät.

Arkebusiere gehen ab.

ERSTER KÜRASSIER: Schad um die Leut! Sind sonst wackre

ERSTER JÄGER: Aber das denkt wie ein Seifensieder.   [Brüder.

ZWEITER JÄGER: Jetzt sind wir unter uns, laßt hören,
Wie wir den neuen Anschlag stören.

TROMPETER: Was? wir gehen eben nicht hin.

ERSTER KÜRASSIER: Nichts, ihr Herrn, gegen die Disziplin!
Jeder geht jetzt zu seinem Korps,
Trägt's den Kameraden vernünftig vor,
Daß sie's begreifen und einsehen lernen.
Wir dürfen uns nicht so weit entfernen.
Für meine Wallonen sag ich gut.
So, wie ich, jeder denken tut.

WACHTMEISTER: Terzkas Regimenter zu Roß und Fuß
Stimmen alle in diesen Schluß.

ZWEITER KÜRASSIER *stellt sich zum ersten*:
Der Lombard sich nicht vom Wallonen trennt.

ERSTER JÄGER: Freiheit ist Jägers Element.

ZWEITER JÄGER: Freiheit ist bei der Macht allein.
   Ich leb und sterb bei dem Wallenstein.
ERSTER SCHARFSCHÜTZ:
   Der Lothringer geht mit der großen Flut,
   Wo der leichte Sinn ist und lustiger Mut.
DRAGONER: Der Irländer folgt des Glückes Stern.
ZWEITER SCHARFSCHÜTZ: Der Tiroler dient nur dem Landes-
ERSTER KÜRASSIER: Also laßt jedes Regiment   [herrn.
   Ein Pro Memoria reinlich schreiben:
   Daß wir zusammen wollen bleiben,
   Daß uns keine Gewalt noch List
   Von dem Friedländer weg soll treiben,
   Der ein Soldatenvater ist.
   Das reicht man in tiefer Devotion
   Dem Piccolomini – ich meine den Sohn –
   Der versteht sich auf solche Sachen,
   Kann bei dem Friedländer alles machen,
   Hat auch einen großen Stein im Brett
   Bei des Kaisers und Königs Majestät.
ZWEITER JÄGER: Kommt! Dabei bleibt's! Schlagt alle ein!
   Piccolomini soll unser Sprecher sein.
TROMPETER, DRAGONER, ERSTER JÄGER, ZWEITER KÜRASSIER,
SCHARFSCHÜTZEN *zugleich*: Piccolomini soll unser Sprecher sein.
                         Wollen fort.
WACHTMEISTER: Erst noch ein Gläschen, Kameraden! *Trinkt.*
   Des Piccolomini hohe Gnaden!
MARKETENDERIN *bringt eine Flasche*:
   Das kommt nicht aufs Kerbholz. Ich geb es gern.
   Gute Verrichtung, meine Herrn!
KÜRASSIER: Der Wehrstand soll leben!
BEIDE JÄGER: Der Nährstand soll geben!
DRAGONER *und* SCHARFSCHÜTZEN: Die Armee soll florieren!
TROMPETER *und* WACHTMEISTER:
   Und der Friedländer soll sie regieren.
ZWEITER KÜRASSIER *singt*:
        Wohl auf, Kameraden, aufs Pferd, aufs Pferd!
           Ins Feld, in die Freiheit gezogen.
        Im Felde, da ist der Mann noch was wert,
           Da wird das Herz noch gewogen.
        Da tritt kein anderer für ihn ein,
        Auf sich selber steht er da ganz allein.

Die Soldaten aus dem Hintergrunde haben sich während des Gesangs
herbeigezogen und machen den Chor.

CHOR: Da tritt kein anderer für ihn ein,
               Auf sich selber steht er da ganz allein.

DRAGONER:
               Aus der Welt die Freiheit verschwunden ist,
                  Man sieht nur Herrn und Knechte;
               Die Falschheit herrschet, die Hinterlist
                  Bei dem feigen Menschengeschlechte.
               Der dem Tod ins Angesicht schauen kann,
               Der Soldat allein, ist der freie Mann.

CHOR: Der dem Tod ins Angesicht schauen kann,
               Der Soldat allein, ist der freie Mann.

ERSTER JÄGER:
               Des Lebens Ängsten, er wirft sie weg,
                  Hat nicht mehr zu fürchten, zu sorgen;
               Er reitet dem Schicksal entgegen keck,
                  Trifft's heute nicht, trifft es doch morgen,
               Und trifft es morgen, so lasset uns heut
               Noch schlürfen die Neige der köstlichen Zeit.

CHOR: Und trifft es morgen, so lasset uns heut
               Noch schlürfen die Neige der köstlichen Zeit.

Die Gläser sind aufs neue gefüllt worden, sie stoßen an und trinken.

WACHTMEISTER:
               Von dem Himmel fällt ihm sein lustig Los,
                  Braucht's nicht mit Müh zu erstreben,
               Der Fröner, der sucht in der Erde Schoß,
                  Da meint er den Schatz zu erheben.
               Er gräbt und schaufelt solang er lebt,
               Und gräbt, bis er endlich sein Grab sich gräbt.

CHOR: Er gräbt und schaufelt solang er lebt,
               Und gräbt, bis er endlich sein Grab sich gräbt.

ERSTER JÄGER:
               Der Reiter und sein geschwindes Roß,
                  Sie sind gefürchtete Gäste;
               Es flimmern die Lampen im Hochzeitschloß,
                  Ungeladen kommt er zum Feste,
               Er wirbt nicht lange, er zeiget nicht Gold,
               Im Sturm erringt er den Minnesold.

CHOR: Er wirbt nicht lange, er zeiget nicht Gold,
               Im Sturm erringt er den Minnesold.

ZWEITER KÜRASSIER:

> Warum weint die Dirn und zergrämet sich schier?
> Laß fahren dahin, laß fahren!
> Er hat auf Erden kein bleibend Quartier,
> Kann treue Lieb nicht bewahren.
> Das rasche Schicksal, es treibt ihn fort,
> Seine Ruh läßt er an keinem Ort.

CHOR:

> Das rasche Schicksal, es treibt ihn fort,
> Seine Ruh läßt er an keinem Ort.

ERSTER JÄGER *faßt die zwei nächsten an der Hand, die übrigen ahmen es nach; alle welche gesprochen, bilden einen großen Halbkreis:*

> Drum frisch, Kameraden, den Rappen gezäumt,
> Die Brust im Gefechte gelüftet.
> Die Jugend brauset, das Leben schäumt,
> Frisch auf! eh der Geist noch verdüftet.
> Und setzet ihr nicht das Leben ein,
> Nie wird euch das Leben gewonnen sein.

CHOR:

> Und setzet ihr nicht das Leben ein,
> Nie wird euch das Leben gewonnen sein.

Der Vorhang fällt, ehe der Chor ganz ausgesungen.

DIE PICCOLOMINI

In fünf Aufzügen

Wallenstein, *Herzog zu Friedland, kaiserlicher Generalissimus im Dreißigjährigen Kriege*

Octavio Piccolomini, *Generallieutenant*

Max Piccolomini, *sein Sohn, Oberst bei einem Kürassierregiment*

Graf Terzky, *Wallensteins Schwager, Chef mehrerer Regimenter*

Illo, *Feldmarschall, Wallensteins Vertrauter*

Isolani, *General der Kroaten*

Buttler, *Chef eines Dragonerregiments*

Tiefenbach

Don Maradas

Götz   *Generale unter Wallenstein*

Colalto

Rittmeister Neumann, *Terzkys Adjutant*

Kriegsrat von Questenberg, *vom Kaiser gesendet*

Baptista Seni, *Astrolog*

Herzogin von Friedland, *Wallensteins Gemahlin*

Thekla, *Prinzessin von Friedland, ihre Tochter*

Gräfin Terzky, *der Herzogin Schwester*

Ein Kornett

Kellermeister *des Grafen Terzky*

Friedländische Pagen und Bediente

Terzkysche Bediente und Hoboisten

Mehrere Obersten und Generale

ERSTER AUFZUG

Ein alter gotischer Saal auf dem Rathause zu Pilsen, mit Fahnen und anderm Kriegsgeräte dekoriert.

ERSTER AUFTRITT

ILLO *mit* BUTTLER *und* ISOLANI.

ILLO: Spät kommt Ihr – Doch Ihr kommt! Der weite Weg,
    Graf Isolan, entschuldigt Euer Säumen.
ISOLANI: Wir kommen auch mit leeren Händen nicht!
    Es ward uns angesagt bei Donauwerth,
    Ein schwedischer Transport sei unterwegs
    Mit Proviant, an die sechshundert Wagen. –
    Den griffen die Kroaten mir noch auf,
    Wir bringen ihn.
ILLO: Er kommt uns grad zupaß,
    Die stattliche Versammlung hier zu speisen.
BUTTLER: Es ist schon lebhaft hier, ich seh's.
ISOLANI: Ja, ja,
    Die Kirchen selber liegen voll Soldaten, *Sich umschauend:*
    Auch auf dem Rathaus, seh ich, habt ihr euch
    Schon ziemlich eingerichtet – Nun! nun! der Soldat
    Behilft und schickt sich wie er kann!
ILLO: Von dreißig Regimentern haben sich
    Die Obersten zusammen schon gefunden,
    Den Terzky trefft Ihr hier, den Tiefenbach,
    Colalto, Götz, Maradas, Hinnersam,
    Auch Sohn und Vater Piccolomini –
    Ihr werdet manchen alten Freund begrüßen.
    Nur Gallas fehlt uns noch und Altringer.
BUTTLER: Auf Gallas wartet nicht.
ILLO *stutzt:*   Wieso? Wißt Ihr –
ISOLANI *unterbricht ihn:*
    Max Piccolomini hier? Oh! führt mich zu ihm.
    Ich seh ihn noch – es sind jetzt zehen Jahr –
    Als wir bei Dessau mit dem Mansfeld schlugen,
    Den Rappen sprengen von der Brück herab,

Und zu dem Vater, der in Nöten war,
Sich durch der Elbe reißend Wasser schlagen.
Da sproßt' ihm kaum der erste Flaum ums Kinn,
Jetzt, hör ich, soll der Kriegsheld fertig sein.

ILLO: Ihr sollt ihn heut noch sehn. Er führt aus Kärnten
Die Fürstin Friedland her und die Prinzessin,
Sie treffen diesen Vormittag noch ein.

BUTTLER: Auch Frau und Tochter ruft der Fürst hieher?
Er ruft hier viel zusammen.

ISOLANI: Desto besser.
Erwartet ich doch schon von nichts als Märschen
Und Batterien zu hören und Attacken;
Und siehe da! der Herzog sorgt dafür,
Daß auch was Holdes uns das Aug ergötze.

ILLO *der nachdenkend gestanden, zu Buttlern, den er ein wenig auf die
Seite führt*: Wie wißt Ihr, daß Graf Gallas außen bleibt?

BUTTLER *mit Bedeutung*:
Weil er auch mich gesucht zurückzuhalten.

ILLO *warm*: Und Ihr seid fest geblieben? *Drückt ihm die Hand.*
                          Wackrer Buttler!

BUTTLER: Nach der Verbindlichkeit, die mir der Fürst
Noch kürzlich aufgelegt –

ILLO: Ja, Generalmajor! Ich gratuliere!

ISOLANI: Zum Regiment, nicht wahr? das ihm der Fürst
Geschenkt? Und noch dazu dasselbe, hör ich,
Wo er vom Reiter hat heraufgedient?
Nun, das ist wahr! dem ganzen Korps gereicht's
Zum Sporn, zum Beispiel, macht einmal ein alter
Verdienter Kriegsmann seinen Weg.

BUTTLER: Ich bin verlegen,
Ob ich den Glückwunsch schon empfangen darf,
– Noch fehlt vom Kaiser die Bestätigung.

ISOLANI: Greif zu! greif zu! Die Hand, die Ihn dahin
Gestellt, ist stark genug Ihn zu erhalten,
Trotz Kaiser und Ministern.

ILLO: Wenn wir alle
So gar bedenklich wollten sein!
Der Kaiser gibt uns nichts – vom Herzog
Kommt alles, was wir hoffen, was wir haben.

ISOLANI *zu Illo*: Herr Bruder! Hab ich's schon erzählt? Der
Will meine Kreditoren kontentieren,   [Fürst

Will selber mein Kassier sein künftighin,
Zu einem ordentlichen Mann mich machen.
Und das ist nun das drittemal, bedenk Er!
Daß mich der Königlichgesinnte vom
Verderben rettet, und zu Ehren bringt.
ILLO: Könnt er nur immer wie er gerne wollte!
Er schenkte Land und Leut an die Soldaten.
Doch wie verkürzen sie in Wien ihm nicht den Arm,
Beschneiden wo sie können ihm die Flügel! –
Da! diese neuen, saubern Foderungen,
Die dieser Questenberger bringt!
BUTTLER: Ich habe mir
Von diesen kaiserlichen Foderungen auch·
Erzählen lassen – doch ich hoffe,
Der Herzog wird in keinem Stücke weichen.
ILLO: Von seinem Recht gewißlich nicht, wenn nur nicht
   – Vom Platze!
BUTTLER *betroffen*: Wißt Ihr etwas? Ihr erschreckt mich.
ISOLANI *zugleich*: Wir wären alle ruiniert!
ILLO: Brecht ab!
Ich sehe unsern Mann dort eben kommen
Mit Genralleutnant Piccolomini.
BUTTLER *den Kopf bedenklich schüttelnd*: Ich fürchte,
Wir gehn nicht von hier, wie wir kamen.

ZWEITER AUFTRITT

VORIGE. OCTAVIO PICCOLOMINI. QUESTENBERG.

OCTAVIO *noch in der Entfernung*:
Wie? Noch der Gäste mehr? Gestehn Sie, Freund!
Es brauchte diesen tränenvollen Krieg,
So vieler Helden ruhmgekrönte Häupter
In eines Lagers Umkreis zu versammeln.
QUESTENBERG: In kein Friedländisch Heereslager komme,
Wer von dem Kriege Böses denken will.
Beinah vergessen hätt ich seine Plagen,
Da mir der Ordnung hoher Geist erschienen,
Durch die er, weltzerstörend, selbst besteht,
Das Große mir erschienen, das er bildet.
OCTAVIO: Und siehe da! ein tapfres Paar, das würdig

Den Heldenreihen schließt. Graf Isolan
Und Obrist Buttler. – Nun, da haben wir
Vor Augen gleich das ganze Kriegeshandwerk.
                Buttlern und Isolani präsentierend.
Es ist die Stärke, Freund, und Schnelligkeit.
QUESTENBERG *zu Octavio*: Und zwischen beiden, der erfahrne
OCTAVIO *Questenbergen an jene vorstellend*:   [Rat.
Den Kammerherrn und Kriegsrat Questenberg,
Den Überbringer kaiserlicher Befehle,
Der Soldaten großen Gönner und Patron
Verehren wir in diesem würdigen Gaste.
                Allgemeines Stillschweigen.
ILLO *nähert sich Questenbergen*: Es ist das erstemal nicht, Herr
    Daß Sie im Lager uns die Ehr erweisen.   [Minister,
QUESTENBERG: Schon einmal sah ich mich vor diesen Fahnen.
ILLO: Und wissen Sie, wo das gewesen ist?
    Zu Znaim war's, in Mähren, wo Sie sich
    Von Kaisers wegen eingestellt, den Herzog
    Um Übernahm des Regiments zu flehen.
QUESTENBERG: Zu flehn, Herr General? So weit ging weder
    Mein Auftrag, daß ich wüßte, noch mein Eifer.
ILLO: Nun! Ihn zu zwingen, wenn Sie wollen. Ich
    Erinnre mich's recht gut – Graf Tilly war
    Am Lech aufs Haupt geschlagen – offen stand
    Das Bayerland dem Feind – nichts hielt ihn auf,
    Bis in das Herz von Östreich vorzudringen.
    Damals erschienen Sie und Werdenberg
    Vor unserm Herrn, mit Bitten in ihn stürmend,
    Und mit der kaiserlichen Ungnad drohend,
    Wenn sich der Fürst des Jammers nicht erbarme.
ISOLANI *tritt dazu*: Ja, ja! 's ist zu begreifen, Herr Minister,
    Warum Sie sich bei Ihrem heut'gen Auftrag
    An jenen alten just nicht gern erinnern.
QUESTENBERG: Wie sollt ich nicht! Ist zwischen beiden doch
    Kein Widerspruch! Damalen galt es, Böhmen
    Aus Feindeshand zu reißen, heute soll ich's
    Befrein von seinen Freunden und Beschützern.
ILLO: Ein schönes Amt! Nachdem wir dieses Böhmen,
    Mit unserm Blut, dem Sachsen abgefochten,
    Will man zum Dank uns aus dem Lande werfen.
QUESTENBERG: Wenn es nicht bloß ein Elend mit dem andern

Vertauscht soll haben, muß das arme Land
Von Freund und Feindes Geißel gleich befreit sein.

ILLO: Ei was! Es war ein gutes Jahr, der Bauer kann
Schon wieder geben.

QUESTENBERG: Ja, wenn Sie von Herden
Und Weideplätzen reden, Herr Feldmarschall –

ISOLANI: Der Krieg ernährt den Krieg. Gehn Bauern drauf,
Ei, so gewinnt der Kaiser mehr Soldaten.

QUESTENBERG: Und wird um so viel Untertanen ärmer!

ISOLANI: Pah! Seine Untertanen sind wir alle!

QUESTENBERG: Mit Unterschied, Herr Graf! Die einen füllen
Mit nützlicher Geschäftigkeit den Beutel,
Und andre wissen nur ihn brav zu leeren.
Der Degen hat den Kaiser arm gemacht;
Der Pflug ist's, der ihn wieder stärken muß.

BUTTLER: Der Kaiser wär nicht arm, wenn nicht so viel
– Blutigel saugten an dem Mark des Landes.

ISOLANI: So arg kann's auch nicht sein. Ich sehe ja,
  Indem er sich vor ihn hinstellt und seinen Anzug mustert.
Es ist noch lang nicht alles Gold gemünzt.

QUESTENBERG: Gottlob! Noch etwas weniges hat man
Geflüchtet – vor den Fingern der Kroaten.

ILLO: Da! der Slawata und der Martinitz,
Auf die der Kaiser, allen guten Böhmen
Zum Ärgernisse, Gnadengaben häuft –
Die sich vom Raube der vertriebnen Bürger mästen –
Die von der allgemeinen Fäulnis wachsen,
Allein im öffentlichen Unglück ernten –
Mit königlichem Prunk dem Schmerz des Landes
Hohnsprechen – die und ihresgleichen laßt
Den Krieg bezahlen, den verderblichen,
Den sie allein doch angezündet haben.

BUTTLER: Und diese Landschmarutzer, die die Füße
Beständig unterm Tisch des Kaisers haben,
Nach allen Benefizen hungrig schnappen,
Die wollen dem Soldaten, der vorm Feind liegt,
Das Brot vorschneiden und die Rechnung streichen.

ISOLANI: Mein Lebtag denk ich dran, wie ich nach Wien
Vor sieben Jahren kam, um die Remonte
Für unsre Regimenter zu betreiben,
Wie sie von einer Antecamera

Zur andern mich herumgeschleppt, mich unter
Den Schranzen stehen lassen, stundenlang,
Als wär ich da, ums Gnadenbrot zu betteln.
Zuletzt – da schickten sie mir einen Kapuziner,
Ich dacht, es wär um meiner Sünden willen!
Nein doch, das war der Mann, mit dem
Ich um die Reiterpferde sollte handeln.
Ich mußt auch abziehn, unverrichteter Ding.
Der Fürst nachher verschaffte mir in drei Tagen,
Was ich zu Wien in dreißig nicht erlangte.

QUESTENBERG: Ja, ja! Der Posten fand sich in der Rechnung,
Ich weiß, wir haben noch daran zu zahlen.

ILLO: Es ist der Krieg ein roh, gewaltsam Handwerk.
Man kommt nicht aus mit sanften Mitteln, alles
Läßt sich nicht schonen. Wollte man's erpassen,
Bis sie zu Wien aus vierundzwanzig Übeln
Das kleinste ausgewählt, man paßte lange!
– Frisch mitten durchgegriffen, das ist besser!
Reiß dann, was mag! – Die Menschen, in der Regel
Verstehen sich aufs Flicken und aufs Stückeln,
Und finden sich in ein verhaßtes Müssen
Weit besser als in eine bittre Wahl.

QUESTENBERG: Ja, das ist wahr! Die Wahl spart uns der Fürst.

ILLO: Der Fürst trägt Vatersorge für die Truppen,
Wir sehen, wie's der Kaiser mit uns meint.

QUESTENBERG: Für jeden Stand hat er ein gleiches Herz,
Und kann den einen nicht dem andern opfern.

ISOLANI: Drum stößt er uns zum Raubtier in die Wüste,
Um seine teuren Schafe zu behüten.

QUESTENBERG *mit Hohn*:
Herr Graf! Dies Gleichnis machen Sie – nicht ich.

ILLO: Doch wären wir, wofür der Hof uns nimmt,
Gefährlich war's, die Freiheit uns zu geben.

QUESTENBERG *mit Ernst*: Genommen ist die Freiheit, nicht
Drum tut es not, den Zaum ihr anzulegen.   [gegeben,

ILLO: Ein wildes Pferd erwarte man zu finden.

QUESTENBERG: Ein beßrer Reiter wird's besänftigen.

ILLO: Es trägt den einen nur, der es gezähmt.

QUESTENBERG: Ist es gezähmt, so folgt es einem Kinde.

ILLO: Das Kind, ich weiß, hat man ihm schon gefunden.

QUESTENBERG: Sie kümmre nur die Pflicht und nicht der Name.

BUTTLER *der sich bisher mit Piccolomini seitwärts gehalten, doch mit*
   sichtbarem Anteil an dem Gespräch, tritt näher:
   Herr Präsident! Dem Kaiser steht in Deutschland
   Ein stattlich Kriegsvolk da, es kantonieren
   In diesem Königreich wohl dreißigtausend,
   Wohl sechzehntausend Mann in Schlesien;
   Zehn Regimenter stehn am Weserstrom,
   Am Rhein und Main; in Schwaben bieten sechs,
   In Bayern zwölf den Schwedischen die Spitze.
   Nicht zu gedenken der Besatzungen,
   Die an der Grenz die festen Plätze schirmen.
   All dieses Volk gehorcht Friedländischen
   Hauptleuten. Die's befehligen sind alle
   In eine Schul gegangen, eine Milch
   Hat sie ernährt, ein Herz belebt sie alle.
   Fremdlinge stehn sie da auf diesem Boden,
   Der Dienst allein ist ihnen Haus und Heimat.
   Sie treibt der Eifer nicht fürs Vaterland,
   Denn Tausende, wie mich, gebar die Fremde.
   Nicht für den Kaiser, wohl die Hälfte kam
   Aus fremdem Dienst feldflüchtig uns herüber,
   Gleichgültig, unterm Doppeladler fechtend,
   Wie unterm Löwen und den Lilien.
   Doch alle führt an gleich gewalt'gem Zügel
   Ein einziger, durch gleiche Lieb und Furcht
   Zu einem Volke sie zusammenbindend.
   Und wie des Blitzes Funke sicher, schnell,
   Geleitet an der Wetterstange, läuft,
   Herrscht sein Befehl vom letzten fernen Posten,
   Der an die Dünen branden hört den Belt,
   Der in der Etsch fruchtbare Täler sieht,
   Bis zu der Wache, die ihr Schilderhaus
   Hat aufgerichtet an der Kaiserburg.
QUESTENBERG: Was ist der langen Rede kurzer Sinn?
BUTTLER: Daß der Respekt, die Neigung, das Vertraun,
   Das uns dem Friedland unterwürfig macht,
   Nicht auf den ersten besten sich verpflanzt,
   Den uns der Hof aus Wien herübersendet.
   Uns ist in treuem Angedenken noch,
   Wie das Kommando kam in Friedlands Hände.
   War's etwa kaiserliche Majestät,

Die ein gemachtes Heer ihm übergab,
Den Führer nur gesucht zu ihren Truppen?
– Noch gar nicht war das Heer. Erschaffen erst
Mußt es der Friedland, er empfing es nicht,
Er gab's dem Kaiser! Von dem Kaiser nicht
Erhielten wir den Wallenstein zum Feldherrn.
So ist es nicht, so nicht! Vom Wallenstein
Erhielten wir den Kaiser erst zum Herrn,
Er knüpft uns, er allein, an diese Fahnen.

OCTAVIO *tritt dazwischen*:
Es ist nur zur Erinnerung, Herr Kriegsrat,
Daß Sie im Lager sind und unter Kriegern. –
Die Kühnheit macht, die Freiheit den Soldaten. –
Vermöcht er keck zu handeln, dürft er nicht
Keck reden auch? – Eins geht ins andre drein. –
Die Kühnheit dieses würd'gen Offiziers,
                    Auf Buttlern zeigend.
Die jetzt in ihrem Ziel sich nur vergriff,
Erhielt, wo nichts als Kühnheit retten konnte,
Bei einem furchtbarn Aufstand der Besatzung,
Dem Kaiser seine Hauptstadt Prag.
                Man hört von fern eine Kriegsmusik.
ILLO: Das sind sie!
Die Wachen salutieren – Dies Signal
Bedeutet uns, die Fürstin sei herein.

OCTAVIO *zu Questenberg*:
So ist auch mein Sohn Max zurück. Er hat sie
Aus Kärnten abgeholt und hergeleitet.

ISOLANI *zu Illo*:
Gehn wir zusammen hin, sie zu begrüßen?

ILLO: Wohl! Laßt uns gehen. Oberst Buttler, kommt!
                    Zum Octavio:
Erinnert Euch, daß wir vor Mittag noch
Mit diesem Herrn beim Fürsten uns begegnen.

DRITTER AUFTRITT

OCTAVIO *und* QUESTENBERG, *die zurückbleiben.*

QUESTENBERG *mit Zeichen des Erstaunens*:
Was hab ich hören müssen, Genralleutnant!

Welch zügelloser Trotz! Was für Begriffe!
– Wenn dieser Geist der allgemeine ist –
OCTAVIO: Drei Viertel der Armee vernahmen Sie.
QUESTENBERG: Weh uns! Wo dann ein zweites Heer gleich
   Um dieses zu bewachen! – Dieser Illo, fürcht ich,   [finden,
   Denkt noch viel schlimmer als er spricht. Auch dieser Butt-
   Kann seine böse Meinung nicht verbergen.   [ler
OCTAVIO: Empfindlichkeit – gereizter Stolz – nichts weiter! –
   Diesen Buttler geb ich noch nicht auf, ich weiß,
   Wie dieser böse Geist zu bannen ist.
QUESTENBERG *voll Unruh auf und ab gehend*:
   Nein! das ist schlimmer, oh! viel schlimmer, Freund!
   Als wir's in Wien uns hatten träumen lassen.
   Wir sahen's nur mit Höflingsaugen an,
   Die von dem Glanz des Throns geblendet waren;
   Den Feldherrn hatten wir noch nicht gesehn,
   Den allvermögenden, in seinem Lager.
   Hier ist's ganz anders!
   Hier ist kein Kaiser mehr. Der Fürst ist Kaiser!
   Der Gang, den ich an Ihrer Seite jetzt
   Durchs Lager tat, schlägt meine Hoffnung nieder.
OCTAVIO: Sie sehn nun selbst, welch ein gefährlich Amt
   Es ist, das Sie vom Hof mir überbrachten –
   Wie mißlich die Person, die ich hier spiele.
   Der leiseste Verdacht des Generals,
   Er würde Freiheit mir und Leben kosten,
   Und sein verwegenes Beginnen nur
   Beschleunigen.
QUESTENBERG: Wo war die Überlegung,
   Als wir dem Rasenden das Schwert vertraut,
   Und solche Macht gelegt in solche Hand!
   Zu stark für dieses schlimmverwahrte Herz
   War die Versuchung! Hätte sie doch selbst
   Dem bessern Mann gefährlich werden müssen!
   Er wird sich weigern, sag ich Ihnen,
   Der kaiserlichen Ordre zu gehorchen. –
   Er kann's und wird's. – Sein unbestrafter Trotz
   Wird unsre Ohnmacht schimpflich offenbaren.
OCTAVIO: Und glauben Sie, daß er Gemahlin, Tochter,
   Umsonst hieher ins Lager kommen ließ,
   Gerade jetzt, da wir zum Krieg uns rüsten?

Daß er die letzten Pfänder seiner Treu
Aus Kaisers Landen führt, das deutet uns
Auf einen nahen Ausbruch der Empörung.

QUESTENBERG: Weh uns! und wie dem Ungewitter stehn,
Das drohend uns umzieht von allen Enden?
Der Reichsfeind an den Grenzen, Meister schon
Vom Donaustrom, stets weiter um sich greifend –
Im innern Land des Aufruhrs Feuerglocke –
Der Bauer in Waffen – alle Stände schwürig –
Und die Armee, von der wir Hülf erwarten,
Verführt, verwildert, aller Zucht entwohnt –
Vom Staat, von ihrem Kaiser losgerissen,
Vom Schwindelnden die schwindelnde geführt,
Ein furchtbar Werkzeug, dem verwegensten
Der Menschen blind gehorchend hingegeben –

OCTAVIO: Verzagen wir auch nicht zu früh, mein Freund!
Stets ist die Sprache kecker als die Tat,
Und mancher, der in blindem Eifer jetzt
Zu jedem Äußersten entschlossen scheint,
Findet unerwartet in der Brust ein Herz,
Spricht man des Frevels wahren Namen aus.
Zudem – ganz unverteidigt sind wir nicht.
Graf Altringer und Gallas, wissen Sie,
Erhalten in der Pflicht ihr kleines Heer –
Verstärken es noch täglich. – Überraschen
Kann er uns nicht, Sie wissen, daß ich ihn
Mit meinen Horchern rings umgeben habe;
Vom kleinsten Schritt erhalt ich Wissenschaft
Sogleich – ja, mir entdeckt's sein eigner Mund.

QUESTENBERG: Ganz unbegreiflich ist's, daß er den Feind nicht
An seiner Seite.   [merkt

OCTAVIO: Denken Sie nicht etwa,
Daß ich durch Lügenkünste, gleisnerische
Gefälligkeit in seine Gunst mich stahl,
Durch Heuchelworte sein Vertrauen nähre.
Befiehlt mir gleich die Klugheit und die Pflicht,
Die ich dem Reich, dem Kaiser schuldig bin,
Daß ich mein wahres Herz vor ihm verberge,
Ein falsches hab ich niemals ihm geheuchelt!

QUESTENBERG: Es ist des Himmels sichtbarliche Fügung.

OCTAVIO: Ich weiß nicht, was es ist – was ihn an mich

Und meinen Sohn so mächtig zieht und kettet.
Wir waren immer Freunde, Waffenbrüder;
Gewohnheit, gleichgeteilte Abenteuer
Verbanden uns schon frühe – doch ich weiß
Den Tag zu nennen, wo mit einemmal
Sein Herz mir aufging, sein Vertrauen wuchs.
Es war der Morgen vor der Lützner Schlacht –
Mich trieb ein böser Traum, ihn aufzusuchen,
Ein ander Pferd zur Schlacht ihm anzubieten.
Fern von den Zelten, unter einem Baum
Fand ich ihn eingeschlafen. Als ich ihn
Erweckte, mein Bedenken ihm erzählte,
Sah er mich lange staunend an; drauf fiel er
Mir um den Hals, und zeigte eine Rührung,
Wie jener kleine Dienst sie gar nicht wert war.
Seit jenem Tag verfolgt mich sein Vertrauen
In gleichem Maß, als ihn das meine flieht.

QUESTENBERG: Sie ziehen Ihren Sohn doch ins Geheimnis?

OCTAVIO: Nein!

QUESTENBERG: Wie? auch warnen wollen Sie ihn nicht,
In welcher schlimmen Hand er sich befinde?

OCTAVIO: Ich muß ihn seiner Unschuld anvertrauen.
Verstellung ist der offnen Seele fremd,
Unwissenheit allein kann ihm die Geistesfreiheit
Bewahren, die den Herzog sicher macht.

QUESTENBERG *besorglich*:
Mein würd'ger Freund! Ich hab die beste Meinung
Vom Oberst Piccolomini – doch – wenn –
Bedenken Sie –

OCTAVIO: Ich muß es darauf wagen – Still! Da kommt er.

VIERTER AUFTRITT

MAX PICCOLOMINI. OCTAVIO PICCOLOMINI. QUESTENBERG.

MAX: Da ist er ja gleich selbst. Willkommen, Vater!
Er umarmt ihn. Wie er sich umwendet, bemerkt er Questenbergen und
tritt kalt zurück.
Beschäftigt, wie ich seh? Ich will nicht stören.

OCTAVIO: Wie, Max? Sieh diesen Gast doch näher an.
Aufmerksamkeit verdient ein alter Freund;

Ehrfurcht gebührt dem Boten deines Kaisers.

MAX *trocken*: Von Questenberg! Willkommen, wenn was Gutes
Ins Hauptquartier Sie herführt.

QUESTENBERG *hat seine Hand gefaßt*: Ziehen Sie
Die Hand nicht weg, Graf Piccolomini,
Ich fasse sie nicht bloß von meinetwegen,
Und nichts Gemeines will ich damit sagen.

Beider Hände fassend.

Octavio – Max Piccolomini!
Heilbringend, vorbedeutungsvolle Namen!
Nie wird das Glück von Österreich sich wenden,
Solang zwei solche Sterne, segenreich
Und schützend, leuchten über seinen Heeren.

MAX: Sie fallen aus der Rolle, Herr Minister,
Nicht Lobens wegen sind Sie hier, ich weiß,
Sie sind geschickt, zu tadeln und zu schelten –
Ich will voraus nichts haben vor den andern.

OCTAVIO *zu Max*: Er kommt vom Hofe, wo man mit dem
Nicht ganz so wohlzufrieden ist, als hier.   [Herzog

MAX: Was gibt's aufs neu denn an ihm auszustellen?
Daß er für sich allein beschließt, was er
Allein versteht? Wohl! daran tut er recht,
Und wird's dabei auch sein Verbleiben haben. –
Er ist nun einmal nicht gemacht, nach andern
Geschmeidig sich zu fügen und zu wenden,
Es geht ihm wider die Natur, er kann's nicht.
Geworden ist ihm eine Herrscherseele,
Und ist gestellt auf einen Herrscherplatz.
Wohl uns, daß es so ist! Es können sich
Nur wenige regieren, den Verstand
Verständig brauchen – Wohl dem Ganzen, findet
Sich einmal einer, der ein Mittelpunkt
Für viele tausend wird, ein Halt; – sich hinstellt
Wie eine feste Säul, an die man sich
Mit Lust mag schließen und mit Zuversicht.
So einer ist der Wallenstein, und taugte
Dem Hof ein andrer besser – der Armee
Frommt nur ein solcher.

QUESTENBERG: Der Armee! Ja wohl!

MAX: Und eine Lust ist's, wie er alles weckt
Und stärkt und neu belebt um sich herum,

Wie jede Kraft sich ausspricht, jede Gabe
Gleich deutlicher sich wird in seiner Nähe!
Jedwedem zieht er seine Kraft hervor,
Die eigentümliche, und zieht sie groß,
Läßt jeden ganz das bleiben, was er ist,
Er wacht nur drüber, daß er's immer sei
Am rechten Ort; so weiß er aller Menschen
Vermögen zu dem seinigen zu machen.

QUESTENBERG: Wer spricht ihm ab, daß er die Menschen kenne,
Sie zu gebrauchen wisse! Überm Herrscher
Vergißt er nur den Diener ganz und gar,
Als wär mit seiner Würd er schon geboren.

MAX: Ist er's denn nicht? Mit jeder Kraft dazu
Ist er's, und mit der Kraft noch obendrein,
Buchstäblich zu vollstrecken die Natur,
Dem Herrschtalent den Herrschplatz zu erobern.

QUESTENBERG: So kommt's zuletzt auf seine Großmut an,
Wieviel wir überall noch gelten sollen!

MAX: Der seltne Mann will seltenes Vertrauen,
Gebt ihm den Raum, das Ziel wird er sich setzen.

QUESTENBERG: Die Proben geben's.

MAX: Ja! so sind sie! Schreckt
Sie alles gleich, was eine Tiefe hat;
Ist ihnen nirgends wohl, als wo's recht flach ist.

OCTAVIO *zu Questenberg*:
Ergeben Sie sich nur in gutem, Freund!
Mit dem da werden Sie nicht fertig.

MAX: Da rufen sie den Geist an in der Not,
Und grauet ihnen gleich, wenn er sich zeigt.
Das Ungemeine soll, das Höchste selbst
Geschehn wie das Alltägliche. Im Felde
Da dringt die Gegenwart – Persönliches
Muß herrschen, eignes Auge sehn. Es braucht
Der Feldherr jedes Große der Natur,
So gönne man ihm auch, in ihren großen
Verhältnissen zu leben. Das Orakel
In seinem Innern, das lebendige –
Nicht tote Bücher, alte Ordnungen,
Nicht modrigte Papiere soll er fragen.

OCTAVIO: Mein Sohn! Laß uns die alten, engen Ordnungen
Gering nicht achten! Köstlich unschätzbare

Gewichte sind's, die der bedrängte Mensch
An seiner Dränger raschen Willen band;
Denn immer war die Willkür fürchterlich –
Der Weg der Ordnung, ging er auch durch Krümmen,
Er ist kein Umweg. Gradaus geht des Blitzes,
Geht des Kanonballs fürchterlicher Pfad –
Schnell, auf dem nächsten Wege, langt er an,
Macht sich zermalmend Platz, um zu zermalmen.
Mein Sohn! Die Straße, die der Mensch befährt,
Worauf der Segen wandelt, diese folgt
Der Flüsse Lauf, der Täler freien Krümmen,
Umgeht das Weizenfeld, den Rebenhügel,
Des Eigentums gemeßne Grenzen ehrend –
So führt sie später, sicher doch zum Ziel.

QUESTENBERG: Oh! hören Sie den Vater – hören Sie
Ihn, der ein Held ist und ein Mensch zugleich.

OCTAVIO: Das Kind des Lagers spricht aus dir, mein Sohn.
Ein fünfzehnjähr'ger Krieg hat dich erzogen,
– Du hast den Frieden nie gesehn! Es gibt
Noch höhern Wert, mein Sohn, als kriegerischen,
Im Kriege selber ist das letzte nicht der Krieg.
Die großen, schnellen Taten der Gewalt,
Des Augenblicks erstaunenswerte Wunder,
Die sind es nicht, die das Beglückende,
Das ruhig, mächtig Daurende erzeugen.
In Hast und Eile bauet der Soldat,
Von Leinwand seine leichte Stadt, da wird
Ein augenblicklich Brausen und Bewegen,
Der Markt belebt sich, Straßen, Flüsse sind
Bedeckt mit Fracht, es rührt sich das Gewerbe.
Doch eines Morgens plötzlich siehet man
Die Zelte fallen, weiter rückt die Horde,
Und ausgestorben, wie ein Kirchhof, bleibt
Der Acker, das zerstampfte Saatfeld liegen,
Und um des Jahres Ernte ist's getan.

MAX: Oh! laß den Kaiser Friede machen, Vater!
Den blut'gen Lorbeer geb ich hin, mit Freuden,
Fürs erste Veilchen, das der März uns bringt,
Das duftige Pfand der neuverjüngten Erde.

OCTAVIO: Wie wird dir? Was bewegt dich so auf einmal?

MAX: Ich hab den Frieden nie gesehn? – Ich hab ihn

Gesehen, alter Vater, eben komm ich –
Jetzt eben davon her – es führte mich
Der Weg durch Länder, wo der Krieg nicht hin
Gekommen – oh! das Leben, Vater,
Hat Reize, die wir nie gekannt. – Wir haben
Des schönen Lebens öde Küste nur
Wie ein umirrend Räubervolk befahren,
Das in sein dumpfig-enges Schiff gepreßt,
Im wüsten Meer mit wüsten Sitten haust,
Vom großen Land nichts als die Buchten kennt,
Wo es die Diebeslandung wagen darf.
Was in den innern Tälern Köstliches
Das Land verbirgt, oh! davon – davon ist
Auf unsrer wilden Fahrt uns nichts erschienen.

OCTAVIO *wird aufmerksam*: Und hätt es diese Reise dir gezeigt?
MAX: Es war die erste Muße meines Lebens.
Sag mir, was ist der Arbeit Ziel und Preis,
Der peinlichen, die mir die Jugend stahl,
Das Herz mir öde ließ und unerquickt
Den Geist, den keine Bildung noch geschmücket?
Denn dieses Lagers lärmendes Gewühl,
Der Pferde Wiehern, der Trompete Schmettern,
Des Dienstes immer gleichgestellte Uhr,
Die Waffenübung, das Kommandowort –
Dem Herzen gibt es nichts, dem lechzenden.
Die Seele fehlt dem nichtigen Geschäft –
Es gibt ein andres Glück und andre Freuden.

OCTAVIO: Viel lerntest du auf diesem kurzen Weg, mein Sohn!
MAX: O schöner Tag! wenn endlich der Soldat
Ins Leben heimkehrt, in die Menschlichkeit,
Zum frohen Zug die Fahnen sich entfalten,
Und heimwärts schlägt der sanfte Friedensmarsch.
Wenn alle Hüte sich und Helme schmücken
Mit grünen Maien, dem letzten Raub der Felder!
Der Städte Tore gehen auf, von selbst,
Nicht die Petarde braucht sie mehr zu sprengen,
Von Menschen sind die Wälle rings erfüllt,
Von friedlichen, die in die Lüfte grüßen –
Hell klingt von allen Türmen das Geläut,
Des blut'gen Tages frohe Vesper schlagend.
Aus Dörfern und aus Städten wimmelnd strömt

Ein jauchzend Volk, mit liebend emsiger
Zudringlichkeit des Heeres Fortzug hindernd –
Da schüttelt, froh des noch erlebten Tags,
Dem heimgekehrten Sohn der Greis die Hände.
Ein Fremdling tritt er in sein Eigentum,
Das längstverlaßne, ein, mit breiten Ästen
Deckt ihn der Baum bei seiner Wiederkehr,
Der sich zur Gerte bog, als er gegangen,
Und schamhaft tritt als Jungfrau ihm entgegen,
Die er einst an der Amme Brust verließ.
Oh! glücklich, wem dann auch sich eine Tür,
Sich zarte Arme sanft umschlingend öffnen –

QUESTENBERG *gerührt*: Oh! daß Sie von so ferner, ferner Zeit,
Und nicht von morgen, nicht von heute sprechen!

MAX *mit Heftigkeit sich zu ihm wendend*:
Wer sonst ist schuld daran, als ihr in Wien? –
Ich will's nur frei gestehen, Questenberg!
Als ich vorhin Sie stehen sah, es preßte
Der Unmut mir das Innerste zusammen –
Ihr seid es, die den Frieden hindern, ihr!
Der Krieger ist's, der ihn erzwingen muß.
Dem Fürsten macht ihr's Leben sauer, macht
Ihm alle Schritte schwer, ihr schwärzt ihn an –
Warum? Weil an Europas großem Besten
Ihm mehr liegt als an ein paar Hufen Landes,
Die Östreich mehr hat oder weniger –
Ihr macht ihn zum Empörer, und, Gott weiß!
Zu was noch mehr, weil er die Sachsen schont,
Beim Feind Vertrauen zu erwecken sucht,
Das doch der einz'ge Weg zum Frieden ist;
Denn hört der Krieg im Kriege nicht schon auf,
Woher soll Friede kommen? – Geht nur, geht!
Wie ich das Gute liebe, haß ich euch –
Und hier gelob ich's an, versprützen will ich
Für ihn, für diesen Wallenstein, mein Blut,
Das letzte meines Herzens, tropfenweis, eh daß
Ihr über seinen Fall frohlocken sollt! *Er geht ab.*

Fünfter Auftritt

Questenberg. Octavio Piccolomini.

QUESTENBERG: O weh uns! Steht es so? *Dringend und ungeduldig:*
Freund, und wir lassen ihn in diesem Wahn
Dahingehn, rufen ihn nicht gleich
Zurück, daß wir die Augen auf der Stelle
Ihm öffnen?
OCTAVIO *aus einem tiefen Nachdenken zu sich kommend:*
            Mir hat er sie jetzt geöffnet,
Und mehr erblick ich, als mich freut.
QUESTENBERG: Was ist es, Freund?
OCTAVIO: Fluch über diese Reise!
QUESTENBERG: Wieso? Was ist es?
OCTAVIO: Kommen Sie! Ich muß
Sogleich die unglückselige Spur verfolgen,
Mit meinen Augen sehen – Kommen Sie –
            Will ihn fortführen.
QUESTENBERG: Was denn? Wohin?
OCTAVIO *pressiert:*   Zu ihr!
QUESTENBERG: Zu –
OCTAVIO *korrigiert sich:*
Zum Herzog! Gehn wir. Oh! ich fürchte alles.
Ich seh das Netz geworfen über ihn,
Er kommt mir nicht zurück, wie er gegangen.
QUESTENBERG: Erklären Sie mir nur –
OCTAVIO: Und konnt ich's nicht
Vorhersehn? Nicht die Reise hintertreiben?
Warum verschwieg ich's ihm? – Sie hatten recht,
Ich mußt ihn warnen – Jetzo ist's zu spät.
QUESTENBERG: Was ist zu spät? Besinnen Sie sich, Freund,
Daß Sie in lauter Rätseln zu mir reden.
OCTAVIO *gefaßter:* Wir gehn zum Herzog. Kommen Sie. Die
Rückt auch heran, die er zur Audienz   [Stunde
Bestimmt hat. Kommen Sie! –
Verwünscht! dreimal verwünscht sei diese Reise!
            Er führt ihn weg. Der Vorhang fällt.

ZWEITER AUFZUG

Saal beim Herzog von Friedland.

ERSTER AUFTRITT

BEDIENTE *setzen Stühle und breiten Fußteppiche aus. Gleich darauf*
SENI, *der Astrolog, wie ein italienischer Doktor schwarz und etwas*
phantastisch gekleidet. Er tritt in die Mitte des Saals, ein weißes
Stäbchen in der Hand, womit er die Himmelsgegenden bezeichnet.

BEDIENTER *mit einem Rauchfaß herumgehend*:
    Greift an! Macht, daß ein Ende wird! Die Wache
    Ruft ins Gewehr. Sie werden gleich erscheinen.
ZWEITER BEDIENTER: Warum denn aber ward die Erkerstube,
    Die rote, abbestellt, die doch so leuchtet?
ERSTER BEDIENTER: Das frag den Mathematikus. Der sagt,
    Es sei ein Unglückszimmer.
ZWEITER BEDIENTER: Narrensposzen!
    Das heißt die Leute scheren. Saal ist Saal,
    Was kann der Ort viel zu bedeuten haben?
SENI *mit Gravität*:
    Mein Sohn! Nichts in der Welt ist unbedeutend.
    Das erste aber und Hauptsächlichste
    Bei allem ird'schen Ding ist Ort und Stunde.
DRITTER BEDIENTER: Laß dich mit dem nicht ein, Nathanael.
    Muß ihm der Herr doch selbst den Willen tun.
SENI *zählt die Stühle*: Eilf! Eine böse Zahl. Zwölf Stühle setzt,
    Zwölf Zeichen hat der Tierkreis, fünf und sieben,
    Die heil'gen Zahlen liegen in der Zwölfe.
ZWEITER BEDIENTER:
    Was habt Ihr gegen Eilf? Das laßt mich wissen.
SENI: Eilf ist die Sünde. Eilfe überschreitet
    Die zehn Gebote.
ZWEITER BEDIENTER: So! Und warum nennt Ihr
    Die Fünfe eine heil'ge Zahl?
SENI: Fünf ist
    Des Menschen Seele. Wie der Mensch aus Gutem
    Und Bösem ist gemischt, so ist die Fünfe
    Die erste Zahl aus Grad und Ungerade.
ERSTER BEDIENTER: Der Narr!
DRITTER BEDIENTER: Ei laß ihn doch! Ich hör ihm
    Denn mancherlei doch denkt sich bei den Worten. [gerne zu,

ZWEITER BEDIENTER:
Hinweg! Sie kommen! Da! zur Seitentür hinaus.
Sie eilen fort. Seni folgt langsam.

ZWEITER AUFTRITT

WALLENSTEIN. DIE HERZOGIN.

WALLENSTEIN: Nun, Herzogin? Sie haben Wien berührt,
Sich vorgestellt der Königin von Ungarn?
HERZOGIN: Der Kaiserin auch. Bei beiden Majestäten
Sind wir zum Handkuß zugelassen worden.
WALLENSTEIN: Wie nahm man's auf, daß ich Gemahlin, Tochter
Zu dieser Winterszeit ins Feld beschieden?
HERZOGIN: Ich tat nach Ihrer Vorschrift, führte an,
Sie hätten über unser Kind bestimmt,
Und möchten gern dem künftigen Gemahl
Noch vor dem Feldzug die Verlobte zeigen.
WALLENSTEIN: Mutmaßte man die Wahl, die ich getroffen?
HERZOGIN: Man wünschte wohl, sie möcht auf keinen fremden
Noch lutherischen Herrn gefallen sein.
WALLENSTEIN: Was wünschen Sie, Elisabeth?
HERZOGIN: Ihr Wille, wissen Sie, war stets der meine.
WALLENSTEIN *nach einer Pause*:
Nun – Und wie war die Aufnahm sonst am Hofe?
        Herzogin schlägt die Augen nieder und schweigt.
Verbergen Sie mir nichts – Wie war's damit?
HERZOGIN: Oh! mein Gemahl – Es ist nicht alles mehr
Wie sonst – Es ist ein Wandel vorgegangen.
WALLENSTEIN:
Wie? Ließ man's an der alten Achtung fehlen?
HERZOGIN: Nicht an der Achtung. Würdig und voll Anstand
War das Benehmen – aber an die Stelle
Huldreich vertraulicher Herablassung
War feierliche Förmlichkeit getreten.
Ach! und die zarte Schonung, die man zeigte,
Sie hatte mehr vom Mitleid als der Gunst.
Nein! Herzog Albrechts fürstliche Gemahlin,
Graf Harrachs edle Tochter hätte so –
Nicht eben so empfangen werden sollen!
WALLENSTEIN: Man schalt gewiß mein neuestes Betragen?

HERZOGIN: O hätte man's getan! – Ich bin's von lang her
    Gewohnt, Sie zu entschuldigen, zufrieden
    Zu sprechen die entrüsteten Gemüter –
    Nein, niemand schalt Sie – Man verhüllte sich
    In ein so lastend feierliches Schweigen.
    Ach! hier ist kein gewöhnlich Mißverständnis, keine
    Vorübergehende Empfindlichkeit –
    Etwas Unglücklich –, Unersetzliches ist
    Geschehn – Sonst pflegte mich die Königin
    Von Ungarn immer ihre liebe Muhme
    Zu nennen, mich beim Abschied zu umarmen.
WALLENSTEIN: Jetzt unterließ sie's?
HERZOGIN *ihre Tränen trocknend, nach einer Pause*:
                                Sie umarmte mich,
    Doch erst als ich den Urlaub schon genommen, schon
    Der Türe zuging, kam sie auf mich zu,
    Schnell, als besänne sie sich erst, und drückte
    Mich an den Busen, mehr mit schmerzlicher
    Als zärtlicher Bewegung.
WALLENSTEIN *ergreift ihre Hand*: Fassen Sie sich! –
    Wie war's mit Eggenberg, mit Lichtenstein
    Und mit den andern Freunden?
HERZOGIN *den Kopf schüttelnd*:   Keinen sah ich.
WALLENSTEIN: Und der hispanische Conte Ambassador,
    Der sonst so warm für mich zu sprechen pflegte?
HERZOGIN: Er hatte keine Zunge mehr für Sie.
WALLENSTEIN: Die Sonnen also scheinen uns nicht mehr,
    Fortan muß eignes Feuer uns erleuchten.
HERZOGIN: Und wär es? Teurer Herzog, wär's an dem,
    Was man am Hofe leise flüstert, sich
    Im Lande laut erzählt – Was Pater Lamormain
    Durch einige Winke –
WALLENSTEIN *schnell*:   Lamormain! Was sagt der?
HERZOGIN: Man zeihe Sie verwegner Überschreitung
    Der anvertrauten Vollmacht, freventlicher
    Verhöhnung höchster, kaiserlicher Befehle.
    Die Spanier, der Bayern stolzer Herzog,
    Stehn auf als Kläger wider Sie –
    Ein Ungewitter zieh sich über Ihnen
    Zusammen, noch weit drohender als jenes,
    Das Sie vordem zu Regenspurg gestürzt.

Man spreche, sagt er – ach! ich kann's nicht sagen.
WALLENSTEIN *gespannt*:   Nun?
HERZOGIN: Von einer zweiten – *Sie stockt.*
WALLENSTEIN: Zweiten –
HERZOGIN: Schimpflichern
– Absetzung.
WALLENSTEIN: Spricht man?
        Heftig bewegt durch das Zimmer gehend.
                         Oh! sie zwingen mich, sie stoßen
Gewaltsam, wider meinen Willen, mich hinein.
HERZOGIN *sich bittend an ihn schmiegend*:
    Oh! wenn's noch Zeit ist, mein Gemahl – Wenn es
    Mit Unterwerfung, mit Nachgiebigkeit
    Kann abgewendet werden – Geben Sie nach –
    Gewinnen Sie's dem stolzen Herzen ab,
    Es ist Ihr Herr und Kaiser, dem Sie weichen.
    Oh! lassen Sie es länger nicht geschehn,
    Daß hämische Bosheit Ihre gute Absicht
    Durch giftige, verhaßte Deutung schwärze.
    Mit Siegeskraft der Wahrheit stehen Sie auf,
    Die Lügner, die Verleumder zu beschämen.
    Wir haben so der guten Freunde wenig.
    Sie wissen's! Unser schnelles Glück hat uns
    Dem Haß der Menschen bloßgestellt – Was sind wir,
    Wenn kaiserliche Huld sich von uns wendet!

Dritter Auftritt

GRÄFIN TERZKY, *welche die Prinzessin* THEKLA *an der Hand führt,*
zu den VORIGEN.

GRÄFIN: Wie, Schwester? Von Geschäften schon die Rede,
    Und wie ich seh, nicht von erfreulichen,
    Eh er noch seines Kindes froh geworden?
    Der Freude gehört der erste Augenblick.
    Hier, Vater Friedland! das ist deine Tochter!
Thekla nähert sich ihm schüchtern und will sich auf seine Hand beugen;
er empfängt sie in seinen Armen, und bleibt einige Zeit in ihrem An-
schauen verloren stehen.
WALLENSTEIN: Ja! Schön ist mir die Hoffnung aufgegangen.
    Ich nehme sie zum Pfande größern Glücks.

HERZOGIN: Ein zartes Kind noch war sie, als Sie gingen,
  Das große Heer dem Kaiser aufzurichten.
  Hernach, als Sie vom Feldzug heimgekehrt
  Aus Pommern, war die Tochter schon im Stifte,
  Wo sie geblieben ist bis jetzt.

WALLENSTEIN: Indes
  Wir hier im Feld gesorgt, sie groß zu machen,
  Das höchste Irdische ihr zu erfechten,
  Hat Mutter Natur in stillen Klostermauren
  Das Ihrige getan, dem lieben Kind
  Aus freier Gunst das Göttliche gegeben,
  Und führt sie ihrem glänzenden Geschick
  Und meiner Hoffnung schön geschmückt entgegen.

HERZOGIN *zur Prinzessin*: Du hättest deinen Vater wohl nicht
  Erkannt, mein Kind? Kaum zähltest du acht Jahre, [wieder
  Als du sein Angesicht zuletzt gesehn.

THEKLA: Doch, Mutter, auf den ersten Blick – Mein Vater
  Hat nicht gealtert – Wie sein Bild in mir gelebt,
  So steht er blühend jetzt vor meinen Augen.

WALLENSTEIN *zur Herzogin*:
  Das holde Kind! Wie fein bemerkt und wie
  Verständig! Sieh, ich zürnte mit dem Schicksal,
  Daß mir's den Sohn versagt, der meines Namens
  Und meines Glückes Erbe könnte sein,
  In einer stolzen Linie von Fürsten
  Mein schnell verlöschtes Dasein weiterleiten.
  Ich tat dem Schicksal Unrecht. Hier auf dieses
  Jungfräulich blühende Haupt will ich den Kranz
  Des kriegerischen Lebens niederlegen,
  Nicht für verloren acht ich's, wenn ich's einst,
  In einen königlichen Schmuck verwandelt,
  Um diese schöne Stirne flechten kann.
      Er hält sie in seinen Armen, wie Piccolomini hereintritt.

VIERTER AUFTRITT

MAX PICCOLOMINI, *und bald darauf* GRAF TERZKY *zu den*
VORIGEN.

GRÄFIN: Da kommt der Paladin, der uns beschützte.

WALLENSTEIN: Sei mir willkommen, Max. Stets warst du mir

Der Bringer irgendeiner schönen Freude,
Und, wie das glückliche Gestirn des Morgens,
Führst du die Lebenssonne mir herauf.

MAX: Mein General –

WALLENSTEIN: Bis jetzt war es der Kaiser,
Der dich durch meine Hand belohnt. Heut hast du
Den Vater dir, den glücklichen, verpflichtet,
Und diese Schuld muß Friedland selbst bezahlen.

MAX: Mein Fürst! Du eiltest sehr, sie abzutragen.
Ich komme mit Beschämung, ja, mit Schmerz;
Denn kaum bin ich hier angelangt, hab Mutter
Und Tochter deinen Armen überliefert,
So wird aus deinem Marstall, reich geschirrt,
Ein prächt'ger Jagdzug mir von dir gebracht,
Für die gehabte Müh mich abzulohnen.
Ja, ja, mich abzulohnen. Eine Müh,
Ein Amt bloß war's! Nicht eine Gunst, für die
Ich's vorschnell nahm, und dir schon volles Herzens
Zu danken kam – Nein, so war's nicht gemeint,
Daß mein Geschäft mein schönstes Glück sein sollte!

*Terzky tritt herein und übergibt dem Herzog Briefe, welche dieser
schnell erbricht.*

GRÄFIN *zu Max*: Belohnt er Ihre Mühe? Seine Freude
Vergilt er Ihnen. Ihnen steht es an,
So zart zu denken, meinem Schwager ziemt's,
Sich immer groß und fürstlich zu beweisen.

THEKLA: So müßt auch ich an seiner Liebe zweifeln,
Denn seine gütigen Hände schmückten mich,
Noch eh das Herz des Vaters mir gesprochen.

MAX: Ja, er muß immer geben und beglücken!

Er ergreift der Herzogin Hand, mit steigender Wärme:
Was dank ich ihm nicht alles – oh! was sprech ich
Nicht alles aus in diesem teuren Namen, Friedland!
Zeitlebens soll ich ein Gefangner sein
Von diesem Namen – darin blühen soll
Mir jedes Glück und jede schöne Hoffnung –
Fest, wie in einem Zauberringe, hält
Das Schicksal mich gebannt in diesem Namen.

GRÄFIN *welche unterdessen den Herzog sorgfältig beobachtet, bemerkt,
daß er bei den Briefen nachdenkend geworden*:
Der Bruder will allein sein. Laßt uns gehen.

WALLENSTEIN *wendet sich schnell um, faßt sich und spricht heiter zur*
   Herzogin:
   Noch einmal, Fürstin, heiß ich Sie im Feld willkommen.
   Sie sind die Wirtin dieses Hofs – Du, Max,
   Wirst diesmal noch dein altes Amt verwalten,
   Indes wir hier des Herrn Geschäfte treiben.
Max Piccolomini bietet der Herzogin den Arm, Gräfin führt die
Prinzessin ab.
TERZKY *ihm nachrufend*:
   Versäumt nicht, der Versammlung beizuwohnen.

FÜNFTER AUFTRITT

WALLENSTEIN. TERZKY.

WALLENSTEIN *in tiefem Nachdenken, zu sich selbst*:
   Sie hat ganz recht gesehn – So ist's, und stimmt
   Vollkommen zu den übrigen Berichten –
   Sie haben ihren letzten Schluß gefaßt
   In Wien, mir den Nachfolger schon gegeben.
   Der Ungarn König ist's, der Ferdinand,
   Des Kaisers Söhnlein, der ist jetzt ihr Heiland,
   Das neu aufgehende Gestirn! Mit uns
   Gedenkt man fertig schon zu sein, und wie
   Ein Abgeschiedner sind wir schon beerbet.
   Drum keine Zeit verloren!
Indem er sich umwendet bemerkt er den Terzky und gibt ihm einen
Brief.
   Graf Altringer läßt sich entschuldigen,
   Auch Gallas – Das gefällt mir nicht.
TERZKY: Und wenn du
   Noch länger säumst, bricht einer nach dem andern.
WALLENSTEIN: Der Altringer hat die Tiroler Pässe,
   Ich muß ihm einen schicken, daß er mir
   Die Spanier aus Mailand nicht hereinläßt.
   – Nun! der Sesin, der alte Unterhändler,
   Hat sich ja kürzlich wieder blicken lassen.
   Was bringt er uns vom Grafen Thurn?
TERZKY: Der Graf entbietet dir,
   Er hab den schwed'schen Kanzler aufgesucht
   Zu Halberstadt, wo jetzo der Konvent ist:

Der aber sagt, er sei es müd, und wolle
Nichts weiter mehr mit dir zu schaffen haben.

WALLENSTEIN: Wieso?

TERZKY: Es sei dir nimmer Ernst mit deinen
Du wollst die Schweden nur zum Narren haben,   [Reden,
Dich mit den Sachsen gegen sie verbinden,
Am Ende sie mit einem elenden Stück Geldes
Abfertigen.

WALLENSTEIN: So! Meint er wohl, ich soll ihm
Ein schönes deutsches Land zum Raube geben,
Daß wir zuletzt auf eignem Grund und Boden
Selbst nicht mehr Herren sind? Sie müssen fort,
Fort, fort! Wir brauchen keine solche Nachbarn.

TERZKY: Gönn ihnen doch das Fleckchen Land, geht's ja
Nicht von dem Deinen! Was bekümmert's dich,
Wenn du das Spiel gewinnest, wer es zahlt.

WALLENSTEIN: Fort, fort mit ihnen – das verstehst du nicht.
Es soll nicht von mir heißen, daß ich Deutschland
Zerstücket hab, verraten an den Fremdling,
Um meine Portion mir zu erschleichen.
Mich soll das Reich als seinen Schirmer ehren,
Reichsfürstlich mich erweisend, will ich würdig
Mich bei des Reiches Fürsten niedersetzen.
Es soll im Reiche keine fremde Macht
Mir Wurzel fassen, und am wenigsten
Die Goten sollen's, diese Hungerleider,
Die nach dem Segen unsers deutschen Landes
Mit Neidesblicken raubbegierig schauen.
Beistehen sollen sie mir in meinen Planen,
Und dennoch nichts dabei zu fischen haben.

TERZKY: Doch mit den Sachsen willst du ehrlicher
Verfahren? Sie verlieren die Geduld,
Weil du so krumme Wege machst –
Was sollen alle diese Masken? sprich!
Die Freunde zweifeln, werden irr an dir –
Der Oxenstirn, der Arnheim, keiner weiß,
Was er von deinem Zögern halten soll.
Am End bin ich der Lügner, alles geht
Durch mich. Ich hab nicht einmal deine Handschrift.

WALLENSTEIN: Ich geb nichts Schriftliches von mir, du weißt's.

TERZKY: Woran erkennt man aber deinen Ernst,

Wenn auf das Wort die Tat nicht folgt? Sag selbst,
Was du bisher verhandelt mit dem Feind,
Hätt alles auch recht gut geschehn sein können,
Wenn du nichts mehr damit gewollt, als ihn
Zum besten haben.

WALLENSTEIN *nach einer Pause, indem er ihn scharf ansieht*:
Und woher weißt du, daß ich ihn nicht wirklich
Zum besten habe? Daß ich nicht euch alle
Zum besten habe? Kennst du mich so gut?
Ich wüßte nicht, daß ich mein Innerstes
Dir aufgetan – Der Kaiser, es ist wahr,
Hat übel mich behandelt! – Wenn ich wollte,
Ich könnt ihm recht viel Böses dafür tun.
Es macht mir Freude, meine Macht zu kennen;
Ob ich sie wirklich brauchen werde, davon, denk ich,
Weißt du nicht mehr zu sagen, als ein andrer.

TERZKY: So hast du stets dein Spiel mit uns getrieben!

SECHSTER AUFTRITT

ILLO *zu den* VORIGEN.

WALLENSTEIN: Wie steht es draußen? Sind sie vorbereitet?

ILLO: Du findest sie in der Stimmung, wie du wünschest.
Sie wissen um des Kaisers Foderungen
Und toben.

WALLENSTEIN: Wie erklärt sich Isolan?

ILLO: Der ist mit Leib und Seele dein, seitdem du
Die Pharobank ihm wieder aufgerichtet.

WALLENSTEIN: Wie nimmt sich der Colalto? Hast du dich
Des Deodat und Tiefenbach versichert?

ILLO: Was Piccolomini tut, das tun sie auch.

WALLENSTEIN: So, meinst du, kann ich was mit ihnen wagen?

ILLO: – Wenn du der Piccolomini gewiß bist.

WALLENSTEIN: Wie meiner selbst. Die lassen nie von mir.

TERZKY: Doch wollt ich, daß du dem Octavio,
Dem Fuchs, nicht so viel trautest.

WALLENSTEIN: Lehre du
Mich meine Leute kennen. Sechzehnmal
Bin ich zu Feld gezogen mit dem Alten,
– Zudem – ich hab sein Horoskop gestellt,

Wir sind geboren unter gleichen Sternen –
Und kurz – *Geheimnisvoll:*
             Es hat damit sein eigenes Bewenden.
  Wenn du mir also gutsagst für die andern –
ILLO: Es ist nur eine Stimme unter allen:
  Du dürfst das Regiment nicht niederlegen.
  Sie werden an dich deputieren, hör ich.
WALLENSTEIN: Wenn ich mich gegen sie verpflichten soll,
  So müssen sie's auch gegen mich.
ILLO: Versteht sich.
WALLENSTEIN: Parole müssen sie mir geben, eidlich, schriftlich,
  Sich meinem Dienst zu weihen, unbedingt.
ILLO: Warum nicht?
TERZKY: Unbedingt? Des Kaisers Dienst,
  Die Pflichten gegen Östreich werden sie
  Sich immer vorbehalten.
WALLENSTEIN *den Kopf schüttelnd:* Unbedingt
  Muß ich sie haben. Nichts von Vorbehalt!
ILLO: Ich habe einen Einfall – Gibt uns nicht
  Graf Terzky ein Bankett heut abend?
TERZKY: Ja,
  Und alle Generale sind geladen.
ILLO *zum Wallenstein:* Sag! Willst du völlig freie Hand mir
  Ich schaffe dir das Wort der Generale,   [lassen?
  So wie du's wünschest.
WALLENSTEIN: Schaff mir ihre Handschrift.
  Wie du dazu gelangen magst, ist deine Sache.
ILLO: Und wenn ich dir's nun bringe, schwarz auf weiß,
  Daß alle Chefs, die hier zugegen sind,
  Dir blind sich überliefern – Willst du dann
  Ernst machen endlich, mit beherzter Tat
  Das Glück versuchen?
WALLENSTEIN: Schaff mir die Verschreibung!
ILLO: Bedenke, was du tust! Du kannst des Kaisers
  Begehren nicht erfüllen – kannst das Heer
  Nicht schwächen lassen – nicht die Regimenter
  Zum Spanier stoßen lassen, willst du nicht
  Die Macht auf ewig aus den Händen geben.
  Bedenk das andre auch! Du kannst des Kaisers
  Befehl und ernste Ordre nicht verhöhnen,
  Nicht länger Ausflucht suchen, temporisieren,

Willst du nicht förmlich brechen mit dem Hof.
Entschließ dich! Willst du mit entschloßner Tat
Zuvor ihm kommen? Willst du, ferner zögernd,
Das Äußerste erwarten?

WALLENSTEIN: Das geziemt sich,
Eh man das Äußerste beschließt!

ILLO: Oh! nimm der Stunde wahr, eh sie entschlüpft.
So selten kommt der Augenblick im Leben,
Der wahrhaft wichtig ist und groß. Wo eine
Entscheidung soll geschehen, da muß vieles
Sich glücklich treffen und zusammenfinden –
Und einzeln nur, zerstreuet zeigen sich
Des Glückes Fäden, die Gelegenheiten,
Die nur in einen Lebenspunkt zusammen
Gedrängt, den schweren Früchteknoten bilden.
Sieh! Wie entscheidend, wie verhängnisvoll
Sich's jetzt um dich zusammenzieht! – Die Häupter
Des Heers, die besten, trefflichsten, um dich,
Den königlichen Führer, her versammelt,
Nur deinen Wink erwarten sie – Oh! laß
Sie so nicht wieder auseinandergehen!
So einig führst du sie im ganzen Lauf
Des Krieges nicht zum zweitenmal zusammen.
Die hohe Flut ist's, die das schwere Schiff
Vom Strande hebt – Und jedem einzelnen
Wächst das Gemüt im großen Strom der Menge.
Jetzt hast du sie, jetzt noch! Bald sprengt der Krieg
Sie wieder auseinander, dahin, dorthin –
In eignen kleinen Sorgen und Intressen
Zerstreut sich der gemeine Geist. Wer heute,
Vom Strome fortgerissen, sich vergißt,
Wird nüchtern werden, sieht er sich allein,
Nur seine Ohnmacht fühlen und geschwind
Umlenken in die alte, breitgetretne
Fahrstraße der gemeinen Pflicht, nur wohl-
Behalten unter Dach zu kommen suchen.

WALLENSTEIN: Die Zeit ist noch nicht da.

TERZKY: So sagst du immer.
Wann aber wird es Zeit sein?

WALLENSTEIN: Wenn ich's sage.

ILLO: Oh! du wirst auf die Sternenstunde warten,

Bis dir die irdische entflieht! Glaub mir,
In deiner Brust sind deines Schicksals Sterne.
Vertrauen zu dir selbst, Entschlossenheit
Ist deine Venus! Der Maleficus,
Der einz'ge, der dir schadet, ist der Zweifel.
WALLENSTEIN: Du redst, wie du's verstehst. Wie oft und viel-
Erklärt ich dir's! – Dir stieg der Jupiter   [mals
Hinab, bei der Geburt, der helle Gott;
Du kannst in die Geheimnisse nicht schauen.
Nur in der Erde magst du finster wühlen,
Blind, wie der Unterirdische, der mit dem bleichen
Bleifarbnen Schein ins Leben dir geleuchtet.
Das Irdische, Gemeine magst du sehn,
Das Nächste mit dem Nächsten klug verknüpfen;
Darin vertrau ich dir und glaube dir.
Doch, was geheimnisvoll bedeutend webt
Und bildet in den Tiefen der Natur –
Die Geisterleiter, die aus dieser Welt des Staubes
Bis in die Sternenwelt, mit tausend Sprossen,
Hinauf sich baut, an der die himmlischen
Gewalten wirkend auf und nieder wandeln,
– Die Kreise in den Kreisen, die sich eng
Und enger ziehn um die zentralische Sonne –
Die sieht das Aug nur, das entsiegelte,
Der hellgebornen, heitern Joviskinder.
Nachdem er einen Gang durch den Saal gemacht, bleibt er stehen und
fährt fort:
Die himmlischen Gestirne machen nicht
Bloß Tag und Nacht, Frühling und Sommer – nicht
Dem Sämann bloß bezeichnen sie die Zeiten
Der Aussaat und der Ernte. Auch des Menschen Tun
Ist eine Aussaat von Verhängnissen,
Gestreuet in der Zukunft dunkles Land,
Den Schicksalsmächten hoffend übergeben.
Da tut es not, die Saatzeit zu erkunden,
Die rechte Sternenstunde auszulesen,
Des Himmels Häuser forschend zu durchspüren,
Ob nicht der Feind des Wachsens und Gedeihens
In seinen Ecken schadend sich verberge.
Drum laßt mir Zeit. Tut ihr indes das Eure.
Ich kann jetzt noch nicht sagen, was ich tun will.

Nachgeben aber werd ich nicht. Ich nicht!
Absetzen sollen sie mich auch nicht – Darauf
Verlaßt euch.

KAMMERDIENER *kommt*:
                    Die Herrn Generale.

WALLENSTEIN: Laß sie kommen.

TERZKY: Willst du, daß alle Chefs zugegen seien?

WALLENSTEIN: Das braucht's nicht. Beide Piccolomini,
    Maradas, Buttler, Forgatsch, Deodat,
    Caraffa, Isolani mögen kommen.
            Terzky geht hinaus mit dem Kammerdiener.

WALLENSTEIN *zu Illo*: Hast du den Questenberg bewachen
    Sprach er nicht ein'ge in geheim?   [lassen?

ILLO: Ich hab ihn scharf bewacht. Er war mit niemand
    Als dem Octavio.

SIEBENTER AUFTRITT

VORIGE. QUESTENBERG, *beide* PICCOLOMINI, BUTTLER, ISOLANI,
MARADAS *und noch drei andere Generale treten herein. Auf den Wink
des Generals nimmt Questenberg ihm gerad gegenüber Platz, die andern
folgen nach ihrem Range. Es herrscht eine augenblickliche Stille.*

WALLENSTEIN: Ich hab den Inhalt Ihrer Sendung zwar
    Vernommen, Questenberg, und wohl erwogen,
    Auch meinen Schluß gefaßt, den nichts mehr ändert.
    Doch, es gebührt sich, daß die Kommandeurs
    Aus Ihrem Mund des Kaisers Willen hören –
    Gefall es Ihnen denn, sich Ihres Auftrags
    Vor diesen edeln Häuptern zu entledigen.

QUESTENBERG: Ich bin bereit, doch bitt ich zu bedenken,
    Daß kaiserliche Herrschgewalt und Würde
    Aus meinem Munde spricht, nicht eigne Kühnheit.

WALLENSTEIN: Den Eingang spart.

QUESTENBERG: Als Seine Majestät,
    Der Kaiser, ihren mutigen Armeen
    Ein ruhmgekröntes, kriegserfahrnes Haupt
    Geschenkt in der Person des Herzogs Friedland,
    Geschah's in froher Zuversicht, das Glück
    Des Krieges schnell und günstig umzuwenden.
    Auch war der Anfang ihren Wünschen hold,

Gereiniget ward Böheim von den Sachsen,
Der Schweden Siegeslauf gehemmt– es schöpften
Aufs neue leichten Atem diese Länder,
Als Herzog Friedland die zerstreuten Feindesheere
Herbei von allen Strömen Deutschlands zog,
Herbei auf einen Sammelplatz beschwor
Den Rheingraf, Bernhard, Banner, Oxenstirn,
Und jenen nie besiegten König selbst,
Um endlich hier im Angesichte Nürnbergs
Das blutig große Kampfspiel zu entscheiden.

WALLENSTEIN: Zur Sache, wenn's beliebt.

QUESTENBERG: Ein neuer Geist
Verkündigte sogleich den neuen Feldherrn.
Nicht blinde Wut mehr rang mit blinder Wut,
In hellgeschiednem Kampfe sah man jetzt
Die Festigkeit der Kühnheit widerstehn,
Und weise Kunst die Tapferkeit ermüden.
Vergebens lockt man ihn zur Schlacht, er gräbt
Sich tief und tiefer nur im Lager ein,
Als gält es, hier ein ewig Haus zu gründen.
Verzweifelnd endlich will der König stürmen,
Zur Schlachtbank reißt er seine Völker hin,
Die ihm des Hungers und der Seuchen Wut
Im leichenvollen Lager langsam tötet.
Durch den Verhack des Lagers, hinter welchem
Der Tod aus tausend Röhren lauert, will
Der Niegehemmte stürmend Bahn sich brechen.
Da ward ein Angriff und ein Widerstand,
Wie ihn kein glücklich Auge noch gesehn.
Zerrissen endlich führt sein Volk der König
Vom Kampfplatz heim, und nicht ein Fußbreit Erde
Gewann es ihm, das grause Menschenopfer.

WALLENSTEIN: Ersparen Sie's, uns aus dem Zeitungsblatt
Zu melden, was wir schaudernd selbst erlebt.

QUESTENBERG: Anklagen ist mein Amt und meine Sendung,
Es ist mein Herz, was gern beim Lob verweilt.
In Nürnbergs Lager ließ der schwedische König
Den Ruhm – in Lützens Ebenen das Leben.
Doch wer erstaunte nicht, als Herzog Friedland
Nach diesem großen Tag, wie ein Besiegter,
Nach Böheim floh, vom Kriegesschauplatz schwand,

Indes der junge weimarische Held
Ins Frankenland unaufgehalten drang,
Bis an die Donau reißend Bahn sich machte,
Und stand mit einemmal vor Regenspurg,
Zum Schrecken aller gut kathol'schen Christen.
Da rief der Bayern wohlverdienter Fürst
Um schnelle Hilf in seiner höchsten Not –
Es schickt der Kaiser sieben Reitende
An Herzog Friedland ab mit dieser Bitte,
Und fleht, wo er als Herr befehlen kann.
Umsonst! Es hört in diesem Augenblick
Der Herzog nur den alten Haß und Groll,
Gibt das gemeine Beste preis, die Rachgier
An einem alten Feinde zu vergnügen.
Und so fällt Regenspurg!

WALLENSTEIN: Von welcher Zeit ist denn die Rede, Max?
Ich hab gar kein Gedächtnis mehr.

MAX: Er meint,
Wie wir in Schlesien waren.

WALLENSTEIN: So! So! So!
Was aber hatten wir denn dort zu tun?

MAX: Die Schweden draus zu schlagen und die Sachsen.

WALLENSTEIN: Recht! Über der Beschreibung da vergeß ich
Den ganzen Krieg – *Zu Questenberg:*
                            Nur weiter fortgefahren!

QUESTENBERG: Am Oderstrom vielleicht gewann man wieder,
Was an der Donau schimpflich ward verloren.
Erstaunenswerte Dinge hoffte man
Auf dieser Kriegesbühne zu erleben,
Wo Friedland in Person zu Felde zog,
Der Nebenbuhler Gustavs einen – Thurn
Und einen Arnheim vor sich fand. Und wirklich
Geriet man nahe gnug hier aneinander,
Doch um als Freund, als Gast sich zu bewirten.
Ganz Deutschland seufzte unter Kriegeslast,
Doch Friede war's im Wallensteinischen Lager.

WALLENSTEIN: Manch blutig Treffen wird um nichts gefochten,
Weil einen Sieg der junge Feldherr braucht.
Ein Vorteil des bewährten Feldherrn ist's,
Daß er nicht nötig hat zu schlagen, um
Der Welt zu zeigen, er versteh zu siegen.

Mir konnt es wenig helfen, meines Glücks
Mich über einen Arnheim zu bedienen,
Viel nützte Deutschland meine Mäßigung,
Wär mir's geglückt, das Bündnis zwischen Sachsen
Und Schweden, das verderbliche, zu lösen.

QUESTENBERG: Es glückte aber nicht, und so begann
Aufs neu das blut'ge Kriegesspiel. Hier endlich
Rechtfertigte der Fürst den alten Ruhm.
Auf Steinaus Feldern streckt das schwedische Heer
Die Waffen, ohne Schwertstreich überwunden –
Und hier, mit andern, lieferte des Himmels
Gerechtigkeit den alten Aufruhrstifter,
Die fluchbeladne Fackel dieses Kriegs,
Matthias Thurn, des Rächers Händen aus.
– Doch in großmüt'ge Hand war er gefallen,
Statt Strafe fand er Lohn, und reich beschenkt
Entließ der Fürst den Erzfeind seines Kaisers.

WALLENSTEIN *lacht*:
Ich weiß, ich weiß – Sie hatten schon in Wien
Die Fenster, die Balkons vorausgemietet,
Ihn auf dem Armensünderkarrn zu sehn –
Die Schlacht hätt ich mit Schimpf verlieren mögen,
Doch das vergeben mir die Wiener nicht,
Daß ich um ein Spektakel sie betrog.

QUESTENBERG: Befreit war Schlesien, und alles rief
Den Herzog nun ins hart bedrängte Bayern.
Er setzt auch wirklich sich in Marsch – gemächlich
Durchzieht er Böheim auf dem längsten Wege;
Doch eh er noch den Feind gesehen, wendet
Er schleunig um, bezieht sein Winterlager, drückt
Des Kaisers Länder mit des Kaisers Heer.

WALLENSTEIN:
Das Heer war zum Erbarmen, jede Notdurft, jede
Bequemlichkeit gebrach – der Winter kam.
Was denkt die Majestät von ihren Truppen?
Sind wir nicht Menschen? Nicht der Kält und Nässe,
Nicht jeder Notdurft sterblich unterworfen?
Fluchwürdig Schicksal des Soldaten! Wo
Er hinkommt, flieht man vor ihm – wo er weggeht,
Verwünscht man ihn! Er muß sich alles nehmen;
Man gibt ihm nichts, und jeglichem gezwungen

Zu nehmen, ist er jeglichem ein Greuel.
Hier stehen meine Generals. Caraffa!
Graf Deodati! Buttler! Sagt es ihm,
Wie lang der Sold den Truppen ausgeblieben?
BUTTLER: Ein Jahr schon fehlt die Löhnung.
WALLENSTEIN: Und sein Sold
Muß dem Soldaten werden, darnach heißt er!
QUESTENBERG:
Das klingt ganz anders, als der Fürst von Friedland
Vor acht, neun Jahren sich vernehmen ließ.
WALLENSTEIN: Ja, meine Schuld ist es, weiß wohl, ich selbst
Hab mir den Kaiser so verwöhnt. Da! Vor neun Jahren,
Beim Dänenkriege, stellt ich eine Macht ihm auf
Von vierzigtausend Köpfen oder fünfzig,
Die aus dem eignen Säckel keinen Deut
Ihm kostete – Durch Sachsens Kreise zog
Die Kriegesfurie, bis an die Schären
Des Belts den Schrecken seines Namens tragend.
Da war noch eine Zeit! Im ganzen Kaiserstaate
Kein Nam geehrt, gefeiert wie der meine,
Und Albrecht Wallenstein, so hieß
Der dritte Edelstein in seiner Krone!
Doch auf dem Regenspurger Fürstentag
Da brach es auf! Da lag es kund und offen,
Aus welchem Beutel ich gewirtschaft't hatte.
Und was war nun mein Dank dafür, daß ich,
Ein treuer Fürstenknecht, der Völker Fluch
Auf mich gebürdet – diesen Krieg, der nur
Ihn groß gemacht, die Fürsten zahlen lassen?
Was? Aufgeopfert wurd ich ihren Klagen
– Abgesetzt wurd ich.
QUESTENBERG: Eure Gnaden weiß,
Wie sehr auf jenem unglücksvollen Reichstag
Die Freiheit ihm gemangelt.
WALLENSTEIN: Tod und Teufel!
Ich hatte, was ihm Freiheit schaffen konnte.
– Nein, Herr! Seitdem es mir so schlecht bekam,
Dem Thron zu dienen, auf des Reiches Kosten,
Hab ich vom Reich ganz anders denken lernen.
Vom Kaiser freilich hab ich diesen Stab,
Doch führ ich jetzt ihn als des Reiches Feldherr,

Zur Wohlfahrt aller, zu des Ganzen Heil,
Und nicht mehr zur Vergrößerung des einen!
– Zur Sache doch. Was ist's, das man von mir begehrt?

QUESTENBERG: Fürs erste wollen Seine Majestät,
  Daß die Armee ohn Aufschub Böhmen räume.

WALLENSTEIN: In dieser Jahrszeit? Und wohin will man,
  Daß wir uns wenden?

QUESTENBERG: Dahin, wo der Feind ist.
  Denn Seine Majestät will Regenspurg
  Vor Ostern noch vom Feind gesäubert sehn,
  Daß länger nicht im Dome lutherisch
  Gepredigt werde – ketzerischer Greul
  Des Festes reine Feier nicht besudle.

WALLENSTEIN: Kann das geschehen, meine Generals?

ILLO: Es ist nicht möglich.

BUTTLER: Es kann nicht geschehn.

QUESTENBERG: Der Kaiser hat auch schon dem Oberst Suys
  Befehl geschickt, nach Bayern vorzurücken.

WALLENSTEIN: Was tat der Suys?

QUESTENBERG: Was er schuldig war.
  Er rückte vor.

WALLENSTEIN: Er rückte vor! Und ich,
  Sein Chef, gab ihm Befehl, ausdrücklichen,
  Nicht von dem Platz zu weichen! Steht es so
  Um mein Kommando? Das ist der Gehorsam,
  Den man mir schuldig, ohne den kein Kriegsstand
  Zu denken ist? Sie, meine Generale,
  Seien Richter! Was verdient der Offizier,
  Der eidvergessen seine Ordre bricht?

ILLO: Den Tod!

WALLENSTEIN *da die übrigen bedenklich schweigen, mit erhöhter
  Stimme*:   Graf Piccolomini, was hat er
  Verdient?

MAX *nach einer langen Pause*:
            Nach des Gesetzes Wort – den Tod!

ISOLANI: Den Tod!

BUTTLER: Den Tod nach Kriegesrecht!
  Questenberg steht auf. Wallenstein folgt, es erheben sich alle.

WALLENSTEIN: Dazu verdammt ihn das Gesetz, nicht ich!
  Und wenn ich ihn begnadige, geschieht's
  Aus schuld'ger Achtung gegen meinen Kaiser.

QUESTENBERG:
  Wenn's so steht, hab ich hier nichts mehr zu sagen.
WALLENSTEIN: Nur auf Bedingung nahm ich dies Kommando;
  Und gleich die erste war, daß mir zum Nachteil
  Kein Menschenkind, auch selbst der Kaiser nicht,
  Bei der Armee zu sagen haben sollte.
  Wenn für den Ausgang ich mit meiner Ehre
  Und meinem Kopf soll haften, muß ich Herr
  Darüber sein. Was machte diesen Gustav
  Unwiderstehlich, unbesiegt auf Erden?
  Dies: daß er König war in seinem Heer!
  Ein König aber, einer der es ist,
  Ward nie besiegt noch, als durch seinesgleichen –
  Jedoch zur Sach. Das Beste soll noch kommen.
QUESTENBERG: Der Kardinal-Infant wird mit dem Frühjahr
  Aus Mailand rücken, und ein spanisch Heer
  Durch Deutschland nach den Niederlanden führen.
  Damit er sicher seinen Weg verfolge,
  Will der Monarch, daß hier aus der Armee
  Acht Regimenter ihn zu Pferd begleiten.
WALLENSTEIN: Ich merk, ich merk – Acht Regimenter – Wohl!
  Wohl ausgesonnen, Pater Lamormain!
  Wär der Gedank nicht so verwünscht gescheit,
  Man wär versucht, ihn herzlich dumm zu nennen.
  Achttausend Pferde! Ja! Ja! Es ist richtig,
  Ich seh es kommen.
QUESTENBERG: Es ist nichts dahinter
  Zu sehn. Die Klugheit rät's, die Not gebeut's.
WALLENSTEIN: Wie, mein Herr Abgesandter? Ich soll's wohl
  Nicht merken, daß man's müde ist, die Macht,
  Des Schwertes Griff in meiner Hand zu sehn?
  Daß man begierig diesen Vorwand hascht,
  Den span'schen Namen braucht, mein Volk zu mindern,
  Ins Reich zu führen eine neue Macht,
  Die mir nicht untergeben sei. Mich so
  Gerad beiseit zu werfen, dazu bin ich
  Euch noch zu mächtig. Mein Vertrag erheischt's,
  Daß alle Kaiserheere mir gehorchen,
  So weit die deutsche Sprach geredet wird.
  Von span'schen Truppen aber und Infanten,
  Die durch das Reich als Gäste wandernd ziehn,

Steht im Vertrage nichts – Da kommt man denn
So in der Stille hinter ihm herum,
Macht mich erst schwächer, dann entbehrlich, bis
Man kürzeren Prozeß kann mit mir machen.
– Wozu die krummen Wege, Herr Minister?
Geradheraus! Den Kaiser drückt das Paktum
Mit mir. Er möchte gerne, daß ich ginge.
Ich will ihm den Gefallen tun, das war
Beschloßne Sache, Herr, noch eh Sie kamen.

Es entsteht eine Bewegung unter den Generalen, welche immer zunimmt.

Es tut mir leid um meine Obersten,
Noch seh ich nicht, wie sie zu ihren vorgeschoßnen Gel-
Zum wohlverdienten Lohne kommen werden.   [dern,
Neu Regiment bringt neue Menschen auf,
Und früheres Verdienst veraltet schnell.
Es dienen viel Ausländische im Heer,
Und war der Mann nur sonsten brav und tüchtig,
Ich pflegte eben nicht nach seinem Stammbaum,
Noch seinem Katechismus viel zu fragen.
Das wird auch anders werden künftighin!
Nun – mich geht's nichts mehr an. *Er setzt sich.*

MAX: Da sei Gott für,
Daß es bis dahin kommen soll! – Die ganze
Armee wird furchtbar gärend sich erheben –
Der Kaiser wird mißbraucht, es kann nicht sein.

ISOLANI: Es kann nicht sein, denn alles ging' zu Trümmern.

WALLENSTEIN: Das wird es, treuer Isolan. Zu Trümmern
Wird alles gehn, was wir bedächtig bauten.
Deswegen aber findt sich doch ein Feldherr,
Und auch ein Kriegsheer läuft noch wohl dem Kaiser
Zusammen, wenn die Trommel wird geschlagen.

MAX *geschäftig, leidenschaftlich von einem zum andern gehend, und sie besänftigend:*
Hör mich, mein Feldherr! Hört mich, Obersten!
Laß dich beschwören, Fürst! Beschließe nichts,
Bis wir zusammen Rat gehalten, dir
Vorstellungen getan – Kommt, meine Freunde!
Ich hoff, es ist noch alles herzustellen.

TERZKY: Kommt, kommt! im Vorsaal treffen wir die andern.
                     Gehen.

BUTTLER *zu Questenberg:* Wenn guter Rat Gehör bei Ihnen findet,

Vermeiden Sie's, in diesen ersten Stunden
Sich öffentlich zu zeigen, schwerlich möchte Sie
Der goldne Schlüssel vor Mißhandlung schützen.
Laute Bewegungen draußen.

WALLENSTEIN: Der Rat ist gut – Octavio, du wirst
Für unsers Gastes Sicherheit mir haften.
Gehaben Sie sich wohl, von Questenberg!
Als dieser reden will:
Nichts, nichts von dem verhaßten Gegenstand!
Sie taten Ihre Schuldigkeit. Ich weiß
Den Mann von seinem Amt zu unterscheiden.

Indem Questenberg mit dem Octavio abgehen will, dringen GÖTZ,
TIEFENBACH, COLALTO *herein, denen noch mehrere Kommandeurs*
folgen.

GÖTZ: Wo ist er, der uns unsern General –
TIEFENBACH *zugleich*: Was müssen wir erfahren, du willst uns –
COLALTO *zugleich*: Wir wollen mit dir leben, mit dir sterben.
WALLENSTEIN *mit Ansehen, indem er auf Illo zeigt*:
Hier der Feldmarschall weiß um meinen Willen. *Geht ab.*

DRITTER AUFZUG

Ein Zimmer.

ERSTER AUFTRITT

ILLO *und* TERZKY.

TERZKY: Nun sagt mir! Wie gedenkt Ihr's diesen Abend
Beim Gastmahl mit den Obristen zu machen?
ILLO: Gebt acht! Wir setzen eine Formel auf,
Worin wir uns dem Herzog insgesamt
Verschreiben, sein zu sein mit Leib und Leben,
Nicht unser letztes Blut für ihn zu sparen;
Jedoch der Eidespflichten unbeschadet,
Die wir dem Kaiser schuldig sind. Merkt wohl!
Die nehmen wir in einer eignen Klausel
Ausdrücklich aus, und retten das Gewissen.
Nun hört! Die also abgefaßte Schrift
Wird ihnen vorgelegt vor Tische, keiner
Wird daran Anstoß nehmen – Hört nun weiter!

Nach Tafel, wenn der trübe Geist des Weins
Das Herz nun öffnet, und die Augen schließt,
Läßt man ein unterschobnes Blatt, worin
Die Klausel fehlt, zur Unterschrift herumgehn.

TERZKY: Wie? Denkt Ihr, daß sie sich durch einen Eid
Gebunden glauben werden, den wir ihnen
Durch Gaukelkunst betrüglich abgelistet?

ILLO: Gefangen haben wir sie immer – Laßt sie
Dann über Arglist schrein, so viel sie mögen.
Am Hofe glaubt man ihrer Unterschrift
Doch mehr, als ihrem heiligsten Beteuern.
Verräter sind sie einmal, müssen's sein,
So machen sie aus der Not wohl eine Tugend.

TERZKY: Nun, mir ist alles lieb, geschieht nur was,
Und rücken wir nur einmal von der Stelle.

ILLO: Und dann – liegt auch so viel nicht dran, wie weit
Wir damit langen bei den Generalen,
Genug, wenn wir's dem Herrn nur überreden,
Sie seien sein – denn handelt er nur erst
Mit seinem Ernst, als ob er sie schon hätte,
So hat er sie, und reißt sie mit sich fort.

TERZKY: Ich kann mich manchmal gar nicht in ihn finden.
Er leiht dem Feind sein Ohr, läßt mich dem Thurn,
Dem Arnheim schreiben, gegen den Sesina
Geht er mit kühnen Worten frei heraus,
Spricht stundenlang mit uns von seinen Planen,
Und mein ich nun, ich hab ihn – weg, auf einmal
Entschlüpft er, und es scheint als wär es ihm
Um nichts zu tun, als nur am Platz zu bleiben.

ILLO: Er seine alten Plane aufgegeben!
Ich sag Euch, daß er wachend, schlafend mit
Nichts anderm umgeht, daß er Tag für Tag
Deswegen die Planeten fragt –

TERZKY: Ja, wißt Ihr,
Daß er sich in der Nacht, die jetzo kommt,
Im astrologischen Turme mit dem Doktor
Einschließen wird und mit ihm observieren?
Denn es soll eine wicht'ge Nacht sein, hör ich,
Und etwas Großes, Langerwartetes
Am Himmel vorgehn.

ILLO: Wenn's hier unten nur geschieht.

Die Generale sind voll Eifer jetzt,
Und werden sich zu allem bringen lassen,
Nur um den Chef nicht zu verlieren. Seht!
So haben wir den Anlaß vor der Hand,
Zu einem engen Bündnis widern Hof,
Unschuldig ist der Name zwar, es heißt,
Man will ihn beim Kommando bloß erhalten.
Doch wißt Ihr, in der Hitze des Verfolgens
Verliert man bald den Anfang aus den Augen.
Ich denk es schon zu karten, daß der Fürst
Sie willig finden – willig glauben soll
Zu jedem Wagstück. Die Gelegenheit
Soll ihn verführen. Ist der große Schritt
Nur erst getan, den sie zu Wien ihm nicht verzeihn,
So wird der Notzwang der Begebenheiten
Ihn weiter schon und weiter führen, nur
Die Wahl ist's, was ihm schwer wird; drängt die Not,
Dann kommt ihm seine Stärke, seine Klarheit.

TERZKY: Das ist es auch, worauf der Feind nur wartet,
Das Heer uns zuzuführen.

ILLO: Kommt! Wir müssen
Das Werk in diesen nächsten Tagen weiter fördern,
Als es in Jahren nicht gedieh – Und steht's
Nur erst hier unten glücklich, gebet acht,
So werden auch die rechten Sterne scheinen!
Kommt zu den Obersten. Das Eisen muß
Geschmiedet werden, weil es glüht.

TERZKY: Geht Ihr hin, Illo.
Ich muß die Gräfin Terzky hier erwarten.
Wißt, daß wir auch nicht müßig sind – wenn ein
Strick reißt, ist schon ein andrer in Bereitschaft.

ILLO: Ja, Eure Hausfrau lächelte so listig.
Was habt Ihr?

TERZKY: Ein Geheimnis! Still! Sie kommt!
Illo geht ab.

Zweiter Auftritt

Graf *und* Gräfin Terzky, *die aus einem Kabinett heraustritt.*
Hernach ein Bedienter, *darauf* Illo.

Terzky: Kommt sie? Ich halt ihn länger nicht zurück.
Gräfin: Gleich wird sie dasein. Schick ihn nur.
Terzky: Zwar weiß ich nicht, ob wir uns Dank damit
 Beim Herrn verdienen werden. Über diesen Punkt,
 Du weißt's, hat er sich nie herausgelassen.
 Du hast mich überredet, und mußt wissen,
 Wie weit du gehen kannst.
Gräfin: Ich nehm's auf mich. *Für sich:*
 Es braucht hier keiner Vollmacht – Ohne Worte, Schwager,
 Verstehn wir uns – Errat ich etwa nicht,
 Warum die Tochter hergefodert worden,
 Warum just er gewählt, sie abzuholen?
 Denn dieses vorgespiegelte Verlöbnis
 Mit einem Bräutigam, den niemand kennt,
 Mag andre blenden! Ich durchschaue dich –
 Doch dir geziemt es nicht, in solchem Spiel
 Die Hand zu haben. Nicht doch! Meiner Feinheit
 Bleibt alles überlassen. Wohl! – Du sollst
 Dich in der Schwester nicht betrogen haben.
Bedienter *kommt:* Die Generale! *Ab.*
Terzky *zur Gräfin:*   Sorg nur, daß du ihm
 Den Kopf recht warm machst, was zu denken gibst –
 Wenn er zu Tisch kommt, daß er sich nicht lange
 Bedenke, bei der Unterschrift.
Gräfin: Sorg du für deine Gäste! Geh und schick ihn.
Terzky: Denn alles liegt dran, daß er unterschreibt.
Gräfin: Zu deinen Gästen. Geh!
Illo *kommt zurück:*   Wo bleibt Ihr, Terzky?
 Das Haus ist voll, und alles wartet Euer.
Terzky: Gleich! Gleich! *Zur Gräfin:*
     Und daß er nicht zu lang verweilt –
 Es möchte bei dem Alten sonst Verdacht –
Gräfin: Unnöt'ge Sorgfalt!
    Terzky und Illo gehen.

Dritter Auftritt
Gräfin Terzky. Max Piccolomini.

MAX *blickt schüchtern herein*:   Base Terzky! Darf ich?
  Tritt bis in die Mitte des Zimmers, wo er sich unruhig umsieht.
  Sie ist nicht da! Wo ist sie?
GRÄFIN: Sehen Sie nur recht
  In jene Ecke, ob sie hinterm Schirm
  Vielleicht versteckt –
MAX: Da liegen ihre Handschuh!
    Will hastig darnach greifen, Gräfin nimmt sie zu sich.
  Ungüt'ge Tante! Sie verleugnen mir –
  Sie haben Ihre Lust dran, mich zu quälen.
GRÄFIN: Der Dank für meine Müh!
MAX: Oh! fühlten Sie,
  Wie mir zumute ist! – Seitdem wir hier sind –
  So an mich halten, Wort und Blicke wägen!
  Das bin ich nicht gewohnt!
GRÄFIN: Sie werden sich
  An manches noch gewöhnen, schöner Freund!
  Auf dieser Probe Ihrer Folgsamkeit
  Muß ich durchaus bestehn, nur unter der Bedingung
  Kann ich mich überall damit befassen.
MAX: Wo aber ist sie? Warum kommt sie nicht?
GRÄFIN: Sie müssen's ganz in meine Hände legen.
  Wer kann es besser auch mit Ihnen meinen!
  Kein Mensch darf wissen, auch Ihr Vater nicht,
  Der gar nicht!
MAX: Damit hat's nicht Not. Es ist
  Hier kein Gesicht, an das ich's richten möchte,
  Was die entzückte Seele mir bewegt.
  – O Tante Terzky! Ist denn alles hier
  Verändert, oder bin nur ich's? Ich sehe mich
  Wie unter fremden Menschen. Keine Spur
  Von meinen vor'gen Wünschen mehr und Freuden.
  Wo ist das alles hin? Ich war doch sonst
  In ebendieser Welt nicht unzufrieden.
  Wie schal ist alles nun und wie gemein!
  Die Kameraden sind mir unerträglich,
  Der Vater selbst, ich weiß ihm nichts zu sagen,
  Der Dienst, die Waffen sind mir eitler Tand.

So müßt es einem sel'gen Geiste sein,
Der aus den Wohnungen der ew'gen Freude,
Zu seinen Kinderspielen und Geschäften,
Zu seinen Neigungen und Brüderschaften,
Zur ganzen armen Menschheit wiederkehrte.

GRÄFIN: Doch muß ich bitten, ein'ge Blicke noch
Auf diese ganz gemeine Welt zu werfen,
Wo eben jetzt viel Wichtiges geschieht.

MAX: Es geht hier etwas vor um mich, ich seh's
An ungewöhnlich treibender Bewegung,
Wenn's fertig ist, kommt's wohl auch bis zu mir.
Wo denken Sie, daß ich gewesen, Tante?
Doch keinen Spott! Mich ängstigte des Lagers
Gewühl, die Flut zudringlicher Bekannten,
Der fade Scherz, das nichtige Gespräch,
Es wurde mir zu eng, ich mußte fort,
Stillschweigen suchen diesem vollen Herzen,
Und eine reine Stelle für mein Glück.
Kein Lächeln, Gräfin! In der Kirche war ich.
Es ist ein Kloster hier, zur Himmelspforte,
Da ging ich hin, da fand ich mich allein.
Ob dem Altar hing eine Mutter Gottes,
Ein schlecht Gemälde war's, doch war's der Freund,
Den ich in diesem Augenblicke suchte.
Wie oft hab ich die Herrliche gesehn
In ihrem Glanz, die Inbrunst der Verehrer –
Es hat mich nicht gerührt, und jetzt auf einmal
Ward mir die Andacht klar, so wie die Liebe.

GRÄFIN: Genießen Sie Ihr Glück. Vergessen Sie
Die Welt um sich herum. Es soll die Freundschaft
Indessen wachsam für Sie sorgen, handeln.
Nur sei'n Sie dann auch lenksam, wenn man Ihnen
Den Weg zu Ihrem Glücke zeigen wird.

MAX: Wo aber bleibt sie denn! – Oh! goldne Zeit
Der Reise, wo uns jede neue Sonne
Vereinigte, die späte Nacht nur trennte!
Da rann kein Sand und keine Glocke schlug.
Es schien die Zeit dem Überseligen
In ihrem ew'gen Laufe still zu stehen.
Oh! der ist aus dem Himmel schon gefallen,
Der an der Stunden Wechsel denken muß!

Die Uhr schlägt keinem Glücklichen.

GRÄFIN: Wie lang ist es, daß Sie Ihr Herz entdeckten?

MAX: Heut früh wagt ich das erste Wort.

GRÄFIN: Wie? Heute erst in diesen zwanzig Tagen?

MAX: Auf jenem Jagdschloß war es, zwischen hier
Und Nepomuk, wo Sie uns eingeholt,
Der letzten Station des ganzen Wegs.
In einem Erker standen wir, den Blick
Stumm in das öde Feld hinausgerichtet,
Und vor uns ritten die Dragoner auf,
Die uns der Herzog zum Geleit gesendet.
Schwer lag auf mir des Scheidens Bangigkeit,
Und zitternd endlich wagt ich dieses Wort:
Dies alles mahnt mich, Fräulein, daß ich heut
Von meinem Glücke scheiden muß. Sie werden
In wenig Stunden einen Vater finden,
Von neuen Freunden sich umgeben sehn,
Ich werde nun ein Fremder für Sie sein,
Verloren in der Menge – „Sprechen Sie
Mit meiner Base Terzky!" fiel sie schnell
Mir ein, die Stimme zitterte, ich sah
Ein glühend Rot die schönen Wangen färben,
Und von der Erde langsam sich erhebend
Trifft mich ihr Auge – ich beherrsche mich
Nicht länger –

*Die Prinzessin erscheint an der Türe und bleibt stehen, von der Gräfin,
aber nicht von Piccolomini bemerkt.*

Fasse kühn sie in die Arme,
Mein Mund berührt den ihrigen – da rauscht' es
Im nahen Saal und trennte uns – Sie waren's.
Was nun geschehen, wissen Sie.

GRÄFIN *nach einer Pause, mit einem verstohlnen Blick auf Thekla*:
Und sind Sie so bescheiden, oder haben
So wenig Neugier, daß Sie mich nicht auch
Um mein Geheimnis fragen?

MAX: Ihr Geheimnis?

GRÄFIN: Nun ja! Wie ich unmittelbar nach Ihnen
Ins Zimmer trat, wie ich die Nichte fand,
Was sie in diesem ersten Augenblick
Des überraschten Herzens –

MAX *lebhaft*:   Nun?

Vierter Auftritt

Vorige. Thekla, *welche schnell hervortritt.*

THEKLA: Spart Euch die Mühe, Tante!
  Das hört er besser von mir selbst.
MAX *tritt zurück*:   Mein Fräulein! –
  Was ließen Sie mich sagen, Tante Terzky!
THEKLA *zur Gräfin*: Ist er schon lange hier?
GRÄFIN: Jawohl, und seine Zeit ist bald vorüber.
  Wo bleibt Ihr auch so lang?
THEKLA: Die Mutter weinte wieder so. Ich seh sie leiden,
  – Und kann's nicht ändern, daß ich glücklich bin.
MAX *in ihren Anblick verloren*:
  Jetzt hab ich wieder Mut, Sie anzusehn.
  Heut konnt ich's nicht. Der Glanz der Edelsteine,
  Der Sie umgab, verbarg mir die Geliebte.
THEKLA: So sah mich nur Ihr Auge, nicht Ihr Herz.
MAX: Oh! diesen Morgen, als ich Sie im Kreise
  Der Ihrigen, in Vatersarmen fand,
  Mich einen Fremdling sah in diesem Kreise!
  Wie drängte mich's in diesem Augenblick,
  Ihm um den Hals zu fallen, Vater ihn
  Zu nennen! Doch sein strenges Auge hieß
  Die heftig wallende Empfindung schweigen,
  Und jene Diamanten schreckten mich,
  Die wie ein Kranz von Sternen Sie umgaben.
  Warum auch mußt er beim Empfange gleich
  Den Bann um Sie verbreiten, gleich zum Opfer
  Den Engel schmücken, auf das heitre Herz
  Die traur'ge Bürde seines Standes werfen!
  Wohl darf die Liebe werben um die Liebe;
  Doch solchem Glanz darf nur ein König nahn.
THEKLA: Oh! still von dieser Mummerei. Sie sehn,
  Wie schnell die Bürde abgeworfen ward. *Zur Gräfin:*
  Er ist nicht heiter. Warum ist er's nicht?
  Ihr, Tante, habt ihn mir so schwer gemacht!
  War er doch ein ganz andrer auf der Reise!
  So ruhig hell! So froh beredt! Ich wünschte,
  Sie immer so zu sehn, und niemals anders.
MAX: Sie fanden sich, in Ihres Vaters Armen,

In einer neuen Welt, die Ihnen huldigt,
Wär's auch durch Neuheit nur, Ihr Auge reizt.
THEKLA: Ja! Vieles reizt mich hier, ich will's nicht leugnen,
Mich reizt die bunte, kriegerische Bühne,
Die vielfach mir ein liebes Bild erneuert,
Mir an das Leben, an die Wahrheit knüpft,
Was mir ein schöner Traum nur hat geschienen.
MAX: Mir machte sie mein wirklich Glück zum Traum.
Auf einer Insel in des Äthers Höhn
Hab ich gelebt in diesen letzten Tagen,
Sie hat sich auf die Erd herabgelassen,
Und diese Brücke, die zum alten Leben
Zurück mich bringt, trennt mich von meinem Himmel.
THEKLA: Das Spiel des Lebens sieht sich heiter an,
Wenn man den sichern Schatz im Herzen trägt,
Und froher kehr ich, wenn ich es gemustert,
Zu meinem schönern Eigentum zurück –
            Abbrechend und in einem scherzhaften Ton:
Was hab ich Neues nicht und Unerhörtes
In dieser kurzen Gegenwart gesehn!
Und doch muß alles dies dem Wunder weichen,
Das dieses Schloß geheimnisvoll verwahrt.
GRÄFIN *nachsinnend:* Was wäre das? Ich bin doch auch bekannt
In allen dunkeln Ecken dieses Hauses.
THEKLA *lächelnd:* Von Geistern wird der Weg dazu beschützt,
Zwei Greife halten Wache an der Pforte.
GRÄFIN *lacht:* Ach so! der astrologische Turm! Wie hat sich
Dies Heiligtum, das sonst so streng verwahrt wird,
Gleich in den ersten Stunden Euch geöffnet?
THEKLA: Ein kleiner, alter Mann mit weißen Haaren
Und freundlichem Gesicht, der seine Gunst
Mir gleich geschenkt, schloß mir die Pforten auf.
MAX: Das ist des Herzogs Astrolog, der Seni.
THEKLA: Er fragte mich nach vielen Dingen, wann ich
Geboren sei, in welchem Tag und Monat,
Ob eine Tages- oder Nachtgeburt –
GRÄFIN: Weil er das Horoskop Euch stellen wollte.
THEKLA: Auch meine Hand besah er, schüttelte
Das Haupt bedenklich, und es schienen ihm
Die Linien nicht eben zu gefallen.
GRÄFIN: Wie fandet Ihr es denn in diesem Saal?

Ich hab mich stets nur flüchtig umgesehn.
THEKLA: Es ward mir wunderbar zumut, als ich
  Aus vollem Tageslichte schnell hineintrat,
  Denn eine düstre Nacht umgab mich plötzlich,
  Von seltsamer Beleuchtung schwach erhellt.
  In einem Halbkreis standen um mich her
  Sechs oder sieben große Königsbilder,
  Den Szepter in der Hand, und auf dem Haupt
  Trug jedes einen Stern, und alles Licht
  Im Turm schien von den Sternen nur zu kommen.
  Das wären die Planeten, sagte mir
  Mein Führer, sie regierten das Geschick,
  Drum seien sie als Könige gebildet.
  Der äußerste, ein grämlich finstrer Greis,
  Mit dem trübgelben Stern, sei der Saturnus,
  Der mit dem roten Schein, grad von ihm über,
  In kriegerischer Rüstung, sei der Mars,
  Und beide bringen wenig Glück den Menschen.
  Doch eine schöne Frau stand ihm zur Seite,
  Sanft schimmerte der Stern auf ihrem Haupt,
  Das sei die Venus, das Gestirn der Freude.
  Zur linken Hand erschien Merkur geflügelt,
  Ganz in der Mitte glänzte silberhell
  Ein heitrer Mann, mit einer Königsstirn,
  Das sei der Jupiter, des Vaters Stern,
  Und Mond und Sonne standen ihm zur Seite.
MAX: Oh! nimmer will ich seinen Glauben schelten
  An der Gestirne, an der Geister Macht.
  Nicht bloß der Stolz des Menschen füllt den Raum
  Mit Geistern, mit geheimnisvollen Kräften,
  Auch für ein liebend Herz ist die gemeine
  Natur zu eng, und tiefere Bedeutung
  Liegt in dem Märchen meiner Kinderjahre,
  Als in der Wahrheit, die das Leben lehrt.
  Die heitre Welt der Wunder ist's allein,
  Die dem entzückten Herzen Antwort gibt,
  Die ihre ew'gen Räume mir eröffnet,
  Mir tausend Zweige reich entgegenstreckt,
  Worauf der trunkne Geist sich selig wiegt.
  Die Fabel ist der Liebe Heimatwelt,
  Gern wohnt sie unter Feen, Talismanen,

Glaubt gern an Götter, weil sie göttlich ist.
Die alten Fabelwesen sind nicht mehr,
Das reizende Geschlecht ist ausgewandert;
Doch eine Sprache braucht das Herz, es bringt
Der alte Trieb die alten Namen wieder,
Und an dem Sternenhimmel gehn sie jetzt,
Die sonst im Leben freundlich mitgewandelt,
Dort winken sie dem Liebenden herab,
Und jedes Große bringt uns Jupiter
Noch diesen Tag, und Venus jedes Schöne.

THEKLA: Wenn das die Sternenkunst ist, will ich froh
Zu diesem heitern Glauben mich bekennen.
Es ist ein holder, freundlicher Gedanke,
Daß über uns, in unermeßnen Höhn,
Der Liebe Kranz aus funkelnden Gestirnen,
Da wir erst wurden, schon geflochten ward.

GRÄFIN: Nicht Rosen bloß, auch Dornen hat der Himmel,
Wohl dir! wenn sie den Kranz dir nicht verletzen.
Was Venus band, die Bringerin des Glücks,
Kann Mars, der Stern des Unglücks, schnell zerreißen.

MAX: Bald wird sein düstres Reich zu Ende sein!
Gesegnet sei des Fürsten ernster Eifer,
Er wird den Ölzweig in den Lorbeer flechten,
Und der erfreuten Welt den Frieden schenken.
Dann hat sein großes Herz nichts mehr zu wünschen,
Er hat genug für seinen Ruhm getan,
Kann jetzt sich selber leben und den Seinen.
Auf seine Güter wird er sich zurückziehn,
Er hat zu Gitschin einen schönen Sitz,
Auch Reichenberg, Schloß Friedland liegen heiter –
Bis an den Fuß der Riesenberge hin
Streckt sich das Jagdgehege seiner Wälder.
Dem großen Trieb, dem prächtig schaffenden,
Kann er dann ungebunden frei willfahren.
Da kann er fürstlich jede Kunst ermuntern,
Und alles würdig Herrliche beschützen –
Kann bauen, pflanzen, nach den Sternen sehn –
Ja, wenn die kühne Kraft nicht ruhen kann,
So mag er kämpfen mit dem Element,
Den Fluß ableiten und den Felsen sprengen,
Und dem Gewerb die leichte Straße bahnen.

Aus unsern Kriegsgeschichten werden dann
Erzählungen in langen Winternächten –
GRÄFIN: Ich will denn doch geraten haben, Vetter,
Den Degen nicht zu frühe wegzulegen.
Denn eine Braut, wie die, ist es wohl wert,
Daß mit dem Schwert um sie geworben werde.
MAX: Oh! wäre sie mit Waffen zu gewinnen!
GRÄFIN:
    Was war das? Hört ihr nichts? – Mir war's, als hört ich
    Im Tafelzimmer heft'gen Streit und Lärmen. *Sie geht hinaus.*

Fünfter Auftritt

Thekla *und* Max Piccolomini.

THEKLA *sobald die Gräfin sich entfernt hat, schnell und heimlich zu*
    Piccolomini: Trau ihnen nicht. Sie meinen's falsch.
MAX: Sie könnten –
THEKLA: Trau niemand hier als mir. Ich sah es gleich,
    Sie haben einen Zweck.
MAX: Zweck! Aber welchen?
    Was hätten sie davon, uns Hoffnungen –
THEKLA: Das weiß ich nicht. Doch glaub mir, es ist nicht
    Ihr Ernst, uns zu beglücken, zu verbinden.
MAX: Wozu auch diese Terzkys? Haben wir
    Nicht deine Mutter? Ja, die Gütige
    Verdient's, daß wir uns kindlich ihr vertrauen.
THEKLA: Sie liebt dich, schätzt dich hoch vor allen andern,
    Doch nimmer hätte sie den Mut, ein solch
    Geheimnis vor dem Vater zu bewahren.
    Um ihrer Ruhe willen muß es ihr
    Verschwiegen bleiben.
MAX: Warum überall
    Auch das Geheimnis? Weißt du, was ich tun will?
    Ich werfe mich zu deines Vaters Füßen,
    Er soll mein Glück entscheiden, er ist wahrhaft,
    Ist unverstellt und haßt die krummen Wege,
    Er ist so gut, so edel –
THEKLA: Das bist du!
MAX: Du kennst ihn erst seit heut. Ich aber lebe
    Schon zehen Jahre unter seinen Augen.

Ist's denn das erstemal, daß er das Seltne,
Das Ungehoffte tut? Es sieht ihm gleich,
Zu überraschen wie ein Gott, er muß
Entzücken stets und in Erstaunen setzen.
Wer weiß, ob er in diesem Augenblick
Nicht mein Geständnis, deines bloß erwartet,
Uns zu vereinigen – Du schweigst? Du siehst
Mich zweifelnd an? Was hast du gegen deinen Vater?
THEKLA: Ich? Nichts – Nur zu beschäftigt find ich ihn,
Als daß er Zeit und Muße könnte haben,
An unser Glück zu denken. *Ihn zärtlich bei der Hand fassend:*
                          Folge mir!
Laß nicht zu viel uns an die Menschen glauben,
Wir wollen diesen Terzkys dankbar sein
Für jede Gunst, doch ihnen auch nicht mehr
Vertrauen, als sie würdig sind, und uns
Im übrigen – auf unser Herz verlassen.
MAX: Oh! werden wir auch jemals glücklich werden!
THEKLA: Sind wir's denn nicht? Bist du nicht mein? Bin ich
Nicht dein? – In meiner Seele lebt
Ein hoher Mut, die Liebe gibt ihn mir –
Ich sollte minder offen sein, mein Herz
Dir mehr verbergen, also will's die Sitte.
Wo aber wäre Wahrheit hier für dich,
Wenn du sie nicht auf meinem Munde findest?
Wir haben uns gefunden, halten uns
Umschlungen, fest und ewig. Glaube mir!
Das ist um vieles mehr, als sie gewollt.
Drum laß es uns wie einen heil'gen Raub
In unsers Herzens Innerstem bewahren.
Aus Himmelshöhen fiel es uns herab,
Und nur dem Himmel wollen wir's verdanken.
Er kann ein Wunder für uns tun.

SECHSTER AUFTRITT

GRÄFIN TERZKY *zu den* VORIGEN.

GRÄFIN *pressiert*: Mein Mann schickt her. Es sei die höchste Zeit.
Er soll zur Tafel – *Da jene nicht darauf achten, tritt sie zwischen sie.*
Trennt euch!

THEKLA: Oh! nicht doch!
Es ist ja kaum ein Augenblick.

GRÄFIN: Die Zeit vergeht Euch schnell, Prinzessin Nichte.

MAX: Es eilt nicht, Base.

GRÄFIN: Fort! Fort! Man vermißt Sie.
Der Vater hat sich zweimal schon erkundigt.

THEKLA: Ei nun! der Vater!

GRÄFIN: Das versteht Ihr, Nichte.

THEKLA: Was soll er überall bei der Gesellschaft?
Es ist sein Umgang nicht, es mögen würd'ge,
Verdiente Männer sein, er aber ist
Für sie zu jung, taugt nicht in die Gesellschaft.

GRÄFIN: Ihr möchtet ihn wohl lieber ganz behalten?

THEKLA *lebhaft*: Ihr habt's getroffen. Das ist meine Meinung.
Ja, laßt ihn ganz hier, laßt den Herren sagen –

GRÄFIN: Habt Ihr den Kopf verloren, Nichte? – Graf!
Sie wissen die Bedingungen.

MAX: Ich muß gehorchen, Fräulein. Leben Sie wohl.
       Da Thekla sich schnell von ihm wendet:
Was sagen Sie?

THEKLA *ohne ihn anzusehen*:
            Nichts. Gehen Sie.

MAX: Kann ich's,
Wenn Sie mir zürnen –

Er nähert sich ihr, ihre Augen begegnen sich, sie steht einen Augenblick schweigend, dann wirft sie sich ihm an die Brust, er drückt sie fest an sich.

GRÄFIN: Weg! Wenn jemand käme!
Ich höre Lärmen – Fremde Stimmen nahen.

Max reißt sich aus ihren Armen und geht, die Gräfin begleitet ihn. Thekla folgt ihm anfangs mit den Augen, geht unruhig durch das Zimmer und bleibt dann in Gedanken versenkt stehen. Eine Gitarre liegt auf dem Tische, sie ergreift sie, und nachdem sie eine Weile schwermütig präludiert hat, fällt sie in den Gesang.

SIEBENTER AUFTRITT

THEKLA *spielt und singt.*

Der Eichwald brauset, die Wolken ziehn,
Das Mägdlein wandelt an Ufers Grün,

Es bricht sich die Welle mit Macht, mit Macht,
Und sie singt hinaus in die finstre Nacht,
Das Auge von Weinen getrübet.

Das Herz ist gestorben, die Welt ist leer,
Und weiter gibt sie dem Wunsche nichts mehr.
Du Heilige, rufe dein Kind zurück,
Ich habe genossen das irdische Glück,
Ich habe gelebt und geliebet.

ACHTER AUFTRITT

GRÄFIN *kommt zurück*. THEKLA.

GRÄFIN: Was war das, Fräulein Nichte? Fi! Ihr werft Euch
Ihm an den Kopf. Ihr solltet Euch doch, dächt ich,
Mit Eurer Person ein wenig teurer machen.
THEKLA *indem sie aufsteht*:
Was meint Ihr, Tante?
GRÄFIN: Ihr sollt nicht vergessen,
Wer Ihr seid und wer er ist. Ja, das ist Euch
Noch gar nicht eingefallen, glaub ich.
THEKLA: Was denn?
GRÄFIN: Daß Ihr des Fürsten Friedland Tochter seid.
THEKLA: Nun? und was mehr?
GRÄFIN: Was? Eine schöne Frage!
THEKLA: Was wir geworden sind, ist er geboren.
Er ist von alt lombardischem Geschlecht,
Ist einer Fürstin Sohn!
GRÄFIN: Sprecht Ihr im Traum?
Fürwahr! Man wird ihn höflich noch drum bitten,
Die reichste Erbin in Europa zu beglücken
Mit seiner Hand.
THEKLA: Das wird nicht nötig sein.
GRÄFIN: Ja, man wird wohltun, sich nicht auszusetzen.
THEKLA: Sein Vater liebt ihn, Graf Octavio
Wird nichts dagegen haben –
GRÄFIN: Sein Vater! Seiner! Und der Eure, Nichte?
THEKLA: Nun ja! Ich denk, Ihr fürchtet s e i n e n Vater,
Weil Ihr's vor dem, vor seinem Vater, mein ich,
So sehr verheimlicht.

GRÄFIN *sieht sie forschend an*: Nichte, Ihr seid falsch.

THEKLA: Seid Ihr empfindlich, Tante? Oh! seid gut!

GRÄFIN: Ihr haltet Euer Spiel schon für gewonnen –
   Jauchzt nicht zu frühe!

THEKLA: Seid nur gut!

GRÄFIN: Es ist noch nicht so weit.

THEKLA: Ich glaub es wohl.

GRÄFIN: Denkt Ihr, er habe sein bedeutend Leben
   In kriegerischer Arbeit aufgewendet,
   Jedwedem stillen Erdenglück entsagt,
   Den Schlaf von seinem Lager weggebannt,
   Sein edles Haupt der Sorge hingegeben,
   Nur um ein glücklich Paar aus euch zu machen?
   Um dich zuletzt aus deinem Stift zu ziehn,
   Den Mann dir im Triumphe zuzuführen,
   Der deinen Augen wohlgefällt? – Das hätt er
   Wohlfeiler haben können! Diese Saat
   Ward nicht gepflanzt, daß du mit kind'scher Hand
   Die Blume brächest, und zur leichten Zier
   An deinen Busen stecktest!

THEKLA: Was er mir nicht gepflanzt, das könnte doch
   Freiwillig mir die schönen Früchte tragen.
   Und wenn mein gütig freundliches Geschick
   Aus seinem furchtbar ungeheuren Dasein
   Des Lebens Freude mir bereiten will –

GRÄFIN: Du siehst's wie ein verliebtes Mädchen an.
   Blick um dich her. Besinn dich, wo du bist –
   Nicht in ein Freudenhaus bist du getreten,
   Zu keiner Hochzeit findest du die Wände
   Geschmückt, der Gäste Haupt bekränzt. Hier ist
   Kein Glanz, als der von Waffen. Oder denkst du,
   Man führte diese Tausende zusammen,
   Beim Brautfest dir den Reihen aufzuführen?
   Du siehst des Vaters Stirn gedankenvoll,
   Der Mutter Aug in Tränen, auf der Waage liegt
   Das große Schicksal unsers Hauses!
   Laß jetzt des Mädchens kindische Gefühle,
   Die kleinen Wünsche hinter dir! Beweise,
   Daß du des Außerordentlichen Tochter bist!
   Das Weib soll sich nicht selber angehören,
   An fremdes Schicksal ist sie fest gebunden,

Die aber ist die Beste, die sich Fremdes
Aneignen kann mit Wahl, an ihrem Herzen
Es trägt und pflegt mit Innigkeit und Liebe.

THEKLA: So wurde mir's im Kloster vorgesagt.
Ich hatte keine Wünsche, kannte mich
Als seine Tochter nur, des Mächtigen,
Und seines Lebens Schall, der auch zu mir drang,
Gab mir kein anderes Gefühl, als dies:
Ich sei bestimmt, mich leidend ihm zu opfern.

GRÄFIN: Das ist dein Schicksal. Füge dich ihm willig.
Ich und die Mutter geben dir das Beispiel.

THEKLA: Das Schicksal hat mir den gezeigt, dem ich
Mich opfern soll, ich will ihm freudig folgen.

GRÄFIN: Dein Herz, mein liebes Kind, und nicht das Schicksal.

THEKLA: Der Zug des Herzens ist des Schicksals Stimme.
Ich bin die Seine. Sein Geschenk allein
Ist dieses neue Leben, das ich lebe.
Er hat ein Recht an sein Geschöpf. Was war ich,
Eh seine schöne Liebe mich beseelte?
Ich will auch von mir selbst nicht kleiner denken,
Als der Geliebte. Der kann nicht gering sein,
Der das Unschätzbare besitzt. Ich fühle
Die Kraft mit meinem Glücke mir verliehn.
Ernst liegt das Leben vor der ernsten Seele.
Daß ich mir selbst gehöre, weiß ich nun.
Den festen Willen hab ich kennen lernen,
Den unbezwinglichen, in meiner Brust,
Und an das Höchste kann ich alles setzen.

GRÄFIN: Du wolltest dich dem Vater widersetzen,
Wenn er es anders nun mit dir beschlossen?
– Ihm denkst du's abzuzwingen? Wisse, Kind!
Sein Nam ist Friedland.

THEKLA: Auch der meinige.
Er soll in mir die echte Tochter finden.

GRÄFIN: Wie? Sein Monarch, sein Kaiser zwingt ihn nicht,
Und du, sein Mädchen, wolltest mit ihm kämpfen?

THEKLA: Was niemand wagt, kann seine Tochter wagen.

GRÄFIN: Nun wahrlich! Darauf ist er nicht bereitet.
Er hätte jedes Hindernis besiegt,
Und in dem eignen Willen seiner Tochter
Sollt ihm der neue Streit entstehn? Kind! Kind!

Noch hast du nur das Lächeln deines Vaters,
Hast seines Zornes Auge nicht gesehen.
Wird sich die Stimme deines Widerspruchs,
Die zitternde, in seine Nähe wagen?
Wohl magst du dir, wenn du allein bist, große Dinge
Vorsetzen, schöne Rednerblumen flechten,
Mit Löwenmut den Taubensinn bewaffnen.
Jedoch versuch's! Tritt vor sein Auge hin,
Das fest auf dich gespannt ist, und sag nein!
Vergehen wirst du vor ihm, wie das zarte Blatt
Der Blume vor dem Feuerblick der Sonne.
– Ich will dich nicht erschrecken, liebes Kind!
Zum Äußersten soll's ja nicht kommen, hoff ich –
Auch weiß ich seinen Willen nicht. Kann sein,
Daß seine Zwecke deinem Wunsch begegnen.
Doch das kann nimmermehr sein Wille sein,
Daß du, die stolze Tochter seines Glücks,
Wie ein verliebtes Mädchen dich gebärdest,
Wegwerfest an den Mann, der, wenn ihm je
Der hohe Lohn bestimmt ist, mit dem höchsten Opfer,
Das Liebe bringt, dafür bezahlen soll! *Sie geht ab.*

NEUNTER AUFTRITT

THEKLA *allein.*

Dank dir für deinen Wink! Er macht
Mir meine böse Ahnung zur Gewißheit.
So ist's denn wahr? Wir haben keinen Freund
Und keine treue Seele hier – wir haben
Nichts als uns selbst. Uns drohen harte Kämpfe.
Du, Liebe, gib uns Kraft, du göttliche!
Oh! sie sagt wahr! Nicht frohe Zeichen sind's,
Die diesem Bündnis unsrer Herzen leuchten.
Das ist kein Schauplatz, wo die Hoffnung wohnt,
Nur dumpfes Kriegsgetöse rasselt hier,
Und selbst die Liebe, wie in Stahl gerüstet,
Zum Todeskampf gegürtet, tritt sie auf.
Es geht ein finstrer Geist durch unser Haus,
Und schleunig will das Schicksal mit uns enden.
Aus stiller Freistatt treibt es mich heraus,

Ein holder Zauber muß die Seele blenden.
Es lockt mich durch die himmlische Gestalt,
Ich seh sie nah und seh sie näher schweben,
Es zieht mich fort, mit göttlicher Gewalt,
Dem Abgrund zu, ich kann nicht widerstreben.
   Man hört von ferne die Tafelmusik.
Oh! wenn ein Haus im Feuer soll vergehn,
Dann treibt der Himmel sein Gewölk zusammen,
Es schießt der Blitz herab aus heitern Höhn,
Aus unterird'schen Schlünden fahren Flammen,
Blindwütend schleudert selbst der Gott der Freude
Den Pechkranz in das brennende Gebäude! *Sie geht ab.*

VIERTER AUFZUG

Szene: Ein großer, festlich erleuchteter Saal, in der Mitte desselben
und nach der Tiefe des Theaters eine reich ausgeschmückte Tafel, an
welcher acht Generale, worunter OCTAVIO PICCOLOMINI, TERZKY
und MARADAS *sitzen. Rechts und links davon, mehr nach hinten zu,*
noch zwei andere Tafeln, welche jede mit sechs Gästen besetzt sind.
Vorwärts steht der Kredenztisch, die ganze vordere Bühne bleibt für
die aufwartenden Pagen und Bedienten frei. Alles ist in Bewegung,
Spielleute von Terzkys Regiment ziehen über den Schauplatz um die
Tafel herum. Noch ehe sie sich ganz entfernt haben, erscheint MAX
PICCOLOMINI, *ihm kommt* TERZKY *mit einer Schrift,* ISOLANI *mit*
einem Pokal entgegen.

ERSTER AUFTRITT

TERZKY. ISOLANI. MAX PICCOLOMINI.

ISOLANI: Herr Bruder, was wir lieben! Nun, wo steckt Er?
 Geschwind an Seinen Platz! Der Terzky hat
 Der Mutter Ehrenweine preisgegeben,
 Es geht hier zu, wie auf dem Heidelberger Schloß.
 Das Beste hat Er schon versäumt. Sie teilen
 Dort an der Tafel Fürstenhüte aus,
 Des Eggenberg, Slawata, Lichtenstein,
 Des Sternbergs Güter werden ausgeboten,
 Samt allen großen böhm'schen Lehen, wenn
 Er hurtig macht, fällt auch für Ihn was ab.
 Marsch! Setz Er sich!

COLALTO *und* GÖTZ *rufen an der zweiten Tafel*: Graf Piccolomini!

TERZKY: Ihr sollt ihn haben! Gleich! – Lies diese Eidesformel,
Ob dir's gefällt, so wie wir's aufgesetzt.
Es haben's alle nach der Reih gelesen,
Und jeder wird den Namen druntersetzen.

MAX *liest*: „Ingratis servire nefas."

ISOLANI: Das klingt wie ein lateinscher Spruch – Herr Bruder,
Wie heißt's auf deutsch?

TERZKY: Dem Undankbaren dient kein rechter Mann!

MAX: „Nachdem unser hochgebietender Feldherr, der Durchlauchtige Fürst von Friedland, wegen vielfältig empfangener
Kränkungen, des Kaisers Dienst zu verlassen gemeint gewesen, auf unser einstimmiges Bitten aber sich bewegen lassen, noch länger bei der Armee zu verbleiben, und ohne
unser Genehmhalten sich nicht von uns zu trennen; als verpflichten wir uns wieder insgesamt, und jeder für sich ins-
besondere, anstatt eines körperlichen Eides – auch bei ihm
ehrlich und getreu zu halten, uns auf keinerlei Weise von ihm
zu trennen, und für denselben alles das Unsrige, bis auf den
letzten Blutstropfen, aufzusetzen, soweit nämlich unser
dem Kaiser geleisteter Eid es erlauben wird. *Die
letzten Worte werden von Isolani nachgesprochen.* Wie wir denn
auch, wenn einer oder der andre von uns, diesem Verbündnis
zuwider, sich von der gemeinen Sache absondern sollte, denselben als einen bundesflüchtigen Verräter erklären, und an
seinem Hab und Gut, Leib und Leben Rache dafür zu nehmen verbunden sein wollen. Solches bezeugen wir mit
Unterschrift unsers Namens."

TERZKY: Bist du gewillt, dies Blatt zu unterschreiben?

ISOLANI: Was sollt er nicht! Jedweder Offizier
Von Ehre kann das – muß das – Dint und Feder!

TERZKY: Laß gut sein, bis nach Tafel.

ISOLANI *Max fortziehend*:   Komm Er, komm Er!
Beide gehen an die Tafel.

ZWEITER AUFTRITT

TERZKY. NEUMANN.

TERZKY *winkt dem Neumann, der am Kredenztisch gewartet, und tritt
mit ihm vorwärts*:
Bringst du die Abschrift, Neumann? Gib! Sie ist

Doch so verfaßt, daß man sie leicht verwechselt?
NEUMANN: Ich hab sie Zeil um Zeile nachgemalt,
    Nichts als die Stelle von dem Eid blieb weg,
    Wie deine Exzellenz es mir geheißen.
TERZKY: Gut! Leg sie dorthin, und mit dieser gleich
    Ins Feuer! Was sie soll, hat sie geleistet.
Neumann legt die Kopie auf den Tisch, und tritt wieder zum Schenktisch.

DRITTER AUFTRITT

ILLO *kommt aus dem zweiten Zimmer.* TERZKY.

ILLO: Wie ist es mit dem Piccolomini?
TERZKY: Ich denke, gut. Er hat nichts eingewendet.
ILLO: Er ist der einz'ge, dem ich nicht recht traue,
    Er und der Vater – Habt ein Aug auf beide!
TERZKY: Wie sieht's an Eurer Tafel aus? Ich hoffe,
    Ihr haltet Eure Gäste warm?
ILLO: Sie sind
    Ganz kordial. Ich denk, wir haben sie.
    Und wie ich's Euch vorausgesagt – Schon ist
    Die Red nicht mehr davon, den Herzog bloß
    Bei Ehren zu erhalten. Da man einmal
    Beisammen sei, meint Montecuculi,
    So müsse man in seinem eignen Wien
    Dem Kaiser die Bedingung machen. Glaubt mir,
    Wär's nicht um diese Piccolomini,
    Wir hätten den Betrug uns können sparen.
TERZKY: Was will der Buttler? Still!

VIERTER AUFTRITT

BUTTLER *zu den* VORIGEN.

BUTTLER *von der zweiten Tafel kommend*:
                         Laßt Euch nicht stören.
Ich hab Euch wohl verstanden, Feldmarschall.
Glück zum Geschäfte – und was mich betrifft, *Geheimnisvoll*:
So könnt Ihr auf mich rechnen.

ILLO *lebhaft*:   Können wir's?
BUTTLER: Mit oder ohne Klausel! gilt mir gleich!
   Versteht Ihr mich? Der Fürst kann meine Treu
   Auf jede Probe setzen, sagt ihm das.
   Ich bin des Kaisers Offizier, solang ihm
   Beliebt, des Kaisers General zu bleiben,
   Und bin des Friedlands Knecht, sobald es ihm
   Gefallen wird, sein eigner Herr zu sein.
TERZKY: Ihr treffet einen guten Tausch. Kein Karger,
   Kein Ferdinand ist's, dem Ihr Euch verpflichtet.
BUTTLER *ernst*: Ich biete meine Treu nicht feil, Graf Terzky,
   Und wollt Euch nicht geraten haben, mir
   Vor einem halben Jahr noch abzudingen,
   Wozu ich jetzt freiwillig mich erbiete.
   Ja, mich samt meinem Regiment bring ich
   Dem Herzog, und nicht ohne Folgen soll
   Das Beispiel bleiben, denk ich, das ich gebe.
ILLO: Wem ist es nicht bekannt, daß Oberst Buttler
   Dem ganzen Heer voran als Muster leuchtet!
BUTTLER: Meint Ihr, Feldmarschall? Nun, so reut mich nicht
   Die Treue, vierzig Jahre lang bewahrt,
   Wenn mir der wohlgesparte gute Name
   So volle Rache kauft im sechzigsten! –
   Stoßt euch an meine Rede nicht, ihr Herrn.
   Euch mag es gleichviel sein, wie ihr mich habt,
   Und werdet, hoff ich, selber nicht erwarten,
   Daß euer Spiel mein grades Urteil krümmt –
   Daß Wankelsinn und schnell bewegtes Blut,
   Noch leichte Ursach sonst den alten Mann
   Vom langgewohnten Ehrenpfade treibt.
   Kommt! Ich bin darum minder nicht entschlossen,
   Weil ich es deutlich weiß, wovon ich scheide.
ILLO: Sagt's rundheraus, wofür wir Euch zu halten –
BUTTLER: Für einen Freund! Nehmt meine Hand darauf,
   Mit allem, was ich hab, bin ich der Eure.
   Nicht Männer bloß, auch Geld bedarf der Fürst.
   Ich hab in seinem Dienst mir was erworben,
   Ich leih es ihm, und überlebt er mich,
   Ist's ihm vermacht schon längst, er ist mein Erbe.
   Ich steh allein da in der Welt, und kenne
   Nicht das Gefühl, das an ein teures Weib

Den Mann und an geliebte Kinder bindet,
Mein Name stirbt mit mir, mein Dasein endet.
ILLO: Nicht Eures Gelds bedarf's – ein Herz, wie Euers,
Wiegt Tonnen Goldes auf und Millionen.
BUTTLER: Ich kam, ein schlechter Reitersbursch, aus Irland
Nach Prag mit einem Herrn, den ich begrub.
Vom niedern Dienst im Stalle stieg ich auf,
Durch Kriegsgeschick, zu dieser Würd und Höhe,
Das Spielzeug eines grillenhaften Glücks.
Auch Wallenstein ist der Fortuna Kind,
Ich liebe einen Weg, der meinem gleicht.
ILLO: Verwandte sind sich alle starken Seelen.
BUTTLER: Es ist ein großer Augenblick der Zeit,
Dem Tapfern, dem Entschloßnen ist sie günstig.
Wie Scheidemünze geht von Hand zu Hand,
Tauscht Stadt und Schloß den eilenden Besitzer.
Uralter Häuser Enkel wandern aus,
Ganz neue Wappen kommen auf und Namen,
Auf deutscher Erde unwillkommen wagt's
Ein nördlich Volk; sich bleibend einzubürgern.
Der Prinz von Weimar rüstet sich mit Kraft,
Am Main ein mächtig Fürstentum zu gründen,
Dem Mansfeld fehlte nur, dem Halberstädter
Ein längres Leben, mit dem Ritterschwert
Landeigentum sich tapfer zu erfechten.
Wer unter diesen reicht an unsern Friedland?
Nichts ist so hoch, wornach der Starke nicht
Befugnis hat, die Leiter anzusetzen.
TERZKY: Das ist gesprochen wie ein Mann!
BUTTLER: Versichert euch der Spanier und Welschen,
Den Schotten Leßly will ich auf mich nehmen.
Kommt zur Gesellschaft! Kommt!
TERZKY: Wo ist der Kellermeister?
Laß aufgehn, was du hast! die besten Weine!
Heut gilt es. Unsre Sachen stehen gut
        Gehen, jeder an seine Tafel.

Fünfter Auftritt

KELLERMEISTER *mit* NEUMANN *vorwärts kommend.* BEDIENTE
gehen ab und zu.

KELLERMEISTER: Der edle Wein! Wenn meine alte Herrschaft,
Die Frau Mama, das wilde Leben säh,
In ihrem Grabe kehrte sie sich um! –
Ja! Ja! Herr Offizier! Es geht zurück
Mit diesem edeln Haus – Kein Maß noch Ziel!
Und die durchlauchtige Verschwägerung
Mit diesem Herzog bringt uns wenig Segen.
NEUMANN: Behüte Gott! Jetzt wird der Flor erst angehn.
KELLERMEISTER: Meint Er? Es ließ' sich vieles davon sagen.
BEDIENTER *kommt:* Burgunder für den vierten Tisch!
KELLERMEISTER: Das ist
Die siebenzigste Flasche nun, Herr Leutnant.
BEDIENTER: Das macht, der deutsche Herr, der Tiefenbach
Sitzt dran. *Geht ab.*
KELLERMEISTER *zu Neumann fortfahrend:*
Sie wollen gar zu hoch hinaus. Kurfürsten
Und Königen wollen sie's im Prunke gleichtun,
Und wo der Fürst sich hingetraut, da will der Graf,
Mein gnäd'ger Herre, nicht dahinten bleiben.
          Zu den Bedienten:
Was steht ihr horchen? Will euch Beine machen.
Seht nach den Tischen, nach den Flaschen! Da!
Graf Palffy hat ein leeres Glas vor sich!
ZWEITER BEDIENTER *kommt:*
Den großen Kelch verlangt man, Kellermeister,
Den reichen, güldnen, mit dem böhm'schen Wappen,
Ihr wißt schon welchen, hat der Herr gesagt.
KELLERMEISTER: Der auf des Friedrichs seine Königskrönung
Vom Meister Wilhelm ist verfertigt worden,
Das schöne Prachtstück aus der Prager Beute?
ZWEITER BEDIENTER:
Ja, den! Den Umtrunk wollen sie mit halten.
KELLERMEISTER *mit Kopfschütteln, indem er den Pokal hervorholt
und ausspült:* Das gibt nach Wien was zu berichten wieder!
NEUMANN: Zeigt! Das ist eine Pracht von einem Becher!
Von Golde schwer, und in erhabner Arbeit,

Sind kluge Dinge zierlich drauf gebildet.
Gleich auf dem ersten Schildlein, laßt mal sehn!
Die stolze Amazone da zu Pferd,
Die übern Krummstab setzt und Bischofsmützen,
Auf einer Stange trägt sie einen Hut,
Nebst einer Fahn, worauf ein Kelch zu sehn.
Könnt Ihr mir sagen, was das all bedeutet?
KELLERMEISTER: Die Weibsperson, die Ihr da seht zu Roß,
Das ist die Wahlfreiheit der böhm'schen Kron.
Das wird bedeutet durch den runden Hut
Und durch das wilde Roß, auf dem sie reitet.
Des Menschen Zierat ist der Hut, denn wer
Den Hut nicht sitzen lassen darf vor Kaisern
Und Königen, der ist kein Mann der Freiheit.
NEUMANN: Was aber soll der Kelch da auf der Fahn?
KELLERMEISTER: Der Kelch bezeugt die böhm'sche Kirchen-
Wie sie gewesen zu der Väter Zeit.   [freiheit,
Die Väter im Hussitenkrieg erstritten
Sich dieses schöne Vorrecht übern Papst,
Der keinem Laien gönnen will den Kelch.
Nichts geht dem Utraquisten übern Kelch,
Es ist sein köstlich Kleinod, hat dem Böhmen
Sein teures Blut in mancher Schlacht gekostet.
NEUMANN: Was sagt die Rolle, die da drüber schwebt?
KELLERMEISTER: Den böhm'schen Majestätsbrief zeigt sie an,
Den wir dem Kaiser Rudolf abgezwungen,
Ein köstlich unschätzbares Pergament,
Das frei Geläut und offenen Gesang
Dem neuen Glauben sichert, wie dem alten.
Doch seit der Grätzer über uns regiert,
Hat das ein End, und nach der Prager Schlacht,
Wo Pfalzgraf Friedrich Kron und Reich verloren,
Ist unser Glaub um Kanzel und Altar,
Und unsre Brüder sehen mit dem Rücken
Die Heimat an, den Majestätsbrief aber
Zerschnitt der Kaiser selbst mit seiner Schere.
NEUMANN: Daß alles wißt Ihr! Wohl bewandert seid Ihr
In Eures Landes Chronik, Kellermeister.
KELLERMEISTER: Drum waren meine Ahnherrn Taboriten,
Und dienten unter dem Prokop und Ziska.
Fried sei mit ihrem Staube! Kämpften sie

Für eine gute Sache doch – Tragt fort!

NEUMANN: Erst laßt mich noch das zweite Schildlein sehn.
Sieh doch! das ist, wie auf dem Prager Schloß
Des Kaisers Räte, Martinitz, Slawata,
Kopf unter sich herabgestürzet werden.
Ganz recht! Da steht Graf Thurn, der es befiehlt.

Bedienter geht mit dem Kelch.

KELLERMEISTER: Schweigt mir von diesem Tag, es war der drei-
Undzwanzigste des Mais, da man eintausend-
Sechshundert schrieb und achtzehn. Ist mir's doch
Als wär es heut, und mit dem Unglückstag
Fing's an, das große Herzeleid des Landes.
Seit diesem Tag, es sind jetzt sechzehn Jahr,
Ist nimmer Fried gewesen auf der Erden –

AN DER ZWEITEN TAFEL *wird gerufen*:
Der Fürst von Weimar!

AN DER DRITTEN *und* VIERTEN TAFEL:
Herzog Bernhard lebe!
Musik fällt ein.

ERSTER BEDIENTER:
Hört den Tumult!

ZWEITER BEDIENTER *kommt gelaufen*:
Habt ihr gehört? Sie lassen
Den Weimar leben!

DRITTER BEDIENTER: Östreichs Feind!

ERSTER BEDIENTER: Den Lutheraner!

ZWEITER BEDIENTER: Vorhin da bracht der Deodat des Kaisers
Gesundheit aus, da blieb's ganz mäuschenstille.

KELLERMEISTER: Beim Trunk geht vieles drein. Ein ordent-
Bedienter muß kein Ohr für so was haben.   [licher

DRITTER BEDIENTER *beiseite zum vierten*:
Paß ja wohl auf, Johann, daß wir dem Pater
Quiroga recht viel zu erzählen haben,
Er will dafür uns auch viel Ablaß geben.

VIERTER BEDIENTER: Ich mach mir an des Illo seinem Stuhl
Deswegen auch zu tun, so viel ich kann,
Der führt dir gar verwundersame Reden.
Gehen zu den Tafeln.

KELLERMEISTER *zu Neumann*:
Wer mag der schwarze Herr sein mit dem Kreuz,
Der mit Graf Palffy so vertraulich schwatzt?

NEUMANN: Das ist auch einer, dem sie zu viel trauen,
Maradas nennt er sich, ein Spanier.
KELLERMEISTER: 's ist nichts mit den Hispaniern, sag ich Euch,
Die Welschen alle taugen nichts.
NEUMANN: Ei! Ei!
So solltet Ihr nicht sprechen, Kellermeister.
Es sind die ersten Generale drunter,
Auf die der Herzog just am meisten hält.
*Terzky kommt und holt das Papier ab, an den Tafeln entsteht eine
Bewegung.*
KELLERMEISTER *zu den Bedienten*:
Der Generalleutenant steht auf! Gebt acht!
Sie machen Aufbruch. Fort und rückt die Sessel.
Die Bedienten eilen nach hinten, ein Teil der Gäste kommt vorwärts.

SECHSTER AUFTRITT

OCTAVIO PICCOLOMINI *kommt im Gespräch mit* MARADAS, *und
beide stellen sich ganz vorne hin, auf eine Seite des Proszeniums. Auf
die entgegengesetzte Seite tritt* MAX PICCOLOMINI, *allein, in sich
gekehrt, und ohne Anteil an der übrigen Handlung. Den mittlern
Raum zwischen beiden, doch einige Schritte mehr zurück, erfüllen*
BUTTLER, ISOLANI, GÖTZ, TIEFENBACH, COLALTO *und bald darauf
Graf* TERZKY.

ISOLANI *während daß die Gesellschaft vorwärts kommt*:
Gut Nacht! – Gut Nacht, Colalto – Generalleutnant,
Gut Nacht! Ich sagte besser, guten Morgen.
GÖTZ *zu Tiefenbach*: Herr Bruder! Prosit Mahlzeit!
TIEFENBACH: Das war ein königliches Mahl!
GÖTZ: Ja, die Frau Gräfin
Versteht's. Sie lernt' es ihrer Schwieger ab,
Gott hab sie selig! Das war eine Hausfrau!
ISOLANI *will weggehen*: Lichter! Lichter!
TERZKY *kommt mit der Schrift zu Isolani*:
Herr Bruder! Zwei Minuten noch. Hier ist
Noch was zu unterschreiben.
ISOLANI: Unterschreiben
So viel Ihr wollt! Verschont mich nur mit Lesen.
TERZKY: Ich will Euch nicht bemühn. Es ist der Eid,
Den Ihr schon kennt. Nur einige Federstriche.

Wie Isolani die Schrift dem Octavio hinreicht.
Wie's kommt! Wen's eben trifft! Es ist kein Rang hier.
Octavio durchläuft die Schrift mit anscheinender Gleichgültigkeit.
Terzky beobachtet ihn von weitem.

GÖTZ *zu Terzky*: Herr Graf! Erlaubt mir, daß ich mich empfehle.

TERZKY: Eilt doch nicht so – Noch einen Schlaftrunk – He!
Zu den Bedienten.

GÖTZ: Bin's nicht imstand.

TERZKY: Ein Spielchen.

GÖTZ: Exkusiert mich.

TIEFENBACH *setzt sich*:
Vergebt, ihr Herrn. Das Stehen wird mir sauer.

TERZKY: Macht's Euch bequem, Herr Generalfeldzeugmeister.

TIEFENBACH: Das Haupt ist frisch, der Magen ist gesund,
Die Beine aber wollen nicht mehr tragen.

ISOLANI *auf seine Korpulenz zeigend*:
Ihr habt die Last auch gar zu groß gemacht.

Octavio hat unterschrieben und reicht Terzky die Schrift, der sie dem
Isolani gibt. Dieser geht an den Tisch zu unterschreiben.

TIEFENBACH: Der Krieg in Pommern hat mir's zugezogen,
Da mußten wir heraus in Schnee und Eis,
Das werd ich wohl mein Lebtag nicht verwinden.

GÖTZ: Ja wohl! Der Schwed frug nach der Jahrszeit nichts.

Terzky reicht das Papier an Don Maradas; dieser geht an den Tisch
zu unterschreiben.

OCTAVIO *nähert sich Buttlern*:
Ihr liebt die Bacchusfeste auch nicht sehr,
Herr Oberster! Ich hab es wohl bemerkt.
Und würdet, deucht mir, besser Euch gefallen
Im Toben einer Schlacht, als eines Schmauses.

BUTTLER: Ich muß gestehen, es ist nicht in meiner Art.

OCTAVIO *zutraulich näher tretend*:
Auch nicht in meiner, kann ich Euch versichern,
Und mich erfreut's, sehr würd'ger Oberst Buttler,
Daß wir uns in der Denkart so begegnen.
Ein halbes Dutzend guter Freunde höchstens
Um einen kleinen, runden Tisch, ein Gläschen
Tokaierwein, ein offnes Herz dabei
Und ein vernünftiges Gespräch – so lieb ich's!

BUTTLER: Ja, wenn man's haben kann, ich halt es mit.

Das Papier kommt an Buttlern, der an den Tisch geht, zu unterschreiben.

*Das Proszenium wird leer, so daß beide Piccolomini, jeder auf seiner
Seite, allein stehen bleiben.*

OCTAVIO *nachdem er seinen Sohn eine Zeitlang aus der Ferne stillschweigend betrachtet, nähert sich ihm ein wenig*:

Du bist sehr lange ausgeblieben, Freund.

MAX *wendet sich schnell um, verlegen*:

Ich – dringende Geschäfte hielten mich.

OCTAVIO: Doch, wie ich sehe, bist du noch nicht hier?

MAX: Du weißt, daß groß Gewühl mich immer still macht.

OCTAVIO *rückt ihm noch näher*:

Ich darf nicht wissen, was so lang dich aufhielt? *Listig*:
– Und Terzky weiß es doch.

MAX: Was weiß der Terzky?

OCTAVIO *bedeutend*:

Er war der einz'ge, der dich nicht vermißte.

ISOLANI *der von weitem achtgegeben, tritt dazu*:

Recht, alter Vater! Fall ihm ins Gepäck!
Schlag die Quartier ihm auf! Es ist nicht richtig.

TERZKY *kommt mit der Schrift*:

Fehlt keiner mehr? Hat alles unterschrieben?

OCTAVIO: Es haben's alle.

TERZKY *rufend*:   Nun! Wer unterschreibt noch?

BUTTLER *zu Terzky*: Zähl nach! Just dreißig Namen müssen's

TERZKY: Ein Kreuz steht hier.   [sein.

TIEFENBACH: Das Kreuz bin ich.

ISOLANI *zu Terzky*:

Er kann nicht schreiben, doch sein Kreuz ist gut,
Und wird ihm honoriert von Jud und Christ.

OCTAVIO *pressiert, zu Max*:

Gehn wir zusammen, Oberst. Es wird spät.

TERZKY: Ein Piccolomini nur ist aufgeschrieben.

ISOLANI *auf Max zeigend*:

Gebt acht! Es fehlt an diesem steinernen Gast,
Der uns den ganzen Abend nichts getaugt.

*Max empfängt aus Terzkys Händen das Blatt, in welches er gedanken-
los hineinsieht.*

Siebenter Auftritt

Die Vorigen. Illo *kommt aus dem hintern Zimmer, er hat den goldnen Pokal in der Hand und ist sehr erhitzt, ihm folgen* Götz *und* Buttler, *die ihn zurückhalten wollen.*

ILLO: Was wollt ihr? Laßt mich.
GÖTZ *und* BUTTLER: Illo! Trinkt nicht mehr.
ILLO *geht auf den Octavio zu und umarmt ihn, trinkend:*
    Octavio! Das bring ich dir! Ersäuft
    Sei aller Groll in diesem Bundestrunk!
    Weiß wohl, du hast mich nie geliebt – Gott straf mich,
    Und ich dich auch nicht! Laß Vergangenes
    Vergessen sein! Ich schätze dich unendlich,
            Ihn zu wiederholten Malen küssend.
    Ich bin dein bester Freund, und, daß ihr's wißt!
    Wer mir ihn eine falsche Katze schilt,
    Der hat's mit mir zu tun.
TERZKY *beiseite:*   Bist du bei Sinnen?
    Bedenk doch, Illo, wo du bist!
ILLO *treuherzig:* Was wollt Ihr? Es sind lauter gute Freunde.
        Sich mit vergnügtem Gesicht im ganzen Kreise umsehend.
    Es ist kein Schelm hier unter uns, das freut mich.
TERZKY *zu Buttler, dringend:*
    Nehmt ihn doch mit Euch fort! Ich bitt Euch, Buttler.
            Buttler führt ihn an den Schenktisch.
ISOLANI *zu Max, der bisher unverwandt aber gedankenlos in das Papier gesehen:* Wird's bald, Herr Bruder? Hat Er's durchstudiert?
MAX *wie aus einem Traum erwachend:*
    Was soll ich?
TERZKY *und* ISOLANI *zugleich:*
            Seinen Namen druntersetzen.
Man sieht den Octavio ängstlich gespannt den Blick auf ihn richten.
MAX *gibt es zurück:* Laßt's ruhn bis morgen. Es ist ein Ge-
    Hab heute keine Fassung. Schickt mir's morgen. [schäft,
TERZKY: Bedenk Er doch –
ISOLANI: Frisch! Unterschrieben! Was!
    Er ist der Jüngste von der ganzen Tafel,
    Wird ja allein nicht klüger wollen sein,
    Als wir zusammen? Seh Er her! Der Vater
    Hat auch, wir haben alle unterschrieben.

TERZKY *zum Octavio*: Braucht Euer Ansehn doch. Bedeutet ihn.
OCTAVIO: Mein Sohn ist mündig.
ILLO *hat den Pokal auf den Schenktisch gesetzt*:

                                Wovon ist die Rede?
TERZKY: Er weigert sich, das Blatt zu unterschreiben.
MAX: Es wird bis morgen ruhen können, sag ich.
ILLO: Es kann nicht ruhn. Wir unterschrieben alle,
  Und du mußt auch, du mußt dich unterschreiben.
MAX: Illo, schlaf wohl.
ILLO: Nein! So entkömmst du nicht!
  Der Fürst soll seine Freunde kennenlernen.
            Es sammeln sich alle Gäste um die beiden.
MAX: Wie ich für ihn gesinnt bin, weiß der Fürst,
  Es wissen's alle, und der Fratzen braucht's nicht.
ILLO: Das ist der Dank, das hat der Fürst davon,
  Daß er die Welschen immer vorgezogen!
TERZKY *in höchster Verlegenheit zu den Kommandeurs, die einen Auf-*
    lauf machen:
  Der Wein spricht aus ihm! Hört ihn nicht, ich bitt euch.
ISOLANI *lacht*: Der Wein erfindet nichts, er schwatzt's nur aus.
ILLO: Wer nicht ist mit mir, der ist wider mich.
  Die zärtlichen Gewissen! Wenn sie nicht
  Durch eine Hintertür, durch eine Klausel –
TERZKY *fällt schnell ein*: Er ist ganz rasend, gebt nicht acht auf ihn.
ILLO *lauter schreiend*:
  Durch eine Klausel sich salvieren können.
  Was Klausel? Hol der Teufel diese Klausel –
MAX *wird aufmerksam und sieht wieder in die Schrift*:
  Was ist denn hier so hoch Gefährliches?
  Ihr macht mir Neugier, näher hinzuschaun.
TERZKY *beiseite zu Illo*: Was machst du, Illo? Du verderbest
TIEFENBACH *zu Colalto*:   [uns!
  Ich merkt es wohl, vor Tische las man's anders.
GÖTZ: Es kam mir auch so vor.
ISOLANI: Was ficht das mich an?
  Wo andre Namen, kann auch meiner stehn.
TIEFENBACH: Vor Tisch war ein gewisser Vorbehalt
  Und eine Klausel drin, von Kaisers Dienst.
BUTTLER *zu einem der Kommandeurs*:
  Schämt euch, ihr Herrn! Bedenkt, worauf es ankommt.
  Die Frag ist jetzt, ob wir den General

Behalten sollen oder ziehen lassen?
Man kann's so scharf nicht nehmen und genau.

ISOLANI *zu einem der Generale*: Hat sich der Fürst auch so ver-
Als er dein Regiment dir zugeteilt?   [klausuliert,

TERZKY *zu Götz*: Und Euch die Lieferungen, die an tausend
Pistolen Euch in einem Jahre tragen?

ILLO: Spitzbuben selbst, die uns zu Schelmen machen!
Wer nicht zufrieden ist, der sag's! Da bin ich!

TIEFENBACH: Nun! Nun! Man spricht ja nur.

MAX *hat gelesen und gibt das Papier zurück*:   Bis morgen also!

ILLO *vor Wut stammelnd und seiner nicht mehr mächtig, hält ihm mit
der einen Hand die Schrift, mit der andern den Degen vor*:
Schreib – Judas!

ISOLANI: Pfui, Illo!

OCTAVIO. TERZKY. BUTTLER *zugleich*:
            Degen weg!

MAX *ist ihm rasch in den Arm gefallen und hat ihn entwaffnet, zu Graf
Terzky*:   Bring ihn zu Bette!

*Er geht ab. Illo, fluchend und scheltend, wird von einigen Kommandeurs
gehalten, unter allgemeinem Aufbruch fällt der Vorhang.*

FÜNFTER AUFZUG

Szene: Ein Zimmer in Piccolominis Wohnung. Es ist Nacht.

ERSTER AUFTRITT

OCTAVIO PICCOLOMINI. KAMMERDIENER *leuchtet. Gleich darauf*
MAX PICCOLOMINI.

OCTAVIO: Sobald mein Sohn herein ist, weiset ihn
Zu mir – Was ist die Glocke?

KAMMERDIENER: Gleich ist's Morgen.

OCTAVIO: Setzt Euer Licht hieher – Wir legen uns
Nicht mehr zu Bette, Ihr könnt schlafen gehn.

*Kammerdiener ab. Octavio geht nachdenkend durchs Zimmer. Max
Piccolomini tritt auf, nicht gleich von ihm bemerkt, und sieht ihm
einige Augenblicke schweigend zu.*

MAX: Bist du mir bös, Octavio? Weiß Gott,
Ich bin nicht schuld an dem verhaßten Streit.
– Ich sahe wohl, du hattest unterschrieben;

Was du gebilliget, das konnte mir
Auch recht sein – doch es war – du weißt – ich kann
In solchen Sachen nur dem eignen Licht,
Nicht fremdem folgen.

OCTAVIO *geht auf ihn zu und umarmt ihn*: Folg ihm ferner auch,
Mein bester Sohn! Es hat dich treuer jetzt
Geleitet, als das Beispiel deines Vaters.

MAX: Erklär dich deutlicher.

OCTAVIO: Ich werd es tun.
Nach dem, was diese Nacht geschehen ist,
Darf kein Geheimnis bleiben zwischen uns.
          Nachdem beide sich niedergesetzt:
Max! Sage mir, was denkst du von dem Eid,
Den man zur Unterschrift uns vorgelegt?

MAX: Für etwas Unverfänglichs halt ich ihn,
Obgleich ich dieses Förmliche nicht liebe.

OCTAVIO: Du hättest dich aus keinem andern Grunde
Der abgedrungnen Unterschrift geweigert?

MAX: Es war ein ernst Geschäft – ich war zerstreut –
Die Sache selbst erschien mir nicht so dringend –

OCTAVIO: Sei offen, Max. Du hattest keinen Argwohn –

MAX: Worüber Argwohn? Nicht den mindesten.

OCTAVIO: Dank's deinem Engel, Piccolomini!
Unwissend zog er dich zurück vom Abgrund.

MAX: Ich weiß nicht, was du meinst.

OCTAVIO: Ich will dir's sagen:
Zu einem Schelmstück solltest du den Namen
Hergeben, deinen Pflichten, deinem Eid
Mit einem einz'gen Federstrich entsagen.

MAX *steht auf*: Octavio!

OCTAVIO: Bleib sitzen. Viel noch hast du
Von mir zu hören, Freund, hast jahrelang
Gelebt in unbegreiflicher Verblendung.
Das schwärzeste Komplott entspinnet sich
Vor deinen Augen, eine Macht der Hölle
Umnebelt deiner Sinne hellen Tag –
Ich darf nicht länger schweigen, muß die Binde
Von deinen Augen nehmen.

MAX: Eh du sprichst,
Bedenk es wohl! Wenn von Vermutungen
Die Rede sein soll – und ich fürchte fast,

Es ist nichts weiter – Spare sie! Ich bin
Jetzt nicht gefaßt, sie ruhig zu vernehmen.
OCTAVIO: So ernsten Grund du hast, dies Licht zu fliehn,
So dringendern hab ich, daß ich dir's gebe.
Ich konnte dich der Unschuld deines Herzens,
Dem eignen Urteil ruhig anvertraun,
Doch deinem Herzen selbst seh ich das Netz
Verderblich jetzt bereiten – Das Geheimnis,
Ihn scharf mit den Augen fixierend.
Das du vor mir verbirgst, entreißt mir meines.
*Max versucht zu antworten, stockt aber und schlägt den Blick verlegen
zu Boden.*
OCTAVIO *nach einer Pause*: So wisse denn! Man hintergeht dich –
Aufs schändlichste mit dir und mit uns allen. [spielt
Der Herzog stellt sich an, als wollt er die
Armee verlassen; und in dieser Stunde
Wird's eingeleitet, die Armee dem Kaiser
– Zu stehlen und dem Feinde zuzuführen!
MAX: Das Pfaffenmärchen kenn ich, aber nicht
Aus deinem Mund erwartet ich's zu hören.
OCTAVIO: Der Mund, aus dem du's gegenwärtig hörst,
Verbürget dir, es sei kein Pfaffenmärchen.
MAX: Zu welchem Rasenden macht man den Herzog!
Er könnte daran denken, dreißigtausend
Geprüfter Truppen, ehrlicher Soldaten,
Worunter mehr denn tausend Edelleute,
Von Eid und Pflicht und Ehre wegzulocken,
Zu einer Schurkentat sie zu vereinen?
OCTAVIO: So was nichtswürdig Schändliches begehrt
Er keinesweges – Was er von uns will,
Führt einen weit unschuldigeren Namen.
Nichts will er, als dem Reich den Frieden schenken;
Und weil der Kaiser diesen Frieden haßt,
So will er ihn – er will ihn dazu zwingen!
Zufriedenstellen will er alle Teile,
Und zum Ersatz für seine Mühe Böhmen,
Das er schon innehat, für sich behalten.
MAX: Hat er's um uns verdient, Octavio,
Daß wir – wir so unwürdig von ihm denken?
OCTAVIO: Von unserm Denken ist hier nicht die Rede.
Die Sache spricht, die klärsten Beweise.

Mein Sohn! Dir ist nicht unbekannt, wie schlimm
Wir mit dem Hofe stehn – doch von den Ränken,
Den Lügenkünsten hast du keine Ahnung,
Die man in Übung setzte, Meuterei
Im Lager auszusäen. Aufgelöst
Sind alle Bande, die den Offizier
An seinen Kaiser fesseln, den Soldaten
Vertraulich binden an das Bürgerleben.
Pflicht- und gesetzlos steht er gegenüber
Dem Staat gelagert, den er schützen soll,
Und drohet, gegen ihn das Schwert zu kehren.
Es ist so weit gekommen, daß der Kaiser
In diesem Augenblick vor seinen eignen
Armeen zittert – der Verräter Dolche
In seiner Hauptstadt fürchtet – seiner Burg;
Ja, im Begriffe steht, die zarten Enkel
Nicht vor den Schweden, vor den Lutheranern,
– Nein! vor den eignen Truppen wegzuflüchten.

MAX: Hör auf! Du ängstigest, erschütterst mich.
Ich weiß, daß man vor leeren Schrecken zittert;
Doch wahres Unglück bringt der falsche Wahn.

OCTAVIO: Es ist kein Wahn. Der bürgerliche Krieg
Entbrennt, der unnatürlichste von allen,
Wenn wir nicht, schleunig rettend, ihm begegnen.
Der Obersten sind viele längst erkauft,
Der Subalternen Treue wankt; es wanken
Schon ganze Regimenter, Garnisonen.
Ausländern sind die Festungen vertraut,
Dem Schafgotsch, dem verdächtigen, hat man
Die ganze Mannschaft Schlesiens, dem Terzky
Fünf Regimenter, Reiterei und Fußvolk,
Dem Illo, Kinsky, Buttler, Isolan
Die bestmontierten Truppen übergeben.

MAX: Uns beiden auch.

OCTAVIO: Weil man uns glaubt zu haben,
Zu locken meint durch glänzende Versprechen.
So teilt er mir die Fürstentümer Glatz
Und Sagan zu, und wohl seh ich den Angel,
Womit man dich zu fangen denkt.

MAX: Nein! Nein!
Nein, sag ich dir!

OCTAVIO: Oh! öffne doch die Augen!
    Weswegen glaubst du, daß man uns nach Pilsen
    Beorderte? Um mit uns Rat zu pflegen?
    Wann hätte Friedland unsers Rats bedurft?
    Wir sind berufen, uns ihm zu verkaufen,
    Und weigern wir uns – Geisel ihm zu bleiben.
    Deswegen ist Graf Gallas weggeblieben –
    Auch deinen Vater sähest du nicht hier,
    Wenn höhre Pflicht ihn nicht gefesselt hielt.
MAX: Er hat es keinen Hehl, daß wir um seinetwillen
    Hieher berufen sind – gestehet ein,
    Er brauche unsers Arms, sich zu erhalten.
    Er tat so viel für uns, und so ist's Pflicht,
    Daß wir jetzt auch für ihn was tun!
OCTAVIO: Und weißt du,
    Was dieses ist, das wir für ihn tun sollen?
    Des Illo trunkner Mut hat dir's verraten.
    Besinn dich doch, was du gehört, gesehen.
    Zeugt das verfälschte Blatt, die weggelaßne,
    So ganz entscheidungsvolle Klausel nicht,
    Man wolle zu nichts Gutem uns verbinden?
MAX: Was mit dem Blatte diese Nacht geschehn,
    Ist mir nichts weiter, als ein schlechter Streich
    Von diesem Illo. Dies Geschlecht von Mäklern
    Pflegt alles auf die Spitze gleich zu stellen.
    Sie sehen, daß der Herzog mit dem Hof
    Zerfallen ist, vermeinen ihm zu dienen,
    Wenn sie den Bruch unheilbar nur erweitern.
    Der Herzog, glaub mir, weiß von alldem nichts!
OCTAVIO: Es schmerzt mich, deinen Glauben an den Mann,
    Der dir so wohlgegründet scheint, zu stürzen.
    Doch hier darf keine Schonung sein – Du mußt
    Maßregeln nehmen, schleunige, mußt handeln.
    – Ich will dir also nur gestehn – daß alles,
    Was ich dir jetzt vertraut, was so unglaublich
    Dir scheint, daß – daß ich es aus seinem eignen
    – Des Fürsten Munde habe.
MAX *in heftiger Bewegung*:   Nimmermehr!
OCTAVIO: Er selbst vertraute mir – was ich zwar längst
    Auf anderm Weg schon in Erfahrung brachte:
    Daß er zum Schweden wolle übergehn,

Und an der Spitze des verbundnen Heers
Den Kaiser zwingen wolle –
MAX: Er ist heftig.
  Es hat der Hof empfindlich ihn beleidigt,
  In einem Augenblick des Unmuts, sei's!
  Mag er sich leicht einmal vergessen haben.
OCTAVIO: Bei kaltem Blute war er, als er mir
  Dies eingestand; und weil er mein Erstaunen
  Als Furcht auslegte, wies er im Vertraun
  Mir Briefe vor, der Schweden und der Sachsen,
  Die zu bestimmter Hülfe Hoffnung geben.
MAX: Es kann nicht sein! kann nicht sein! kann nicht sein!
  Siehst du, daß es nicht kann! Du hättest ihm
  Notwendig deinen Abscheu ja gezeigt,
  Er hätt sich weisen lassen, oder du
  – Du stündest nicht mehr lebend mir zur Seite!
OCTAVIO: Wohl hab ich mein Bedenken ihm geäußert,
  Hab dringend, hab mit Ernst ihn abgemahnt
  – Doch meinen Abscheu, meine innerste
  Gesinnung hab ich tief versteckt.
MAX: Du wärst
  So falsch gewesen? Das sieht meinem Vater
  Nicht gleich! Ich glaubte deinen Worten nicht,
  Da du von ihm mir Böses sagtest; kann's
  Noch wen'ger jetzt, da du dich selbst verleumdest.
OCTAVIO: Ich drängte mich nicht selbst in sein Geheimnis.
MAX: Aufrichtigkeit verdiente sein Vertraun.
OCTAVIO: Nicht würdig war er meiner Wahrheit mehr.
MAX: Noch minder würdig deiner war Betrug.
OCTAVIO: Mein bester Sohn! Es ist nicht immer möglich,
  Im Leben sich so kinderrein zu halten,
  Wie's uns die Stimme lehrt im Innersten.
  In steter Notwehr gegen arge List
  Bleibt auch das redliche Gemüt nicht wahr –
  Das eben ist der Fluch der bösen Tat,
  Daß sie, fortzeugend, immer Böses muß gebären.
  Ich klügle nicht, ich tue meine Pflicht,
  Der Kaiser schreibt mir mein Betragen vor.
  Wohl wär es besser, überall dem Herzen
  Zu folgen, doch darüber würde man
  Sich manchen guten Zweck versagen müssen.

Hier gilt's, mein Sohn, dem Kaiser wohl zu dienen,
Das Herz mag dazu sprechen, was es will.
MAX: Ich soll dich heut nicht fassen, nicht verstehn.
Der Fürst, sagst du, entdeckte redlich dir sein Herz
Zu einem bösen Zweck, und du willst ihn
Zu einem guten Zweck betrogen haben!
Hör auf! ich bitte dich – du raubst den Freund
Mir nicht – Laß mich den Vater nicht verlieren!
OCTAVIO *unterdrückt seine Empfindlichkeit*:
Noch weißt du alles nicht, mein Sohn. Ich habe
Dir noch was zu eröffnen. *Nach einer Pause:*
                          Herzog Friedland
Hat seine Zurüstung gemacht. Er traut
Auf seine Sterne. Unbereitet denkt er uns
Zu überfallen – mit der sichern Hand
Meint er, den goldnen Zirkel schon zu fassen.
Er irret sich – Wir haben auch gehandelt.
Er faßt sein bös geheimnisvolles Schicksal.
MAX: Nichts Rasches, Vater! Oh! bei allem Guten
Laß dich beschwören. Keine Übereilung!
OCTAVIO: Mit leisen Tritten schlich er seinen bösen Weg,
So leis und schlau ist ihm die Rache nachgeschlichen.
Schon steht sie ungesehen, finster hinter ihm,
Ein Schritt nur noch, und schaudernd rühret er sie an.
– Du hast den Questenberg bei mir gesehn,
Noch kennst du nur sein öffentlich Geschäft,
Auch ein geheimes hat er mitgebracht,
Das bloß für mich war.
MAX: Darf ich's wissen?
OCTAVIO: Max!
– Des Reiches Wohlfahrt leg ich mit dem Worte,
Des Vaters Leben, dir in deine Hand.
Der Wallenstein ist deinem Herzen teuer,
Ein starkes Band der Liebe, der Verehrung
Knüpft seit der frühen Jugend dich an ihn –
Du nährst den Wunsch – Oh! laß mich immerhin
Vorgreifen deinem zögernden Vertrauen –
Die Hoffnung nährst du, ihm viel näher noch
Anzugehören.
MAX: Vater –
OCTAVIO: Deinem Herzen trau ich,

Doch, bin ich deiner Fassung auch gewiß?
Wirst du's vermögen, ruhigen Gesichts,
Vor diesen Mann zu treten, wenn ich dir
Sein ganz Geschick nun anvertrauet habe?

MAX: Nachdem du seine Schuld mir anvertraut!

OCTAVIO *nimmt ein Papier aus der Schatulle und reicht es ihm hin.*

MAX: Was? Wie? Ein offner kaiserlicher Brief.

OCTAVIO: Lies ihn.

MAX *nachdem er einen Blick hineingeworfen*:
                    Der Fürst verurteilt und geächtet!

OCTAVIO: So ist's.

MAX: Oh! das geht weit! O unglücksvoller Irrtum!

OCTAVIO: Lies weiter! Faß dich!

MAX *nachdem er weitergelesen, mit einem Blick des Erstaunens auf
    seinen Vater*:   Wie? Was? Du? Du bist—

OCTAVIO: Bloß für den Augenblick — und bis der König
Von Ungarn bei dem Heer erscheinen kann,
Ist das Kommando mir gegeben —

MAX: Und glaubst du, daß du's ihm entreißen werdest?
Das denke ja nicht — Vater! Vater! Vater!
Ein unglückselig Amt ist dir geworden.
Dies Blatt hier — dieses! willst du geltend machen?
Den Mächtigen in seines Heeres Mitte,
Umringt von seinen Tausenden, entwaffnen?
Du bist verloren — Du, wir alle sind's!

OCTAVIO: Was ich dabei zu wagen habe, weiß ich.
Ich stehe in der Allmacht Hand; sie wird
Das fromme Kaiserhaus mit ihrem Schilde
Bedecken, und das Werk der Nacht zertrümmern.
Der Kaiser hat noch treue Diener, auch im Lager
Gibt es der braven Männer gnug, die sich
Zur guten Sache munter schlagen werden.
Die Treuen sind gewarnt, bewacht die andern,
Den ersten Schritt erwart ich nur, sogleich —

MAX: Auf den Verdacht hin willst du rasch gleich handeln?

OCTAVIO: Fern sei vom Kaiser die Tyrannenweise!
Den Willen nicht, die Tat nur will er strafen.
Noch hat der Fürst sein Schicksal in der Hand —
Er lasse das Verbrechen unvollführt,
So wird man ihn still vom Kommando nehmen,
Er wird dem Sohne seines Kaisers weichen.

Ein ehrenvoll Exil auf seine Schlösser
Wird Wohltat mehr, als Strafe für ihn sein.
Jedoch der erste offenbare Schritt –

MAX: Was nennst du einen solchen Schritt? Er wird
Nie einen bösen tun – Du aber könntest
(Du hast's getan) den frömmsten auch mißdeuten.

OCTAVIO: Wie strafbar auch des Fürsten Zwecke waren,
Die Schritte, die er öffentlich getan,
Verstatteten noch eine milde Deutung.
Nicht eher denk ich dieses Blatt zu brauchen,
Bis eine Tat getan ist, die unwidersprechlich
Den Hochverrat bezeugt und ihn verdammt.

MAX: Und wer soll Richter drüber sein?

OCTAVIO: – Du selbst.

MAX: Oh! dann bedarf es dieses Blattes nie!
Ich hab dein Wort, du wirst nicht eher handeln,
Bevor du mich – mich selber überzeugt.

OCTAVIO: Ist's möglich? Noch – nach allem, was du weißt,
Kannst du an seine Unschuld glauben?

MAX *lebhaft*: Dein Urteil kann sich irren, nicht mein Herz.

Gemäßigter fortfahrend:

Der Geist ist nicht zu fassen, wie ein andrer.
Wie er sein Schicksal an die Sterne knüpft,
So gleicht er ihnen auch in wunderbarer,
Geheimer, ewig unbegriffner Bahn.
Glaub mir, man tut ihm unrecht. Alles wird
Sich lösen. Glänzend werden wir den Reinen
Aus diesem schwarzen Argwohn treten sehn.

OCTAVIO: Ich will's erwarten.

ZWEITER AUFTRITT

DIE VORIGEN. *Der* KAMMERDIENER. *Gleich darauf ein* KURIER.

OCTAVIO: Was gibt's?

KAMMERDIENER: Ein Eilbot wartet vor der Tür.

OCTAVIO: So früh am Tag! Wer ist's? Wo kommt er her?

KAMMERDIENER: Das wollt er mir nicht sagen.

OCTAVIO: Führ ihn herein. Laß nichts davon verlauten.

Kammerdiener ab. KORNETT *tritt ein.*

Seid Ihr's, Kornett? Ihr kommt vom Grafen Gallas?
Gebt her den Brief.

KORNETT: Bloß mündlich ist mein Auftrag.
  Der Generalleutnant traute nicht.
OCTAVIO: Was ist's?
KORNETT: Er läßt Euch sagen – Darf ich frei hier sprechen?
OCTAVIO: Mein Sohn weiß alles.
KORNETT: Wir haben ihn.
OCTAVIO: Wen meint Ihr?
KORNETT: Den Unterhändler! Den Sesin.
OCTAVIO *schnell*:   Habt ihr?
KORNETT: Im Böhmerwald erwischt' ihn Hauptmann Mohr-
  Vorgestern früh, als er nach Regenspurg   [brand,
  Zum Schweden unterwegs war mit Depeschen.
OCTAVIO: Und die Depeschen –
KORNETT: Hat der Generalleutnant
  Sogleich nach Wien geschickt mit dem Gefangnen.
OCTAVIO: Nun endlich! endlich! Das ist eine große Zeitung!
  Der Mann ist uns ein kostbares Gefäß,
  Das wicht'ge Dinge einschließt – Fand man viel?
KORNETT: An sechs Pakete mit Graf Terzkys Wappen.
OCTAVIO: Keins von des Fürsten Hand?
KORNETT: Nicht, daß ich wüßte.
OCTAVIO: Und der Sesina?
KORNETT: Der tat sehr erschrocken,
  Als man ihm sagt', es ginge nacher Wien.
  Graf Altring aber sprach ihm guten Mut ein,
  Wenn er nur alles wollte frei bekennen.
OCTAVIO: Ist Altringer bei Eurem Herrn? Ich hörte,
  Er läge krank zu Linz.
KORNETT: Schon seit drei Tagen
  Ist er zu Frauenberg beim Generalleutnant.
  Sie haben sechzig Fähnlein schon beisammen,
  Erlesnes Volk, und lassen Euch entbieten,
  Daß sie von Euch Befehle nur erwarten.
OCTAVIO: In wenig Tagen kann sich viel ereignen.
  Wann müßt Ihr fort?
KORNETT: Ich wart auf Eure Ordre.
OCTAVIO: Bleibt bis zum Abend.
KORNETT: Wohl. *Will gehen.*
OCTAVIO: Sah Euch doch nie-
KORNETT: Kein Mensch. Die Kapuziner ließen mich   [mand?
  Durchs Klosterpförtchen ein, so wie gewöhnlich.

OCTAVIO: Geht, ruht Euch aus und haltet Euch verborgen.
Ich denk Euch noch vor Abend abzufert'gen.
Die Sachen liegen der Entwicklung nah,
Und eh der Tag, der eben jetzt am Himmel
Verhängnisvoll heranbricht, untergeht,
Muß ein entscheidend Los gefallen sein.

Kornett geht ab.

Dritter Auftritt

Beide Piccolomini.

OCTAVIO: Was nun, mein Sohn? Jetzt werden wir bald klar sein,
    – Denn alles, weiß ich, ging durch den Sesina.
MAX *der während des ganzen vorigen Auftritts in einem heftigen, innern
Kampf gestanden, entschlossen:*
Ich will auf kürzerm Weg mir Licht verschaffen.
Leb wohl!
OCTAVIO: Wohin? Bleib da!
MAX: Zum Fürsten.
OCTAVIO *erschrickt:*   Was?
MAX *zurückkommend:* Wenn du geglaubt, ich werde eine Rolle
In deinem Spiele spielen, hast du dich
In mir verrechnet. Mein Weg muß gerad sein.
Ich kann nicht wahr sein mit der Zunge, mit
Dem Herzen falsch – nicht zusehn, daß mir einer
Als seinem Freunde traut, und mein Gewissen
Damit beschwichtigen, daß er's auf seine
Gefahr tut, daß mein Mund ihn nicht belogen.
Wofür mich einer kauft, das muß ich sein.
– Ich geh zum Herzog. Heut noch werd ich ihn
Auffordern, seinen Leumund vor der Welt
Zu retten, Eure künstlichen Gewebe
Mit einem graden Schritte zu durchreißen.
OCTAVIO: Das wolltest du?
MAX: Das will ich. Zweifle nicht.
OCTAVIO: Ich habe mich in dir verrechnet, ja.
Ich rechnete auf einen weisen Sohn,
Der die wohltät'gen Hände würde segnen,
Die ihn zurück vom Abgrund ziehn – und einen
Verblendeten entdeck ich, den zwei Augen

Zum Toren machten, Leidenschaft umnebelt,
Den selbst des Tages volles Licht nicht heilt.
Befrag ihn! Geh! Sei unbesonnen gnug,
Ihm deines Vaters, deines Kaisers
Geheimnis preiszugeben. Nöt'ge mich
Zu einem lauten Bruche vor der Zeit!
Und jetzt, nachdem ein Wunderwerk des Himmels
Bis heute mein Geheimnis hat beschützt,
Des Argwohns helle Blicke eingeschläfert,
Laß mich's erleben, daß mein eigner Sohn
Mit unbedachtsam rasendem Beginnen
Der Staatskunst mühevolles Werk vernichtet.

MAX: Oh! diese Staatskunst, wie verwünsch ich sie!
Ihr werdet ihn durch eure Staatskunst noch
Zu einem Schritte treiben – Ja, ihr könntet ihn,
Weil ihr ihn schuldig wollt, noch schuldig machen.
Oh! das kann nicht gut endigen – und, mag sich's
Entscheiden wie es will, ich sehe ahnend
Die unglückselige Entwicklung nahen. –
Denn dieser Königliche, wenn er fällt,
Wird eine Welt im Sturze mit sich reißen,
Und wie ein Schiff, das mitten auf dem Weltmeer
In Brand gerät mit einemmal, und berstend
Auffliegt, und alle Mannschaft die es trug,
Ausschüttet plötzlich zwischen Meer und Himmel;
Wird er uns alle, die wir an sein Glück
Befestigt sind, in seinen Fall hinabziehn.

Halte du es wie du willst! Doch mir vergönne,
Daß ich auf meine Weise mich betrage.
Rein muß es bleiben zwischen mir und ihm,
Und eh der Tag sich neigt, muß sich's erklären,
Ob ich den Freund, ob ich den Vater soll entbehren.

Indem er abgeht, fällt der Vorhang.

WALLENSTEINS TOD

Ein Trauerspiel in fünf Aufzügen

Wallenstein
Octavio Piccolomini
Max Piccolomini
Terzky
Illo
Isolani
Buttler
Rittmeister Neumann
Ein Adjutant
Oberst Wrangel, *von den Schweden gesendet*
Gordon, *Kommendant von Eger*
Major Geraldin
Deveroux
Macdonald ⎱ *Hauptleute in der Wallensteinischen Armee*
Schwedischer Hauptmann
Eine Gesandtschaft von Kürassieren
Bürgermeister *von Eger*
Seni
Herzogin von Friedland
Gräfin Terzky
Thekla
Fräulein Neubrunn, *Hofdame*
von Rosenberg, *Stallmeister* ⎱ *der Prinzessin*
Dragoner
Bediente. Pagen. Volk

Die Szene ist in den drei ersten Aufzügen zu Pilsen, in den zwei letzten zu Eger.

ERSTER AUFZUG

*Ein Zimmer zu astrologischen Arbeiten eingerichtet und mit Sphären,
Karten, Quadranten und anderm astronomischen Geräte versehen. Der
Vorhang von einer Rotunde ist aufgezogen, in welcher die sieben Pla-
netenbilder, jedes in einer Nische, seltsam beleuchtet, zu sehen sind.* SENI
beobachtet die Sterne, WALLENSTEIN *steht vor einer großen, schwarzen Tafel, auf welcher der Planeten Aspekt gezeichnet ist.*

ERSTER AUFTRITT
WALLENSTEIN. SENI.

WALLENSTEIN: Laß es jetzt gut sein, Seni. Komm herab.
  Der Tag bricht an, und Mars regiert die Stunde.
  Es ist nicht gut mehr operieren. Komm!
  Wir wissen gnug.
SENI: Nur noch die Venus laß mich
  Betrachten, Hoheit. Eben geht sie auf.
  Wie eine Sonne glänzt sie in dem Osten.
WALLENSTEIN: Ja, sie ist jetzt in ihrer Erdennäh
  Und wirkt herab mit allen ihren Stärken.
              Die Figur auf der Tafel betrachtend.
  Glückseliger Aspekt! So stellt sich endlich
  Die große Drei verhängnisvoll zusammen,
  Und beide Segenssterne, J u p i t e r
  Und V e n u s, nehmen den verderblichen,
  Den tück'schen M a r s in ihre Mitte, zwingen
  Den alten Schadenstifter mir zu dienen.
  Denn lange war er feindlich mir gesinnt,
  Und schoß mit senkrecht – oder schräger Strahlung
  Bald im G e v i e r t e n bald im D o p p e l s c h e i n
  Die roten Blitze meinen Sternen zu,
  Und störte ihre segenvollen Kräfte.
  Jetzt haben sie den alten Feind besiegt,
  Und bringen ihn am Himmel mir gefangen.
SENI: Und beide große Lumina von keinem
  Malefico beleidigt! der Saturn
  Unschädlich, machtlos, in cadente domo.

WALLENSTEIN: Saturnus' Reich ist aus, der die geheime
　　Geburt der Dinge in dem Erdenschoß
　　Und in den Tiefen des Gemüts beherrscht,
　　Und über allem, was das Licht scheut, waltet.
　　Nicht Zeit ist's mehr zu brüten und zu sinnen,
　　Denn Jupiter, der glänzende, regiert
　　Und zieht das dunkel zubereitete Werk
　　Gewaltig in das Reich des Lichts – Jetzt muß
　　Gehandelt werden, schleunig, eh die Glücks-
　　Gestalt mir wieder wegflieht überm Haupt,
　　Denn stets in Wandlung ist der Himmelsbogen.
　　　　　　Es geschehen Schläge an die Tür.
　　Man pocht. Sieh, wer es ist.
TERZKY *draußen*:　　　　　　Laß öffnen!
WALLENSTEIN:　　　　　　　　　　Es ist Terzky.
　　Was gibt's so Dringendes? Wir sind beschäftigt.
TERZKY *draußen*: Leg alles jetzt beiseit. Ich bitte dich.
　　Es leidet keinen Aufschub.
WALLENSTEIN:　　　　　　Öffne, Seni.
*Indem jener dem Terzky aufmacht, zieht Wallenstein den Vorhang
vor die Bilder.*

Zweiter Auftritt

Wallenstein. Graf Terzky.

TERZKY *tritt ein*: Vernahmst du's schon? Er ist gefangen, ist
　　Vom Gallas schon dem Kaiser ausgeliefert!
WALLENSTEIN *zu Terzky*: Wer ist gefangen? Wer ist ausgeliefert?
TERZKY: Wer unser ganz Geheimnis weiß, um jede
　　Verhandlung mit den Schweden weiß und Sachsen,
　　Durch dessen Hände alles ist gegangen –
WALLENSTEIN *zurückfahrend*:
　　Sesin doch nicht? Sag nein, ich bitte dich.
TERZKY: Grad auf dem Weg nach Regenspurg zum Schweden
　　Ergriffen ihn des Gallas Abgeschickte,
　　Der ihm schon lang die Fährte abgelauert.
　　Mein ganz Paket an Kinsky, Matthes Thurn,
　　An Oxenstirn, an Arnheim führt er bei sich,
　　Das alles ist in ihrer Hand, sie haben
　　Die Einsicht nun in alles was geschehn.

Dritter Auftritt

Vorige. Illo *kommt.*

ILLO *zu Terzky*: Weiß er's?
TERZKY: Er weiß es.
Illo *zu Wallenstein*:   Denkst du deinen Frieden
    Nun noch zu machen mit dem Kaiser, sein
    Vertraun zurückzurufen? wär es auch,
    Du wolltest allen Planen jetzt entsagen,
    Man weiß, was du gewollt hast. Vorwärts mußt du,
    Denn rückwärts kannst du nun nicht mehr.
TERZKY: Sie haben Dokumente gegen uns
    In Händen, die unwidersprechlich zeugen –
WALLENSTEIN:
    Von meiner Handschrift nichts. Dich straf ich Lügen.
ILLO: So? Glaubst du wohl, was dieser da, dein Schwager,
    In deinem Namen unterhandelt hat,
    Das werde man nicht di r auf Rechnung setzen?
    Dem Schweden soll se in Wort für deines gelten,
    Und deinen Wiener Feinden nicht!
TERZKY: Du gabst nichts Schriftliches – Besinn dich aber,
    Wie weit du mündlich gingst mit dem Sesin.
    Und wird er schweigen? Wenn er sich mit deinem
    Geheimnis retten kann, wird er's bewahren?
ILLO: Das fällt dir selbst nicht ein! Und da sie nun
    Berichtet sind, wie weit du schon gegangen,
    Sprich! was erwartest du? Bewahren kannst du
    Nicht länger dein Kommando, ohne Rettung
    Bist du verloren, wenn du's niederlegst.
WALLENSTEIN: Das Heer ist meine Sicherheit. Das Heer
    Verläßt mich nicht. Was sie auch wissen mögen,
    Die Macht ist mein, sie müssen's niederschlucken
    – Und stell ich Kaution für meine Treu,
    So müssen sie sich ganz zufriedengeben.
ILLO: Das Heer ist dein; jetzt für den Augenblick
    Ist's dein; doch zittre vor der langsamen,
    Der stillen Macht der Zeit. Vor offenbarer
    Gewalt beschützt dich heute noch und morgen
    Der Truppen Gunst; doch gönnst du ihnen Frist,
    Sie werden unvermerkt die gute Meinung,

Worauf du jetzo fußest, untergraben,
Dir einen um den andern listig stehlen –
Bis, wenn der große Erdstoß nun geschieht,
Der treulos mürbe Bau zusammenbricht.

WALLENSTEIN: Es ist ein böser Zufall!

ILLO: Oh! einen glücklichen will ich ihn nennen,
Hat er auf dich die Wirkung, die er soll,
Treibt dich zu schneller Tat – Der schwed'sche Oberst –

WALLENSTEIN: Er ist gekommen? Weißt du, was er bringt?

ILLO: Er will nur dir allein sich anvertraun.

WALLENSTEIN: Ein böser, böser Zufall – Freilich! Freilich!
Sesina weiß zu viel und wird nicht schweigen.

TERZKY: Er ist ein böhmischer Rebell und Flüchtling,
Sein Hals ist ihm verwirkt; kann er sich retten
Auf deine Kosten, wird er Anstand nehmen?
Und wenn sie auf der Folter ihn befragen,
Wird er, der Weichling, Stärke gnug besitzen? –

WALLENSTEIN *in Nachsinnen verloren*:
Nicht herzustellen mehr ist das Vertraun.
Und mag ich handeln, wie ich will, ich werde
Ein Landsverräter ihnen sein und bleiben.
Und kehr ich noch so ehrlich auch zurück
Zu meiner Pflicht, es wird mir nichts mehr helfen –

ILLO: Verderben wird es dich. Nicht deiner Treu,
Der Ohnmacht nur wird's zugeschrieben werden.

WALLENSTEIN *in heftiger Bewegung auf und ab gehend*:
Wie? Sollt ich's nun im Ernst erfüllen müssen,
Weil ich zu frei gescherzt mit dem Gedanken?
Verflucht, wer mit dem Teufel spielt! –

ILLO: Wenn's nur dein Spiel gewesen, glaube mir,
Du wirst's in schwerem Ernste büßen müssen.

WALLENSTEIN: Und müßt ich's in Erfüllung bringen, jetzt,
Jetzt, da die Macht noch mein ist, müßt's geschehn –

ILLO: Wo möglich, eh sie von dem Schlage sich
In Wien besinnen und zuvor dir kommen –

WALLENSTEIN *die Unterschriften betrachtend*:
Das Wort der Generale hab ich schriftlich –
Max Piccolomini steht nicht hier. Warum nicht?

TERZKY: Es war – er meinte –

ILLO: Bloßer Eigendünkel!
Es brauche das nicht zwischen dir und ihm.

WALLENSTEIN: Es braucht das nicht, er hat ganz recht –
Die Regimenter wollen nicht nach Flandern,
Sie haben eine Schrift mir übersandt,
Und widersetzen laut sich dem Befehl.
Der erste Schritt zum Aufruhr ist geschehn.
ILLO: Glaub mir, du wirst sie leichter zu dem Feind,
Als zu dem Spanier hinüberführen.
WALLENSTEIN: Ich will doch hören, was der Schwede mir
Zu sagen hat.
ILLO *pressiert*: Wollt Ihr ihn rufen, Terzky?
Er steht schon draußen.
WALLENSTEIN: Warte noch ein wenig.
Es hat mich überrascht – Es kam zu schnell –
Ich bin es nicht gewohnt, daß mich der Zufall
Blind waltend, finster herrschend mit sich führe.
ILLO: Hör ihn fürs erste nur. Erwäg's nachher.
Sie gehen.

VIERTER AUFTRITT

WALLENSTEIN *mit sich selbst redend.*

Wär's möglich? Könnt ich nicht mehr, wie ich wollte?
Nicht mehr zurück, wie mir's beliebt? Ich müßte
Die Tat vollbringen, weil ich sie gedacht,
Nicht die Versuchung von mir wies – das Herz
Genährt mit diesem Traum, auf ungewisse
Erfüllung hin die Mittel mir gespart,
Die Wege bloß mir offen hab gehalten? –
Beim großen Gott des Himmels! Es war nicht
Mein Ernst, beschloßne Sache war es nie.
In dem Gedanken bloß gefiel ich mir;
Die Freiheit reizte mich und das Vermögen.
War's unrecht, an dem Gaukelbilde mich
Der königlichen Hoffnung zu ergötzen?
Blieb in der Brust mir nicht der Wille frei,
Und sah ich nicht den guten Weg zur Seite,
Der mir die Rückkehr offen stets bewahrte?
Wohin denn seh ich plötzlich mich geführt?
Bahnlos liegt's hinter mir, und eine Mauer
Aus meinen eignen Werken baut sich auf,

Die mir die Umkehr türmend hemmt! –
Er bleibt tiefsinnig stehen.
Strafbar erschein ich, und ich kann die Schuld,
Wie ich's versuchen mag! nicht von mir wälzen;
Denn mich verklagt der Doppelsinn des Lebens,
Und – selbst der frommen Quelle reine Tat,
Wird der Verdacht, schlimmdeutend, mir vergiften.
War ich, wofür ich gelte, der Verräter,
Ich hätte mir den guten Schein gespart,
Die Hülle hätt ich dicht um mich gezogen,
Dem Unmut Stimme nie geliehn. Der Unschuld,
Des unverführten Willens mir bewußt,
Gab ich der Laune Raum, der Leidenschaft –
Kühn war das Wort, weil es die Tat nicht war.
Jetzt werden sie, was planlos ist geschehn,
Weitsehend, planvoll mir zusammenknüpfen,
Und was der Zorn, und was der frohe Mut
Mich sprechen ließ im Überfluß des Herzens,
Zu künstlichem Gewebe mir vereinen,
Und eine Klage furchtbar draus bereiten,
Dagegen ich verstummen muß. So hab ich
Mit eignem Netz verderblich mich umstrickt,
Und nur Gewalttat kann es reißend lösen.
Wiederum still stehend.
Wie anders! da des Mutes freier Trieb
Zur kühnen Tat mich zog, die rauh gebietend
Die Not jetzt, die Erhaltung von mir heischt.
Ernst ist der Anblick der Notwendigkeit.
Nicht ohne Schauder greift des Menschen Hand
In des Geschicks geheimnisvolle Urne.
In meiner Brust war meine Tat noch mein:
Einmal entlassen aus dem sichern Winkel
Des Herzens, ihrem mütterlichen Boden,
Hinausgegeben in des Lebens Fremde,
Gehört sie jenen tück'schen Mächten an,
Die keines Menschen Kunst vertraulich macht.
*Er macht heftige Schritte durchs Zimmer, dann bleibt er wieder
sinnend stehen.*
Und was ist dein Beginnen? Hast du dir's
Auch redlich selbst bekannt? Du willst die Macht,
Die ruhig, sicher thronende erschüttern,

Die in verjährt geheiligtem Besitz,
In der Gewohnheit festgegründet ruht,
Die an der Völker frommen Kinderglauben
Mit tausend zähen Wurzeln sich befestigt.
Das wird kein Kampf der Kraft sein mit der Kraft,
Den fürcht ich nicht. Mit jedem Gegner wag ich's,
Den ich kann sehen und ins Auge fassen,
Der, selbst voll Mut, auch mir den Mut entflammt.
Ein unsichtbarer Feind ist's, den ich fürchte,
Der in der Menschen Brust mir widersteht,
Durch feige Furcht allein mir fürchterlich –
Nicht was lebendig, kraftvoll sich verkündigt,
Ist das gefährlich Furchtbare. Das ganz
Gemeine ist's, das ewig Gestrige,
Was immer war und immer wiederkehrt,
Und morgen gilt, weil's heute hat gegolten!
Denn aus Gemeinem ist der Mensch gemacht,
Und die Gewohnheit nennt er seine Amme.
Weh dem, der an den würdig alten Hausrat
Ihm rührt, das teure Erbstück seiner Ahnen!
Das J a h r übt eine heiligende Kraft,
Was grau für Alter ist, das ist ihm göttlich.
Sei im Besitze und du wohnst im Recht,
Und heilig wird's die Menge dir bewahren.
             Zu dem Pagen, *der hereintritt:*
Der schwed'sche Oberst? Ist er's? Nun, er komme.
Page geht. Wallenstein hat den Blick nachdenkend auf die Türe geheftet.
Noch ist sie rein – noch! Das Verbrechen kam
Nicht über diese Schwelle noch – So schmal ist
Die Grenze, die zwei Lebenspfade scheidet!

Fünfter Auftritt

Wallenstein *und* Wrangel.

Wallenstein *nachdem er einen forschenden Blick auf ihn geheftet*:
Ihr nennt Euch Wrangel?
Wrangel: Gustav Wrangel, Oberst
Vom blauen Regimente Südermannland.
Wallenstein: Ein Wrangel war's, der vor Stralsund viel Böses

Mir zugefügt, durch tapfre Gegenwehr
Schuld war, daß mir die Seestadt widerstanden.

WRANGEL: Das Werk des Elements, mit dem Sie kämpften,
Nicht mein Verdienst, Herr Herzog! Seine Freiheit
Verteidigte mit Sturmes Macht der Belt,
Es sollte Meer und Land nicht einem dienen.

WALLENSTEIN: Den Admiralshut rißt Ihr mir vom Haupt.

WRANGEL: Ich komme, eine Krone draufzusetzen.

WALLENSTEIN *winkt ihm, Platz zu nehmen, setzt sich*:
Euer Kreditiv. Kommt Ihr mit ganzer Vollmacht?

WRANGEL *bedenklich*: Es sind so manche Zweifel noch zu lösen –

WALLENSTEIN *nachdem er gelesen*:
Der Brief hat Händ und Füß. Es ist ein klug,
Verständig Haupt, Herr Wrangel, dem Ihr dienet.
Es schreibt der Kanzler: Er vollziehe nur
Den eignen Einfall des verstorbnen Königs,
Indem er mir zur böhm'schen Kron verhelfe.

WRANGEL: Er sagt, was wahr ist. Der Hochselige
Hat immer groß gedacht von Euer Gnaden
Fürtrefflichem Verstand und Feldherrngaben,
Und stets der Herrschverständigste, beliebt' ihm
Zu sagen, sollte Herrscher sein und König.

WALLENSTEIN: Er durft es sagen. *Seine Hand vertraulich fassend.*
Aufrichtig, Oberst Wrangel – Ich war stets
Im Herzen auch gut schwedisch – Ei, das habt ihr
In Schlesien erfahren und bei Nürnberg.
Ich hatt euch oft in meiner Macht und ließ
Durch eine Hintertür euch stets entwischen.
Das ist's, was sie in Wien mir nicht verzeihn,
Was jetzt zu diesem Schritt mich treibt – Und weil
Nun unser Vorteil so zusammengeht,
So laßt uns zueinander auch ein recht
Vertrauen fassen.

WRANGEL: Das Vertraun wird kommen,
Hat jeder nur erst seine Sicherheit.

WALLENSTEIN: Der Kanzler, merk ich, traut mir noch nicht recht.
Ja, ich gesteh's – Es liegt das Spiel nicht ganz
Zu meinem Vorteil – Seine Würden meint,
Wenn ich dem Kaiser, der mein Herr ist, so
Mitspielen kann, ich könn das gleiche tun
Am Feinde, und das eine wäre mir

Noch eher zu verzeihen, als das andre.
Ist das nicht Eure Meinung auch, Herr Wrangel?
WRANGEL: Ich hab hier bloß ein Amt und keine Meinung.
WALLENSTEIN: Der Kaiser hat mich bis zum Äußersten
Gebracht. Ich kann ihm nicht mehr ehrlich dienen.
Zu meiner Sicherheit, aus Notwehr tu ich
Den harten Schritt, den mein Bewußtsein tadelt.
WRANGEL: Ich glaub's. So weit geht niemand, der nicht muß.

Nach einer Pause:

Was Eure Fürstlichkeit bewegen mag,
Also zu tun an Ihrem Herrn und Kaiser,
Gebührt nicht uns, zu richten und zu deuten.
Der Schwede ficht für seine gute Sach
Mit seinem guten Degen und Gewissen.
Die Konkurrenz ist, die Gelegenheit
Zu unsrer Gunst, im Krieg gilt jeder Vorteil,
Wir nehmen unbedenklich, was sich bietet;
Und wenn sich alles richtig so verhält –
WALLENSTEIN: Woran denn zweifelt man? An meinem Willen?
An meinen Kräften? Ich versprach dem Kanzler,
Wenn er mir sechzehntausend Mann vertraut,
Mit achtzehntausend von des Kaisers Heer
Dazuzustoßen –
WRANGEL: Euer Gnaden sind
Bekannt für einen hohen Kriegesfürsten,
Für einen zweiten Attila und Pyrrhus.
Noch mit Erstaunen redet man davon,
Wie Sie vor Jahren, gegen Menschendenken,
Ein Heer wie aus dem Nichts hervorgerufen.
Jedennoch –
WALLENSTEIN: Dennoch?
WRANGEL: Seine Würden meint,
Ein leichter Ding doch möcht es sein, mit nichts
Ins Feld zu stellen sechzigtausend Krieger,
Als nur ein Sechzigteil davon – *Er hält inne.*
WALLENSTEIN: Nun, was?
Nur frei heraus!
WRANGEL: Zum Treubruch zu verleiten.
WALLENSTEIN: Meint er? Er urteilt wie ein Schwed und wie
Ein Protestant. Ihr Lutherischen fechtet
Für eure Bibel, euch ist's um die Sach;

Mit eurem Herzen folgt ihr eurer Fahne. –
Wer zu dem Feinde läuft von euch, der hat
Mit zweien Herrn zugleich den Bund gebrochen.
Von all dem ist die Rede nicht bei uns –

WRANGEL: Herr Gott im Himmel! Hat man hierzulande
Denn keine Heimat, keinen Herd und Kirche?

WALLENSTEIN: Ich will Euch sagen, wie das zugeht – Ja,
Der Österreicher hat ein Vaterland,
Und liebt's, und hat auch Ursach, es zu lieben.
Doch dieses Heer, das kaiserlich sich nennt,
Das hier in Böheim hauset, das hat keins;
Das ist der Auswurf fremder Länder, ist
Der aufgegebne Teil des Volks, dem nichts
Gehöret, als die allgemeine Sonne.
Und dieses böhm'sche Land, um das wir fechten,
Das hat kein Herz für seinen Herrn, den ihm
Der Waffen Glück, nicht eigne Wahl gegeben.
Mit Murren trägt's des Glaubens Tyrannei,
Die Macht hat's eingeschreckt, beruhigt nicht.
Ein glühend, rachvoll Angedenken lebt
Der Greuel, die geschahn auf diesem Boden.
Und kann's der Sohn vergessen, daß der Vater
Mit Hunden in die Messe ward gehetzt?
Ein Volk, dem das geboten wird, ist schrecklich,
Es räche oder dulde die Behandlung.

WRANGEL: Der Adel aber und die Offiziere?
Solch eine Flucht und Felonie, Herr Fürst,
Ist ohne Beispiel in der Welt Geschichten.

WALLENSTEIN: Sie sind auf jegliche Bedingung mein.
Nicht mir, den eignen Augen mögt Ihr glauben.
Er gibt ihm die Eidesformel. Wrangel durchliest sie, und legt sie,
nachdem er gelesen, schweigend auf den Tisch.
Wie ist's? Begreift Ihr nun?

WRANGEL: Begreif's wer's kann!
Herr Fürst! laß die Maske fallen – Ja!
Ich habe Vollmacht, alles abzuschließen.
Es steht der Rheingraf nur vier Tagemärsche
Von hier, mit funfzehntausend Mann, er wartet
Auf Ordre nur, zu Ihrem Heer zu stoßen.
Die Ordre stell ich aus, sobald wir einig.

WALLENSTEIN: Was ist des Kanzlers Foderung?

WRANGEL *bedenklich*: Zwölf Regimenter gilt es, schwedisch Volk.
  Mein Kopf muß dafür haften. Alles könnte
  Zuletzt nur falsches Spiel –
WALLENSTEIN *fährt auf*:   Herr Schwede!
WRANGEL *ruhig fortfahrend*:   Muß demnach
  Darauf bestehn, daß Herzog Friedland förmlich,
  Unwiderruflich breche mit dem Kaiser,
  Sonst ihm kein schwedisch Volk vertrauet wird.
WALLENSTEIN: Was ist die Foderung? Sagt's kurz und gut.
WRANGEL: Die span'schen Regimenter, die dem Kaiser
  Ergeben, zu entwaffnen, Prag zu nehmen,
  Und diese Stadt, wie auch das Grenzschloß Eger,
  Den Schweden einzuräumen.
WALLENSTEIN: Viel gefodert!
  Prag! Sei's um Eger! Aber Prag? Geht nicht.
  Ich leist euch jede Sicherheit, die ihr
  Vernünft'gerweise von mir fodern möget.
  Prag aber – Böhmen – kann ich selbst beschützen.
WRANGEL: Man zweifelt nicht daran. Es ist uns auch
  Nicht ums Beschützen bloß. Wir wollen Menschen
  Und Geld umsonst nicht aufgewendet haben.
WALLENSTEIN: Wie billig.
WRANGEL: Und so lang, bis wir entschädigt,
  Bleibt Prag verpfändet.
WALLENSTEIN: Traut ihr uns so wenig?
WRANGEL *steht auf*:
  Der Schwede muß sich vorsehn mit dem Deutschen.
  Man hat uns übers Ostmeer hergerufen;
  Gerettet haben wir vom Untergang
  Das Reich – mit unserm Blut des Glaubens Freiheit,
  Die heil'ge Lehr des Evangeliums
  Versiegelt – Aber jetzt schon fühlet man
  Nicht mehr die Wohltat, nur die Last, erblickt
  Mit scheelem Aug die Fremdlinge im Reiche,
  Und schickte gern mit einer Handvoll Geld
  Uns heim in unsre Wälder. Nein! wir haben
  Um Judaslohn, um klingend Gold und Silber,
  Den König auf der Walstatt nicht gelassen,
  So vieler Schweden adeliches Blut
  Es ist um Gold und Silber nicht geflossen!
  Und nicht mit magerm Lorbeer wollen wir

Zum Vaterland die Wimpel wieder lüften,
Wir wollen Bürger bleiben auf dem Boden,
Den unser König fallend sich erobert.

WALLENSTEIN: Helft den gemeinen Feind mir niederhalten,
Das schöne Grenzland kann euch nicht entgehn.

WRANGEL: Und liegt zu Boden der gemeine Feind,
Wer knüpft die neue Freundschaft dann zusammen?
Uns ist bekannt, Herr Fürst – wenngleich der Schwede
Nichts davon merken soll – daß Ihr mit Sachsen
Geheime Unterhandlung pflegt. Wer bürgt uns
Dafür, daß wir nicht Opfer der Beschlüsse sind,
Die man vor uns zu hehlen nötig achtet?

WALLENSTEIN: Wohl wählte sich der Kanzler seinen Mann,
Er hätt mir keinen zähern schicken können. *Aufstehend:*
Besinnt Euch eines Bessern, Gustav Wrangel.
Von Prag nichts mehr.

WRANGEL: Hier endigt meine Vollmacht.

WALLENSTEIN:
Euch meine Hauptstadt räumen! Lieber tret ich
Zurück – zu meinem Kaiser.

WRANGEL: Wenn's noch Zeit ist.

WALLENSTEIN: Das steht bei mir, noch jetzt, zu jeder Stunde.

WRANGEL:
Vielleicht vor wenig Tagen noch. Heut nicht mehr.
– Seit der Sesin gefangen sitzt, nicht mehr.
          Wie Wallenstein betroffen schweigt.
Herr Fürst! Wir glauben, daß Sie's ehrlich meinen;
Seit gestern – sind wir des gewiß – Und nun
Dies Blatt uns für die Truppen bürgt, ist nichts,
Was dem Vertrauen noch im Wege stünde.
Prag soll uns nicht entzweien. Mein Herr Kanzler
Begnügt sich mit der Altstadt, Euer Gnaden
Läßt er den Ratschin und die Kleine Seite.
Doch Eger muß vor allem sich uns öffnen,
Eh an Konjunktion zu denken ist.

WALLENSTEIN: Euch also soll ich trauen, ihr nicht mir?
Ich will den Vorschlag in Erwägung ziehn.

WRANGEL: In keine gar zu lange, muß ich bitten.
Ins zweite Jahr schon schleicht die Unterhandlung,
Erfolgt auch diesmal nichts, so will der Kanzler
Auf immer sie für abgebrochen halten.

WALLENSTEIN:
  Ihr drängt mich sehr. Ein solcher Schritt will wohl
  Bedacht sein.
WRANGEL: Eh man überhaupt dran denkt,
  Herr Fürst! Durch rasche Tat nur kann er glücken.
                Er geht ab.

SECHSTER AUFTRITT

WALLENSTEIN. TERZKY *und* ILLO *kommen zurück.*

ILLO: Ist's richtig?
TERZKY: Seid ihr einig?
ILLO: Dieser Schwede
  Ging ganz zufrieden fort. Ja, ihr seid einig.
WALLENSTEIN:
  Hört! Noch ist nichts geschehn, und – wohlerwogen,
  Ich will es lieber doch nicht tun.
TERZKY: Wie? Was ist das?
WALLENSTEIN: Von dieser Schweden Gnade leben!
  Der Übermütigen? Ich trüg es nicht.
ILLO: Kommst du als Flüchtling, ihre Hülf erbettelnd?
  Du bringest ihnen mehr, als du empfängst.
WALLENSTEIN: Wie war's mit jenem königlichen Bourbon,
  Der seines Volkes Feinde sich verkaufte,
  Und Wunden schlug dem eignen Vaterland?
  Fluch war sein Lohn, der Menschen Abscheu rächte
  Die unnatürlich frevelhafte Tat.
ILLO: Ist das dein Fall?
WALLENSTEIN: Die Treue, sag ich euch,
  Ist jedem Menschen wie der nächste Blutsfreund,
  Als ihren Rächer fühlt er sich geboren.
  Der Sekten Feindschaft, der Parteien Wut,
  Der alte Neid, die Eifersucht macht Friede,
  Was noch so wütend ringt, sich zu zerstören,
  Verträgt, vergleicht sich, den gemeinen Feind
  Der Menschlichkeit, das wilde Tier zu jagen,
  Das mordend einbricht in die sichre Hürde,
  Worin der Mensch geborgen wohnt – denn ganz
  Kann ihn die eigne Klugheit nicht beschirmen.
  Nur an die Stirne setzt' ihm die Natur

Das Licht der Augen, fromme Treue soll
Den bloßgegebnen Rücken ihm beschützen.
TERZKY: Denk von dir selbst nicht schlimmer, als der Feind,
Der zu der Tat die Hände freudig bietet.
So zärtlich dachte jener Karl auch nicht,
Der Öhm und Ahnherr dieses Kaiserhauses,
Der nahm den Bourbon auf mit offnen Armen,
Denn nur vom Nutzen wird die Welt regiert.

Siebenter Auftritt

Gräfin Terzky *zu den* Vorigen.

WALLENSTEIN: Wer ruft Euch? Hier ist kein Geschäft für Weiber.
GRÄFIN: Ich komme, meinen Glückwunsch abzulegen.
 – Komm ich zu früh etwa? Ich will nicht hoffen.
WALLENSTEIN: Gebrauch dein Ansehn, Terzky. Heiß sie gehn.
GRÄFIN: Ich gab den Böhmen einen König schon.
WALLENSTEIN: Er war darnach.
GRÄFIN *zu den andern*:   Nun, woran liegt es? Sprecht!
TERZKY: Der Herzog will nicht.
GRÄFIN: Will nicht, was er muß?
ILLO: An Euch ist's jetzt. Versucht's, denn ich bin fertig,
Spricht man von Treue mir und von Gewissen.
GRÄFIN: Wie? da noch alles lag in weiter Ferne,
Der Weg sich noch unendlich vor dir dehnte,
Da hattest du Entschluß und Mut – und jetzt,
Da aus dem Traume Wahrheit werden will,
Da die Vollbringung nahe, der Erfolg
Versichert ist, da fängst du an zu zagen?
Nur in Entwürfen bist du tapfer, feig
In Taten? Gut! Gib deinen Feinden recht,
Da eben ist es, wo sie dich erwarten.
Den Vorsatz glauben sie dir gern, sei sicher,
Daß sie's mit Brief und Siegel dir belegen!
Doch an die Möglichkeit der Tat glaubt keiner,
Da müßten sie dich fürchten und dich achten.
Ist's möglich? Da du so weit bist gegangen,
Da man das Schlimmste weiß, da dir die Tat
Schon als begangen zugerechnet wird,
Willst du zurückziehn und die Frucht verlieren?

Entworfen bloß, ist's ein gemeiner Frevel,
Vollführt, ist's ein unsterblich Unternehmen;
Und wenn es glückt, so ist es auch verziehn,
Denn aller Ausgang ist ein Gottesurtel.

KAMMERDIENER *tritt herein*: Der Oberst Piccolomini.

GRÄFIN *schnell*:   Soll warten.

WALLENSTEIN: Ich kann ihn jetzt nicht sehn. Ein andermal.

KAMMERDIENER: Nur um zwei Augenblicke bittet er,
Er hab ein dringendes Geschäft –

WALLENSTEIN:
Wer weiß, was er uns bringt. Ich will doch hören.

GRÄFIN *lacht*:
Wohl mag's ihm dringend sein. Du kannst's erwarten.

WALLENSTEIN: Was ist's?

GRÄFIN: Du sollst es nachher wissen.
Jetzt denke dran, den Wrangel abzufert'gen.

Kammerdiener geht.

WALLENSTEIN: Wenn eine Wahl noch wäre – noch ein milderer
Ausweg sich fände – jetzt noch will ich ihn
Erwählen, und das Äußerste vermeiden.

GRÄFIN: Verlangst du weiter nichts, ein solcher Weg
Liegt nah vor dir. Schick diesen Wrangel fort.
Vergiß die alten Hoffnungen, wirf dein
Vergangnes Leben weg, entschließe dich
Ein neues anzufangen. Auch die Tugend
Hat ihre Helden, wie der Ruhm, das Glück.
Reis hin nach Wien zum Kaiser stehnds Fußes,
Nimm eine volle Kasse mit, erklär,
Du habst der Diener Treue nur erproben,
Den Schweden bloß zum besten haben wollen.

ILLO: Auch damit ist's zu spät. Man weiß zu viel.
Er würde nur das Haupt zum Todesblocke tragen.

GRÄFIN: Das fürcht ich nicht. Gesetzlich ihn zu richten,
Fehlt's an Beweisen, Willkür meiden sie.
Man wird den Herzog ruhig lassen ziehn.
Ich seh, wie alles kommen wird. Der König
Von Ungarn wird erscheinen, und es wird sich
Von selbst verstehen, daß der Herzog geht,
Nicht der Erklärung wird das erst bedürfen.
Der König wird die Truppen lassen schwören,
Und alles wird in seiner Ordnung bleiben.

An einem Morgen ist der Herzog fort.
Auf seinen Schlössern wird es nun lebendig,
Dort wird er jagen, baun, Gestüte halten,
Sich eine Hofstatt gründen, goldne Schlüssel
Austeilen, gastfrei große Tafel geben,
Und kurz ein großer König sein – im Kleinen!
Und weil er klug sich zu bescheiden weiß,
Nichts wirklich mehr zu gelten, zu bedeuten,
Läßt man ihn scheinen, was er mag, er wird
Ein großer Prinz bis an sein Ende scheinen.
Ei nun! der Herzog ist dann eben auch
Der neuen Menschen einer, die der Krieg
Emporgebracht; ein übernächtiges
Geschöpf der Hofgunst, die mit gleichem Aufwand
Freiherrn und Fürsten macht.

WALLENSTEIN *steht auf, heftig bewegt*:
Zeigt einen Weg mir an, aus diesem Drang,
Hilfreiche Mächte! einen s o l c h e n zeigt mir,
Den i c h vermag zu gehn – Ich kann mich nicht,
Wie so ein Wortheld, so ein Tugendschwätzer,
An meinem Willen wärmen und Gedanken –
Nicht zu dem Glück, das mir den Rücken kehrt,
Großtuend sagen: Geh! Ich brauch dich nicht.
Wenn ich nicht wirke mehr, bin ich vernichtet;
Nicht Opfer, nicht Gefahren will ich scheun,
Den letzten Schritt, den äußersten, zu meiden;
Doch eh ich sinke in die Nichtigkeit,
So klein aufhöre, der so groß begonnen,
Eh mich die Welt mit jenen Elenden
Verwechselt, die der Tag erschafft und stürzt,
Eh spreche Welt und Nachwelt meinen Namen
Mit Abscheu aus, und Friedland sei die Losung
Für jede fluchenswerte Tat.

GRÄFIN: Was ist denn hier so wider die Natur?
Ich kann's nicht finden, sage mir's – oh! laß
Des Aberglaubens nächtliche Gespenster
Nicht deines hellen Geistes Meister werden!
Du bist des Hochverrats verklagt; ob mit
– Ob ohne Recht, ist jetzo nicht die Frage –
Du bist verloren, wenn du dich nicht schnell der Macht
Bedienst, die du besitzest – Ei! wo lebt denn

Das friedsame Geschöpf, das seines Lebens
Sich nicht mit allen Lebenskräften wehrt?
Was ist so kühn, das Notwehr nicht entschuldigt?
WALLENSTEIN: Einst war mir dieser Ferdinand so huldreich;
Er liebte mich, er hielt mich wert, ich stand
Der nächste seinem Herzen. Welchen Fürsten
Hat er geehrt wie mich? – Und so zu enden!
GRÄFIN: So treu bewahrst du jede kleine Gunst,
Und für die Kränkung hast du kein Gedächtnis?
Muß ich dich dran erinnern, wie man dir
Zu Regenspurg die treuen Dienste lohnte?
Du hattest jeden Stand im Reich beleidigt;
Ihn groß zu machen, hattest du den Haß,
Den Fluch der ganzen Welt auf dich geladen,
Im ganzen Deutschland lebte dir kein Freund,
Weil du allein gelebt für deinen Kaiser.
An ihn bloß hieltest du bei jenem Sturme
Dich fest, der auf dem Regenspurger Tag
Sich gegen dich zusammenzog – da ließ er
Dich fallen! Ließ dich fallen! Dich dem Bayern,
Dem Übermütigen, zum Opfer, fallen!
Sag nicht, daß die zurückgegebne Würde,
Das erste, schwere Unrecht ausgesöhnt.
Nicht wahrlich guter Wille stellte dich,
Dich stellte das Gesetz der herben Not
An diesen Platz, den man dir gern verweigert.
WALLENSTEIN: Nicht ihrem guten Willen, das ist wahr!
Noch seiner Neigung dank ich dieses Amt.
Mißbrauch ich's, so mißbrauch ich kein Vertrauen.
GRÄFIN: Vertrauen? Neigung? – Man bedurfte deiner!
Die ungestüme Presserin, die Not,
Der nicht mit hohlen Namen, Figuranten
Gedient ist, die die Tat will, nicht das Zeichen,
Den Größten immer aufsucht und den Besten,
Ihn an das Ruder stellt, und müßte sie ihn
Aufgreifen aus dem Pöbel selbst – die setzte dich
In dieses Amt, und schrieb dir die Bestallung.
Denn lange, bis es nicht mehr kann, behilft
Sich dies Geschlecht mit feilen Sklavenseelen,
Und mit den Drahtmaschinen seiner Kunst –
Doch wenn das Äußerste ihm nahe tritt,

Der hohle Schein es nicht mehr tut, da fällt
Es in die starken Hände der Natur,
Des Riesengeistes, der nur sich gehorcht,
Nichts von Verträgen weiß, und nur auf ihre
Bedingung, nicht auf seine, mit ihm handelt.

WALLENSTEIN: Wahr ist's! Sie sahn mich immer wie ich bin,
Ich hab sie in dem Kaufe nicht betrogen,
Denn nie hielt ich's der Mühe wert, die kühn
Umgreifende Gemütsart zu verbergen.

GRÄFIN: Vielmehr – du hast dich furchtbar stets gezeigt.
Nicht du, der stets sich selber treu geblieben,
Die haben unrecht, die dich fürchteten,
Und doch die Macht dir in die Hände gaben.
Denn recht hat jeder eigene Charakter,
Der übereinstimmt mit sich selbst, es gibt
Kein andres Unrecht, als den Widerspruch.
Warst du ein andrer, als du vor acht Jahren
Mit Feuer und Schwert durch Deutschlands Kreise zogst,
Die Geißel schwangest über alle Länder,
Hohn sprachest allen Ordnungen des Reichs,
Der Stärke fürchterliches Recht nur übtest,
Und jede Landeshoheit niedertratst,
Um deines Sultans Herrschaft auszubreiten?
Da war es Zeit, den stolzen Willen dir
Zu brechen, dich zur Ordnung zu verweisen!
Doch wohl gefiel dem Kaiser, was ihm nützte,
Und schweigend drückt' er diesen Freveltaten
Sein kaiserliches Siegel auf. Was damals
Gerecht war, weil du's für ihn tatst, ist's heute
Auf einmal schändlich, weil es gegen ihn
Gerichtet wird?

WALLENSTEIN *aufstehend*:
Von dieser Seite sah ich's nie – Ja! dem
Ist wirklich so. Es übte dieser Kaiser
Durch meinen Arm im Reiche Taten aus,
Die nach der Ordnung nie geschehen sollten.
Und selbst den Fürstenmantel, den ich trage,
Verdank ich Diensten, die Verbrechen sind.

GRÄFIN: Gestehe denn, daß zwischen dir und ihm
Die Rede nicht kann sein von Pflicht und Recht,
Nur von der Macht und der Gelegenheit!

Der Augenblick ist da, wo du die Summe
Der großen Lebensrechnung ziehen sollst,
Die Zeichen stehen sieghaft über dir,
Glück winken die Planeten dir herunter
Und rufen: es ist an der Zeit! Hast du
Dein Leben lang umsonst der Sterne Lauf
Gemessen? – den Quadranten und den Zirkel
Geführt? – den Zodiak, die Himmelskugel
Auf diesen Wänden nachgeahmt, um dich herum
Gestellt in stummen, ahnungsvollen Zeichen
Die sieben Herrscher des Geschicks,
Nur um ein eitles Spiel damit zu treiben?
Führt alle diese Zurüstung zu nichts,
Und ist kein Mark in dieser hohlen Kunst,
Daß sie dir selbst nichts gilt, nichts über dich
Vermag im Augenblicke der Entscheidung?

WALLENSTEIN *ist während dieser letzten Rede mit heftig arbeitendem
Gemüt auf und ab gegangen, und steht jetzt plötzlich still, die Gräfin
unterbrechend*: Ruft mir den Wrangel, und es sollen gleich
Drei Boten satteln.

ILLO: Nun gelobt sei Gott! *Eilt hinaus.*

WALLENSTEIN: Es ist sein böser Geist und meiner. Ihn
Straft er durch mich, das Werkzeug seiner Herrschsucht
Und ich erwart es, daß der Rache Stahl
Auch schon für meine Brust geschliffen ist.
Nicht hoffe, wer des Drachen Zähne sät,
Erfreuliches zu ernten. Jede Untat
Trägt ihren eignen Racheengel schon,
Die böse Hoffnung, unter ihrem Herzen.
  Er kann mir nicht mehr traun – so kann ich auch
Nicht mehr zurück. Geschehe denn, was muß.
Recht stets behält das Schicksal, denn das Herz
In uns ist sein gebietrischer Vollzieher. *Zu Terzky:*
Bring mir den Wrangel in mein Kabinett,
Die Boten will ich selber sprechen, schickt
Nach dem Octavio!
  Zur Gräfin, welche eine triumphierende Miene macht:
                    Frohlocke nicht!
Denn eifersüchtig sind des Schicksals Mächte.
Voreilig Jauchzen greift in ihre Rechte.
Den Samen legen wir in ihre Hände,

Ob Glück, ob Unglück aufgeht, lehrt das Ende.
Indem er abgeht, fällt der Vorhang.

ZWEITER AUFZUG

Ein Zimmer.

ERSTER AUFTRITT

WALLENSTEIN. OCTAVIO PICCOLOMINI. *Bald darauf* MAX
PICCOLOMINI.

WALLENSTEIN: Mir meldet er aus Linz, er läge krank,
Doch hab ich sichre Nachricht, daß er sich
Zu Frauenberg versteckt beim Grafen Gallas.
Nimm beide fest, und schick sie mir hieher.
Du übernimmst die spanischen Regimenter,
Machst immer Anstalt, und bist niemals fertig,
Und treiben sie dich, gegen mich zu ziehn,
So sagst du ja, und bleibst gefesselt stehn.
Ich weiß, daß dir ein Dienst damit geschieht,
In diesem Spiel dich müßig zu verhalten.
Du rettest gern, solang du kannst, den Schein;
Extreme Schritte sind nicht deine Sache,
Drum hab ich diese Rolle für dich ausgesucht,
Du wirst mir durch dein Nichtstun dieses Mal
Am nützlichsten – Erklärt sich unterdessen
Das Glück für mich, so weißt du, was zu tun.
                Max Piccolomini tritt ein.
Jetzt, Alter, geh. Du mußt heut nacht noch fort.
Nimm meine eignen Pferde. – Diesen da
Behalt ich hier– Macht's mit dem Abschied kurz!
Wir werden uns ja, denk ich, alle froh
Und glücklich wiedersehn.
OCTAVIO *zu seinem Sohn*:   Wir sprechen uns noch. *Geht ab.*

Zweiter Auftritt

Wallenstein. Max Piccolomini.

MAX *nähert sich ihm*: Mein General –
WALLENSTEIN: Der bin ich nicht mehr,
  Wenn du des Kaisers Offizier dich nennst.
MAX: So bleibt's dabei, du willst das Heer verlassen?
WALLENSTEIN: Ich hab des Kaisers Dienst entsagt.
MAX: Und willst das Heer verlassen?
WALLENSTEIN: Vielmehr hoff ich,
  Mir's enger noch und fester zu verbinden. *Er setzt sich.*
  Ja, Max. Nicht eher wollt ich dir's eröffnen,
  Als bis des Handelns Stunde würde schlagen.
  Der Jugend glückliches Gefühl ergreift
  Das Rechte leicht, und eine Freude ist's,
  Das eigne Urteil prüfend auszuüben,
  Wo das Exempel rein zu lösen ist.
  Doch, wo von zwei gewissen Übeln eins
  Ergriffen werden muß, wo sich das Herz
  Nicht ganz zurückbringt aus dem Streit der Pflichten,
  Da ist es Wohltat, keine Wahl zu haben,
  Und eine Gunst ist die Notwendigkeit.
  – Die ist vorhanden. Blicke nicht zurück.
  Es kann dir nichts mehr helfen. Blicke vorwärts!
  Urteile nicht! Bereite dich, zu handeln.
  – Der Hof hat meinen Untergang beschlossen,
  Drum bin ich willens, ihm zuvorzukommen.
  – Wir werden mit den Schweden uns verbinden.
  Sehr wackre Leute sind's und gute Freunde.
          Hält ein, Piccolominis Antwort erwartend.
  – Ich hab dich überrascht. Antwort mir nicht.
  Ich will dir Zeit vergönnen, dich zu fassen.
*Er steht auf, und geht nach hinten. Max steht lange unbeweglich, in den
heftigsten Schmerz versetzt, wie er eine Bewegung macht, kömmt
          Wallenstein zurück und stellt sich vor ihn.*
MAX: Mein General! – Du machst mich heute mündig.
  Denn bis auf diesen Tag war mir's erspart,
  Den Weg mir selbst zu finden und die Richtung.
  Dir folg ich unbedingt. Auf dich nur braucht ich
  Zu sehn und war des rechten Pfads gewiß.

Zum ersten Male heut verweisest du
Mich an mich selbst und zwingst mich, eine Wahl
Zu treffen zwischen dir und meinem Herzen.

WALLENSTEIN: Sanft wiegte dich bis heute dein Geschick,
Du konntest spielend deine Pflichten üben,
Jedwedem schönen Trieb Genüge tun,
Mit ungeteiltem Herzen immer handeln.
So kann's nicht ferner bleiben. Feindlich scheiden
Die Wege sich. Mit Pflichten streiten Pflichten.
Du mußt Partei ergreifen in dem Krieg,
Der zwischen deinem Freund und deinem Kaiser
Sich jetzt entzündet.

MAX: Krieg! Ist das der Name?
Der Krieg ist schrecklich, wie des Himmels Plagen,
Doch er ist gut, ist ein Geschick, wie sie.
Ist das ein guter Krieg, den du dem Kaiser
Bereitest mit des Kaisers eignem Heer?
O Gott des Himmels! was ist das für eine
Veränderung! Ziemt solche Sprache mir
Mit dir, der wie der feste Stern des Pols
Mir als die Lebensregel vorgeschienen!
Oh! welchen Riß erregst du mir im Herzen!
Der alten Ehrfurcht eingewachsnen Trieb
Und des Gehorsams heilige Gewohnheit
Soll ich versagen lernen deinem Namen?
Nein! wende nicht dein Angesicht zu mir,
Es war mir immer eines Gottes Antlitz,
Kann über mich nicht gleich die Macht verlieren;
Die Sinne sind in deinen Banden noch,
Hat gleich die Seele blutend sich befreit!

WALLENSTEIN: Max, hör mich an.

MAX: Oh! tu es nicht! Tu's nicht!
Sieh! deine reinen, edeln Züge wissen
Noch nichts von dieser unglücksel'gen Tat.
Bloß deine Einbildung befleckte sie,
Die Unschuld will sich nicht vertreiben lassen
Aus deiner hoheitblickenden Gestalt.
Wirf ihn heraus, den schwarzen Fleck, den Feind.
Ein böser Traum bloß ist es dann gewesen,
Der jede sichre Tugend warnt. Es mag
Die Menschheit solche Augenblicke haben,

Doch siegen muß das glückliche Gefühl.
Nein, du wirst so nicht endigen. Das würde
Verrufen bei den Menschen jede große
Natur und jedes mächtige Vermögen,
Recht geben würd es dem gemeinen Wahn,
Der nicht an Edles in der Freiheit glaubt,
Und nur der Ohnmacht sich vertrauen mag.

WALLENSTEIN: Streng wird die Welt mich tadeln, ich erwart es.
Mir selbst schon sagt ich, was du sagen kannst.
Wer miede nicht, wenn er's umgehen kann,
Das Äußerste! Doch hier ist keine Wahl,
Ich muß Gewalt ausüben oder leiden –
So steht der Fall. Nichts anders bleibt mir übrig.

MAX: Sei's denn! Behaupte dich in deinem Posten
Gewaltsam, widersetze dich dem Kaiser,
Wenn's sein muß, treib's zur offenen Empörung,
Nicht loben werd ich's, doch ich kann's verzeihn,
Will, was ich nicht gutheiße, mit dir teilen.
Nur – zum Verräter werde nicht! Das Wort
Ist ausgesprochen. Zum Verräter nicht!
Das ist kein überschrittnes Maß! Kein Fehler,
Wohin der Mut verirrt in seiner Kraft.
Oh! das ist ganz was anders – das ist schwarz,
Schwarz, wie die Hölle!

WALLENSTEIN *mit finsterm Stirnfalten, doch gemäßigt*:
Schnell fertig ist die Jugend mit dem Wort,
Das schwer sich handhabt, wie des Messers Schneide,
Aus ihrem heißen Kopfe nimmt sie keck
Der Dinge Maß, die nur sich selber richten.
Gleich heißt ihr alles schändlich oder würdig,
Bös oder gut – und was die Einbildung
Phantastisch schleppt in diesen dunkeln Namen,
Das bürdet sie den Sachen auf und Wesen.
Eng ist die Welt, und das Gehirn ist weit,
Leicht beieinander wohnen die Gedanken,
Doch hart im Raume stoßen sich die Sachen,
Wo eines Platz nimmt, muß das andre rücken,
Wer nicht vertrieben sein will, muß vertreiben,
Da herrscht der Streit, und nur die Stärke siegt.
– Ja, wer durchs Leben gehet ohne Wunsch,
Sich jeden Zweck versagen kann, der wohnt

Im leichten Feuer mit dem Salamander,
Und hält sich rein im reinen Element.
Mich schuf aus gröberm Stoffe die Natur,
Und zu der Erde zieht mich die Begierde.
Dem bösen Geist gehört die Erde, nicht
Dem guten. Was die Göttlichen uns senden
Von oben, sind nur allgemeine Güter,
Ihr Licht erfreut, doch macht es keinen reich,
In ihrem Staat erringt sich kein Besitz.
Den Edelstein, das allgeschätzte Gold
Muß man den falschen Mächten abgewinnen,
Die unterm Tage schlimmgeartet hausen.
Nicht ohne Opfer macht man sie geneigt,
Und keiner lebet, der aus ihrem Dienst
Die Seele hätte rein zurückgezogen.

MAX *mit Bedeutung*: Oh! fürchte, fürchte diese falschen Mächte!
Sie halten nicht Wort! Es sind Lügengeister,
Die dich berückend in den Abgrund ziehn.
Trau ihnen nicht! Ich warne dich – Oh! kehre
Zurück zu deiner Pflicht. Gewiß! du kannst's!
Schick mich nach Wien. Ja, tue das. Laß mich,
Mich deinen Frieden machen mit dem Kaiser.
Er kennt dich nicht, ich aber kenne dich,
Er soll dich sehn mit meinem reinen Auge,
Und sein Vertrauen bring ich dir zurück.

WALLENSTEIN: Es ist zu spät. Du weißt nicht, was geschehn.

MAX: Und wär's zu spät – und wär es auch so weit,
Daß ein Verbrechen nur vom Fall dich rettet,
So falle! Falle würdig, wie du standst.
Verliere das Kommando. Geh vom Schauplatz.
Du kannst's mit Glanze, tu's mit Unschuld auch.
– Du hast für andre viel gelebt, leb endlich
Einmal dir selber, ich begleite dich,
Mein Schicksal trenn ich nimmer von dem deinen –

WALLENSTEIN: Es ist zu spät. Indem du deine Worte
Verlierst, ist schon ein Meilenzeiger nach dem andern
Zurückgelegt von meinen Eilenden,
Die mein Gebot nach Prag und Eger tragen.
– Ergib dich drein. Wir handeln, wie wir müssen.
So laß uns das Notwendige mit Würde,
Mit festem Schritte tun – Was tu ich Schlimmres,

Als jener Cäsar tat, des Name noch
Bis heut das Höchste in der Welt benennet?
Er führte wider Rom die Legionen,
Die Rom ihm zur Beschützung anvertraut.
Warf er das Schwert von sich, er war verloren,
Wie ich es wär, wenn ich entwaffnete.
Ich spüre was in mir von seinem Geist,
Gib mir sein Glück, das andre will ich tragen.

*Max, der bisher in einem schmerzvollen Kampfe gestanden, geht schnell
ab. Wallenstein sieht ihm verwundert und betroffen nach, und steht in
tiefe Gedanken verloren.*

Dritter Auftritt

Wallenstein. Terzky. *Gleich darauf* Illo.

TERZKY: Max Piccolomini verließ dich eben?
WALLENSTEIN: Wo ist der Wrangel?
TERZKY: Fort ist er.
WALLENSTEIN: So eilig?
TERZKY: Es war, als ob die Erd ihn eingeschluckt.
    Er war kaum von dir weg, als ich ihm nachging,
    Ich hatt ihn noch zu sprechen, doch – weg war er,
    Und niemand wußte mir von ihm zu sagen.
    Ich glaub, es ist der Schwarze selbst gewesen,
    Ein Mensch kann nicht auf einmal so verschwinden.
ILLO *kommt*: Ist's wahr, daß du den Alten willst verschicken?
TERZKY: Wie? Den Octavio? Wo denkst du hin?
WALLENSTEIN: Er geht nach Frauenberg, die spanischen
    Und welschen Regimenter anzuführen.
TERZKY: Das wolle Gott nicht, daß du das vollbringst!
ILLO: Dem Falschen willst du Kriegsvolk anvertrauen?
    Ihn aus den Augen lassen, grade jetzt,
    In diesem Augenblicke der Entscheidung?
TERZKY: Das wirst du nicht tun. Nein, um alles nicht!
WALLENSTEIN: Seltsame Menschen seid ihr.
ILLO: Oh! nur diesmal
    Gib unsrer Warnung nach. Laß ihn nicht fort.
WALLENSTEIN: Und warum soll ich ihm dies e i n e Mal
    Nicht trauen, da ich's stets getan? Was ist geschehn,
    Das ihn um meine gute Meinung brächte?

Aus eurer Grille, nicht der meinen, soll ich
Mein alt erprobtes Urteil von ihm ändern?
Denkt nicht, daß ich ein Weib sei. Weil ich ihm
Getraut bis heut, will ich auch heut ihm trauen.

TERZKY: Muß es denn der just sein? Schick einen andern.

WALLENSTEIN: Der muß es sein, den hab ich mir erlesen.
Er taugt zu dem Geschäft. Drum gab ich's ihm.

ILLO: Weil er ein Welscher ist, drum taugt er dir.

WALLENSTEIN: Weiß wohl, ihr wart den beiden nie gewogen,
Weil ich sie achte, liebe, euch und andern
Vorziehe, sichtbarlich, wie sie's verdienen,
Drum sind sie euch ein Dorn im Auge! Was
Geht euer Neid mich an und mein Geschäft?
Daß ihr sie haßt, das macht sie mir nicht schlechter.
Liebt oder haßt einander, wie ihr wollt,
Ich lasse jedem seinen Sinn und Neigung,
Weiß doch, was mir ein jeder von euch gilt.

ILLO: Er geht nicht ab – müßt ich die Räder ihm am Wagen
Zerschmettern lassen.

WALLENSTEIN: Mäßige dich, Illo!

TERZKY: Der Questenberger, als er hier gewesen,
Hat stets zusammen auch gesteckt mit ihm.

WALLENSTEIN: Geschah mit meinem Wissen und Erlaubnis.

TERZKY: Und daß geheime Boten an ihn kommen
Vom Gallas, weiß ich auch.

WALLENSTEIN: Das ist nicht wahr.

ILLO: Oh! du bist blind mit deinen sehenden Augen!

WALLENSTEIN: Du wirst mir meinen Glauben nicht erschüttern,
Der auf die tiefste Wissenschaft sich baut.
Lügt er, dann ist die ganze Sternkunst Lüge.
Denn wißt, ich hab ein Pfand vom Schicksal selbst,
Daß er der treuste ist von meinen Freunden.

ILLO: Hast du auch eins, daß jenes Pfand nicht lüge?

WALLENSTEIN: Es gibt im Menschenleben Augenblicke,
Wo er dem Weltgeist näher ist, als sonst,
Und eine Frage frei hat an das Schicksal.
Solch ein Moment war's, als ich in der Nacht,
Die vor der Lützner Aktion vorherging,
Gedankenvoll an einen Baum gelehnt,
Hinaussah in die Ebene. Die Feuer
Des Lagers brannten düster durch den Nebel,

Der Waffen dumpfes Rauschen unterbrach,
Der Runden Ruf einförmig nur die Stille.
Mein ganzes Leben ging, vergangenes
Und künftiges, in diesem Augenblick
An meinem inneren Gesicht vorüber,
Und an des nächsten Morgens Schicksal knüpfte
Der ahnungsvolle Geist die fernste Zukunft.

    Da sagt ich also zu mir selbst: „So vielen
Gebietest du! Sie folgen deinen Sternen,
Und setzen, wie auf eine große Nummer,
Ihr Alles auf dein einzig Haupt, und sind
In deines Glückes Schiff mit dir gestiegen.
Doch kommen wird der Tag, wo diese alle
Das Schicksal wieder auseinanderstreut,
Nur wen'ge werden treu bei dir verharren.
Den möcht ich wissen, der der Treuste mir
Von allen ist, die dieses Lager einschließt.
Gib mir ein Zeichen, Schicksal! Der soll's sein,
Der an dem nächsten Morgen mir zuerst
Entgegenkommt mit einem Liebeszeichen."
Und dieses bei mir denkend, schlief ich ein.

    Und mitten in die Schlacht ward ich geführt
Im Geist. Groß war der Drang. Mir tötete
Ein Schuß das Pferd, ich sank, und über mir
Hinweg, gleichgültig, setzten Roß und Reiter,
Und keuchend lag ich, wie ein Sterbender,
Zertreten unter ihrer Hufe Schlag.
Da faßte plötzlich hilfreich mich ein Arm,
Es war Octavios – und schnell erwach ich,
Tag war es, und – Octavio stand vor mir.
„Mein Bruder", sprach er. „Reite heute nicht
Den Schecken, wie du pflegst. Besteige lieber
Das sichre Tier, das ich dir ausgesucht.
Tu's mir zulieb. Es warnte mich ein Traum."
Und dieses Tieres Schnelligkeit entriß
Mich Banniers verfolgenden Dragonern.
Mein Vetter ritt den Schecken an dem Tag,
Und Roß und Reiter sah ich niemals wieder.

ILLO: Das war ein Zufall.

WALLENSTEIN *bedeutend*: Es gibt keinen Zufall;
Und was uns blindes Ohngefähr nur dünkt,

Gerade das steigt aus den tiefsten Quellen.
Versiegelt hab ich's und verbrieft, daß er
Mein guter Engel ist, und nun kein Wort mehr! *Er geht.*
TERZKY: Das ist mein Trost, der Max bleibt uns als Geisel.
ILLO: Und der soll mir nicht lebend hier vom Platze.
WALLENSTEIN *bleibt stehen und kehrt sich um*:
Seid ihr nicht wie die Weiber, die beständig
Zurück nur kommen auf ihr erstes Wort,
Wenn man Vernunft gesprochen stundenlang!
– Des Menschen Taten und Gedanken, wißt!
Sind nicht wie Meeres blind bewegte Wellen.
Die innre Welt, sein Mikrokosmus, ist
Der tiefe Schacht, aus dem sie ewig quellen.
Sie sind notwendig, wie des Baumes Frucht,
Sie kann der Zufall gaukelnd nicht verwandeln.
Hab ich des Menschen Kern erst untersucht,
So weiß ich auch sein Wollen und sein Handeln.
                    Gehen ab.

VIERTER AUFTRITT

Zimmer in Piccolominis Wohnung.

OCTAVIO PICCOLOMINI *reisefertig.* EIN ADJUTANT.

OCTAVIO: Ist das Kommando da?
ADJUTANT: Es wartet unten.
OCTAVIO: Es sind doch sichre Leute, Adjutant?
Aus welchem Regimente nahmt Ihr sie?
ADJUTANT: Von Tiefenbach.
OCTAVIO: Dies Regiment ist treu.
Laßt sie im Hinterhof sich ruhig halten,
Sich niemand zeigen, bis Ihr klingeln hört,
Dann wird das Haus geschlossen, scharf bewacht,
Und jeder, den Ihr antrefft, bleibt verhaftet.
                    Adjutant ab.
Zwar hoff ich, es bedarf nicht ihres Dienstes,
Denn meines Kalkuls halt ich mich gewiß.
Doch es gilt Kaisers Dienst, das Spiel ist groß,
Und besser, zu viel Vorsicht, als zu wenig.

Fünfter Auftritt

Octavio Piccolomini. Isolani *tritt herein.*

ISOLANI: Hier bin ich – Nun! wer kommt noch von den andern?
OCTAVIO *geheimnisvoll*: Vorerst ein Wort mit Euch, Graf Isolani.
ISOLANI *geheimnisvoll*:

    Soll's losgehn? Will der Fürst was unternehmen?
    Mir dürft Ihr trauen. Setzt mich auf die Probe.
OCTAVIO: Das kann geschehn.
ISOLANI: Herr Bruder, ich bin nicht
    Von denen, die mit Worten tapfer sind,
    Und kommt's zur Tat, das Weite schimpflich suchen.
    Der Herzog hat als Freund an mir getan,
    Weiß Gott, so ist's! Ich bin ihm alles schuldig.
    Auf meine Treue kann er baun.
OCTAVIO: Es wird sich zeigen.
ISOLANI: Nehmt Euch in acht. Nicht alle denken so.
    Es halten's hier noch viele mit dem Hof,
    Und meinen, daß die Unterschrift von neulich,
    Die abgestohlne, sie zu nichts verbinde.
OCTAVIO: So? Nennt mir doch die Herren, die das meinen.
ISOLANI: Zum Henker! Alle Deutschen sprechen so.
    Auch Esterhazy, Kaunitz, Deodat
    Erklären jetzt, man müß dem Hof gehorchen.
OCTAVIO: Das freut mich.
ISOLANI: Freut Euch?
OCTAVIO: Daß der Kaiser noch
    So gute Freunde hat und wackre Diener.
ISOLANI: Spaßt nicht. Es sind nicht eben schlechte Männer.
OCTAVIO: Gewiß nicht. Gott verhüte, daß ich spaße!
    Sehr ernstlich freut es mich, die gute Sache
    So stark zu sehn.
ISOLANI: Was Teufel? Wie ist das?
    Seid Ihr denn nicht? – Warum bin ich denn hier?
OCTAVIO *mit Ansehen*: Euch zu erklären rund und nett, ob Ihr
    Ein Freund wollt heißen, oder Feind des Kaisers?
ISOLANI *trotzig*: Darüber werd ich dem Erklärung geben,
    Dem's zukommt, diese Frag an mich zu tun.
OCTAVIO: Ob mir das zukommt, mag dies Blatt Euch lehren.
ISOLANI: Wa – was? Das ist des Kaisers Hand und Siegel. *Liest:*

„Als werden sämtliche Hauptleute unsrer
Armee der Ordre unsers lieben, treuen,
Des Generalleutnant Piccolomini,
Wie unsrer eignen" – Hum – Ja – So – Ja, ja!
Ich – mach Euch meinen Glückwunsch, Generalleutnant.
OCTAVIO: Ihr unterwerft Euch dem Befehl?
ISOLANI: Ich – aber
Ihr überrascht mich auch so schnell – Man wird
Mir doch Bedenkzeit, hoff ich –
OCTAVIO: Zwei Minuten.
ISOLANI: Mein Gott, der Fall ist aber –
OCTAVIO: Klar und einfach.
Ihr sollt erklären, ob Ihr Euren Herrn
Verraten wollet, oder treu ihm dienen.
ISOLANI: Verrat – Mein Gott – Wer spricht denn von Verrat?
OCTAVIO: Das ist der Fall. Der Fürst ist ein Verräter,
Will die Armee zum Feind hinüberführen.
Erklärt Euch kurz und gut. Wollt Ihr dem Kaiser
Abschwören? Euch dem Feind verkaufen? Wollt Ihr?
ISOLANI: Was denkt Ihr? Ich des Kaisers Majestät
Abschwören? Sagt ich so? Wann hätt ich das
Gesagt?
OCTAVIO: Noch habt Ihr's nicht gesagt. Noch nicht.
Ich warte drauf, ob Ihr es werdet sagen.
ISOLANI: Nun seht, das ist mir lieb, daß Ihr mir selbst
Bezeugt, ich habe so was nicht gesagt.
OCTAVIO: Ihr sagt Euch also von dem Fürsten los?
ISOLANI: Spinnt er Verrat – Verrat trennt alle Bande.
OCTAVIO: Und seid entschlossen, gegen ihn zu fechten?
ISOLANI: Er tat mir Gutes – doch wenn er ein Schelm ist,
Verdamm ihn Gott! die Rechnung ist zerrissen.
OCTAVIO: Mich freut's, daß Ihr in gutem Euch gefügt.
Heut nacht in aller Stille brecht Ihr auf
Mit allen leichten Truppen; es muß scheinen,
Als käm die Ordre von dem Herzog selbst.
Zu Frauenberg ist der Versammlungsplatz,
Dort gibt Euch Gallas weitere Befehle.
ISOLANI: Es soll geschehn. Gedenkt mir's aber auch
Beim Kaiser, wie bereit Ihr mich gefunden.
OCTAVIO: Ich werd es rühmen.
          Isolani geht. Es kommt ein Bedienter.

Oberst Buttler? Gut.

ISOLANI *zurückkommend*:
Vergebt mir auch mein barsches Wesen, Alter.
Herr Gott! Wie konnt ich wissen, welche große
Person ich vor mir hatte!

OCTAVIO: Laßt das gut sein.

ISOLANI: Ich bin ein lust'ger alter Knab, und wär
Mir auch ein rasches Wörtlein übern Hof
Entschlüpft zuweilen, in der Lust des Weins,
Ihr wißt ja, bös war's nicht gemeint. *Geht ab.*

OCTAVIO: Macht Euch
Darüber keine Sorge! – Das gelang!
Glück, sei uns auch so günstig bei den andern!

SECHSTER AUFTRITT

OCTAVIO PICCOLOMINI. BUTTLER.

BUTTLER: Ich bin zu Eurer Ordre, Generalleutnant.

OCTAVIO: Seid mir als werter Gast und Freund willkommen.

BUTTLER: Zu große Ehr für mich.

OCTAVIO *nachdem beide Platz genommen*:
Ihr habt die Neigung nicht erwidert,
Womit ich gestern Euch entgegenkam.
Wohl gar als leere Formel sie verkannt.
Von Herzen ging mir jener Wunsch, es war
Mir Ernst um Euch, denn eine Zeit ist jetzt,
Wo sich die Guten eng verbinden sollten.

BUTTLER: Die Gleichgesinnten können es allein.

OCTAVIO: Und alle Guten nenn ich gleichgesinnt.
Dem Menschen bring ich nur die Tat in Rechnung,
Wozu ihn ruhig der Charakter treibt;
Denn blinder Mißverständnisse Gewalt
Drängt oft den Besten aus dem rechten Gleise.
Ihr kamt durch Frauenberg. Hat Euch Graf Gallas
Nichts anvertraut? Sagt mir's. Er ist mein Freund.

BUTTLER: Er hat verlorne Worte nur gesprochen.

OCTAVIO: Das hör ich ungern, denn sein Rat war gut.
Und einen gleichen hätt ich Euch zu geben.

BUTTLER: Spart Euch die Müh – mir die Verlegenheit,
So schlecht die gute Meinung zu verdienen.

OCTAVIO: Die Zeit ist teuer, laßt uns offen reden.
  Ihr wißt, wie hier die Sachen stehn. Der Herzog
  Sinnt auf Verrat, ich kann Euch mehr noch sagen,
  Er hat ihn schon vollführt; geschlossen ist
  Das Bündnis mit dem Feind vor wen'gen Stunden.
  Nach Prag und Eger reiten schon die Boten,
  Und morgen will er zu dem Feind uns führen.
  Doch er betrügt sich, denn die Klugheit wacht,
  Noch treue Freunde leben hier dem Kaiser,
  Und mächtig steht ihr unsichtbarer Bund.
  Dies Manifest erklärt ihn in die Acht,
  Spricht los das Heer von des Gehorsams Pflichten,
  Und alle Gutgesinnten ruft es auf,
  Sich unter meiner Führung zu versammeln.
  Nun wählt, ob Ihr mit uns die gute Sache,
  Mit ihm der Bösen böses Los wollt teilen?
BUTTLER *steht auf*: Sein Los ist meines.
OCTAVIO: Ist das Euer letzter
  Entschluß?
BUTTLER: Er ist's.
OCTAVIO: Bedenkt Euch, Oberst Buttler.
  Noch habt Ihr Zeit. In meiner treuen Brust
  Begraben bleibt das raschgesprochne Wort.
  Nehmt es zurück. Wählt eine bessere
  Partei. Ihr habt die gute nicht ergriffen.
BUTTLER: Befehlt Ihr sonst noch etwas, Generalleutnant?
OCTAVIO: Seht Eure weißen Haare! Nehmt's zurück.
BUTTLER: Lebt wohl!
OCTAVIO: Was? Diesen guten, tapfern Degen
  Wollt Ihr in solchem Streite ziehn? Wollt
  In Fluch den Dank verwandeln, den Ihr Euch
  Durch vierzigjähr'ge Treu verdient um Östreich?
BUTTLER *bitter lachend*:
  Dank vom Haus Östreich! *Er will gehen.*
OCTAVIO *läßt ihn bis an die Türe gehen, dann ruft er*:
                           Buttler!
BUTTLER: Was beliebt?
OCTAVIO: Wie war es mit dem Grafen?
BUTTLER: Grafen! Was?
OCTAVIO: Dem Grafentitel, mein ich.
BUTTLER *heftig auffahrend*:   Tod und Teufel!

OCTAVIO *kalt*: Ihr suchtet darum nach. Man wies Euch ab.
BUTTLER: Nicht ungestraft sollt Ihr mich höhnen. Zieht!
OCTAVIO: Steckt ein. Sagt ruhig, wie es damit ging. Ich will
  Genugtuung nachher Euch nicht verweigern.
BUTTLER: Mag alle Welt doch um die Schwachheit wissen,
  Die ich mir selber nie verzeihen kann!
  –Ja! Generalleutnant, ich besitze Ehrgeiz,
  Verachtung hab ich nie ertragen können.
  Es tat mir wehe, daß Geburt und Titel
  Bei der Armee mehr galten, als Verdienst.
  Nicht schlechter wollt ich sein, als meinesgleichen,
  So ließ ich mich in unglücksel'ger Stunde
  Zu jenem Schritt verleiten – Es war Torheit!
  Doch nicht verdient ich, sie so hart zu büßen!
  – Versagen konnte man's – Warum die Weigerung
  Mit dieser kränkenden Verachtung schärfen,
  Den alten Mann, den treu bewährten Diener
  Mit schwerem Hohn zermalmend niederschlagen,
  An seiner Herkunft Schmach so rauh ihn mahnen,
  Weil er in schwacher Stunde sich vergaß!
  Doch einen Stachel gab Natur dem Wurm,
  Den Willkür übermütig spielend tritt –
OCTAVIO: Ihr müßt verleumdet sein. Vermutet Ihr
  Den Feind, der Euch den schlimmen Dienst geleistet?
BUTTLER: Sei's, wer es will! Ein niederträcht'ger Bube,
  Ein Höfling muß es sein, ein Spanier,
  Der Junker irgendeines alten Hauses,
  Dem ich im Licht mag stehn, ein neid'scher Schurke,
  Den meine selbstverdiente Würde kränkt.
OCTAVIO: Sagt. Billigte der Herzog jenen Schritt?
BUTTLER: Er trieb mich dazu an, verwendete
  Sich selbst für mich, mit edler Freundeswärme.
OCTAVIO: So? Wißt Ihr das gewiß?
BUTTLER: Ich las den Brief.
OCTAVIO *bedeutend*: Ich auch – doch anders lautete sein Inhalt.
            Buttler wird betroffen.
  Durch Zufall bin ich im Besitz des Briefs,
  Kann Euch durch eignen Anblick überführen.
              Er gibt ihm den Brief.
BUTTLER: Ha! was ist das?
OCTAVIO: Ich fürchte, Oberst Buttler,

Man hat mit Euch ein schändlich Spiel getrieben.
Der Herzog, sagt Ihr, trieb Euch zu dem Schritt? –
In diesem Briefe spricht er mit Verachtung
Von Euch, rät dem Minister, Euren Dünkel,
Wie er ihn nennt, zu züchtigen.

Buttler hat den Brief gelesen, seine Knie zittern, er greift nach einem
Stuhl, setzt sich nieder.

Kein Feind verfolgt Euch. Niemand will Euch übel.
Dem Herzog schreibt allein die Kränkung zu,
Die Ihr empfangen; deutlich ist die Absicht.
Losreißen wollt er Euch von Eurem Kaiser –
Von Eurer Rache hofft' er zu erlangen,
Was Eure wohlbewährte Treu ihn nimmer
Erwarten ließ, bei ruhiger Besinnung.
Zum blinden Werkzeug wollt er Euch, zum Mittel
Verworfner Zwecke Euch verächtlich brauchen.
Er hat's erreicht. Zu gut nur glückt' es ihm,
Euch wegzulocken von dem guten Pfade,
Auf dem Ihr vierzig Jahre seid gewandelt.

BUTTLER *mit der Stimme bebend*:
Kann mir des Kaisers Majestät vergeben?

OCTAVIO: Sie tut noch mehr. Sie macht die Kränkung gut,
Die unverdient dem Würdigen geschehn.
Aus freiem Trieb bestätigt sie die Schenkung,
Die Euch der Fürst zu bösem Zweck gemacht.
Das Regiment ist Euer, das Ihr führt.

BUTTLER *will aufstehen, sinkt zurück. Sein Gemüt arbeitet heftig, er*
versucht zu reden und vermag es nicht. Endlich nimmt er den Degen
vom Gehänge und reicht ihn dem Piccolomini.

OCTAVIO: Was wollt Ihr? Faßt Euch.

BUTTLER: Nehmt!

OCTAVIO: Wozu? Besinnt
                                                Euch.

BUTTLER: Nehmt hin! Nicht wert mehr bin ich dieses Degens.

OCTAVIO: Empfangt ihn neu zurück aus meiner Hand,
Und führt ihn stets mit Ehre für das Recht.

BUTTLER: Die Treue brach ich solchem gnäd'gen Kaiser!

OCTAVIO:
Macht's wieder gut. Schnell trennt Euch von dem Herzog.

BUTTLER: Mich von ihm trennen!

OCTAVIO: Wie? Bedenkt Ihr Euch?

BUTTLER *furchtbar ausbrechend*:
Nur von ihm trennen? Oh! er soll nicht leben!

OCTAVIO: Folgt mir nach Frauenberg, wo alle Treuen
Bei Gallas sich und Altringer versammeln.
Viel andre bracht ich noch zu ihrer Pflicht
Zurück, heut nacht entfliehen sie aus Pilsen –

BUTTLER *ist heftig bewegt auf und ab gegangen, und tritt zu Octavio
mit entschlossenem Blick*:
Graf Piccolomini! Darf Euch der Mann
Von Ehre sprechen, der die Treue brach?

OCTAVIO: Der darf es, der so ernstlich es bereut.

BUTTLER: So laßt mich hier, auf Ehrenwort.

OCTAVIO: Was sinnt Ihr?

BUTTLER: Mit meinem Regimente laßt mich bleiben.

OCTAVIO: Ich darf Euch traun. Doch sagt mir, was Ihr brütet?

BUTTLER: Die Tat wird's lehren. Fragt mich jetzt nicht weiter.
Traut mir! Ihr könnt's! Bei Gott! Ihr überlasset
Ihn seinem guten Engel nicht! – Lebt wohl! *Geht ab.*

BEDIENTER *bringt ein Billett*:
Ein Unbekannter bracht's und ging gleich wieder.
Des Fürsten Pferde stehen auch schon unten. *Ab.*

OCTAVIO *liest*: „Macht, daß Ihr fortkommt. Euer treuer Isolan."
– Oh! läge diese Stadt erst hinter mir!
So nah dem Hafen sollten wir noch scheitern?
Fort! Fort! Hier ist nicht länger Sicherheit
Für mich. Wo aber bleibt mein Sohn?

SIEBENTER AUFTRITT

BEIDE PICCOLOMINI.

MAX *kömmt in der heftigsten Gemütsbewegung, seine Blicke rollen
wild, sein Gang ist unstet, er scheint den Vater nicht zu bemerken, der
von ferne steht und ihn mitleidig ansieht. Mit großen Schritten geht er
durch das Zimmer, bleibt wieder stehen, und wirft sich zuletzt in einen
Stuhl, gerad vor sich hin starrend.*

OCTAVIO *nähert sich ihm*: Ich reise ab, mein Sohn.
Da er keine Antwort erhält, faßt er ihn bei der Hand.
                                   Mein Sohn, leb wohl!

MAX: Leb wohl!

OCTAVIO: Du folgst mir doch bald nach?

MAX *ohne ihn anzusehen*:   Ich dir?
  Dein Weg ist krumm, er ist der meine nicht.
            Octavio läßt seine Hand los, fährt zurück.
  Oh! wärst du wahr gewesen und gerade,
  Nie kam es dahin, alles stünde anders!
  Er hätte nicht das Schreckliche getan,
  Die Guten hätten Kraft bei ihm behalten,
  Nicht in der Schlechten Garn wär er gefallen.
  Warum so heimlich, hinterlistig laurend,
  Gleich einem Dieb und Diebeshelfer schleichen?
  Unsel'ge Falschheit! Mutter alles Bösen!
  Du jammerbringende, verderbest uns!
  Wahrhaftigkeit, die reine, hätt uns alle,
  Die welterhaltende, gerettet. Vater!
  Ich kann dich nicht entschuldigen, ich kann's nicht.
  Der Herzog hat mich hintergangen, schrecklich,
  Du aber hast viel besser nicht gehandelt.
OCTAVIO: Mein Sohn, ach! ich verzeihe deinem Schmerz.
MAX *steht auf, betrachtet ihn mit zweifelhaften Blicken*:
  Wär's möglich? Vater? Vater? Hättest du's
  Mit Vorbedacht bis dahin treiben wollen?
  Du steigst durch seinen Fall. Octavio,
  Das will mir nicht gefallen.
OCTAVIO: Gott im Himmel!
MAX: Weh mir! Ich habe die Natur verändert,
  Wie kommt der Argwohn in die freie Seele?
  Vertrauen, Glaube, Hoffnung ist dahin,
  Denn alles log mir, was ich hochgeachtet.
  Nein! Nein! Nicht alles! Sie ja lebt mir noch,
  Und sie ist wahr und lauter wie der Himmel.
  Betrug ist überall und Heuchelschein,
  Und Mord und Gift und Meineid und Verrat,
  Der einzig reine Ort ist unsre Liebe,
  Der unentweihte in der Menschlichkeit.
OCTAVIO: Max! Folg mir lieber gleich, das ist doch besser.
MAX: Was? Eh ich Abschied noch von ihr genommen,
  Den letzten – Nimmermehr!
OCTAVIO: Erspare dir
  Die Qual der Trennung, der notwendigen.
  Komm mit mir! Komm, mein Sohn! *Will ihn fortziehn.*
MAX: Nein! So wahr Gott lebt!

OCTAVIO *dringender*: Komm mit mir, ich gebiete dir's, dein
MAX: Gebiete mir, was menschlich ist. Ich bleibe.   [Vater.
OCTAVIO: Max! In des Kaisers Namen, folge mir!
MAX: Kein Kaiser hat dem Herzen vorzuschreiben.
 Und willst du mir das einzige noch rauben,
 Was mir mein Unglück übrigließ, ihr Mitleid?
 Muß grausam auch das Grausame geschehn?
 Das Unabänderliche soll ich noch
 Unedel tun, mit heimlich feiger Flucht,
 Wie ein Unwürdiger mich von ihr stehlen?
 Sie soll mein Leiden sehen, meinen Schmerz,
 Die Klagen hören der zerrißnen Seele,
 Und Tränen um mich weinen – Oh! die Menschen
 Sind grausam, aber sie ist wie ein Engel.
 Sie wird von gräßlich wütender Verzweiflung
 Die Seele retten, diesen Schmerz des Todes
 Mit sanften Trostesworten klagend lösen.
OCTAVIO: Du reißest dich nicht los, vermagst es nicht.
 Oh! komm mein Sohn, und rette deine Tugend.
MAX: Verschwende deine Worte nicht vergebens,
 Dem Herzen folg ich, denn ich darf ihm trauen.
OCTAVIO *außer Fassung, zitternd*:
 Max! Max! Wenn das Entsetzliche mich trifft,
 Wenn du – mein Sohn – mein eignes Blut – ich darf's
 Nicht denken! dich dem Schändlichen verkaufst,
 Dies Brandmal aufdrückst unsers Hauses Adel,
 Dann soll die Welt das Schauderhafte sehn,
 Und von des Vaters Blute triefen soll
 Des Sohnes Stahl, im gräßlichen Gefechte.
MAX: Oh! hättest du vom Menschen besser stets
 Gedacht, du hättest besser auch gehandelt.
 Fluchwürd'ger Argwohn! Unglücksel'ger Zweifel!
 Es ist ihm Festes nichts und Unverrücktes,
 Und alles wanket, wo der Glaube fehlt.
OCTAVIO: Und trau ich deinem Herzen auch, wird's immer
 In deiner Macht auch stehen, ihm zu folgen?
MAX: Du hast des Herzens Stimme nicht bezwungen,
 So wenig wird der Herzog es vermögen.
OCTAVIO: Oh! Max, ich seh dich niemals wiederkehren!
MAX: Unwürdig deiner wirst du nie mich sehn.
OCTAVIO: Ich geh nach Frauenberg, die Pappenheimer

Laß ich dir hier, auch Lothringen, Toskana
Und Tiefenbach bleibt da, dich zu bedecken.
Sie lieben dich, und sind dem Eide treu,
Und werden lieber tapfer streitend fallen,
Als von dem Führer weichen und der Ehre.

MAX: Verlaß dich drauf, ich lasse fechtend hier
Das Leben, oder führe sie aus Pilsen.

OCTAVIO *aufbrechend*:
Mein Sohn, leb wohl!

MAX: Leb wohl!

OCTAVIO: Wie? Keinen Blick
Der Liebe? Keinen Händedruck zum Abschied?
Es ist ein blut'ger Krieg, in den wir gehn,
Und ungewiß, verhüllt ist der Erfolg.
So pflegten wir uns vormals nicht zu trennen.
Ist es denn wahr? Ich habe keinen Sohn mehr?

Max fällt in seine Arme, sie halten einander lange schweigend umfaßt,
dann entfernen sie sich nach verschiedenen Seiten.

DRITTER AUFZUG

Saal bei der Herzogin von Friedland.

ERSTER AUFTRITT

GRÄFIN TERZKY. THEKLA. FRÄULEIN VON NEUBRUNN.
Beide letztern mit weiblichen Arbeiten beschäftigt.

GRÄFIN: Ihr habt mich nichts zu fragen, Thekla? Gar nichts?
Schon lange wart ich auf ein Wort von Euch.
Könnt Ihr's ertragen, in so langer Zeit
Nicht einmal seinen Namen auszusprechen?
Wie? Oder wär ich jetzt schon überflüssig,
Und gäb es andre Wege, als durch mich? –
Gesteht mir, Nichte. Habt Ihr ihn gesehn?

THEKLA: Ich hab ihn heut und gestern nicht gesehn.

GRÄFIN: Auch nicht von ihm gehört? Verbergt mir nichts.

THEKLA: Kein Wort.

GRÄFIN: Und könnt so ruhig sein!

THEKLA: Ich bin's.

GRÄFIN: Verlaßt uns, Neubrunn.

Fräulein von Neubrunn entfernt sich.

Zweiter Auftritt

Gräfin. Thekla.

GRÄFIN: Es gefällt mir nicht,
Daß er sich grade jetzt so still verhält.

THEKLA: Gerade jetzt!

GRÄFIN: Nachdem er alles weiß!
Denn jetzo war's die Zeit, sich zu erklären.

THEKLA: Sprecht deutlicher, wenn ich's verstehen soll.

GRÄFIN: In dieser Absicht schick ich sie hinweg.
Ihr seid kein Kind mehr, Thekla. Euer Herz
Ist mündig, denn Ihr liebt, und kühner Mut
Ist bei der Liebe. Den habt Ihr bewiesen.
Ihr artet mehr nach Eures Vaters Geist,
Als nach der Mutter ihrem. Darum könnt Ihr hören,
Was sie nicht fähig ist, zu tragen.

THEKLA: Ich bitt Euch, endet diese Vorbereitung.
Sei's, was es sei. Heraus damit! Es kann
Mich mehr nicht ängstigen, als dieser Eingang.
Was habt Ihr mir zu sagen? Faßt es kurz.

GRÄFIN: Ihr müßt nur nicht erschrecken –

THEKLA: Nennt's! Ich bitt Euch.

GRÄFIN: Es steht bei Euch, dem Vater einen großen Dienst
Zu leisten –

THEKLA: Bei mir stünde das! Was kann –

GRÄFIN: Max Piccolomini liebt Euch. Ihr könnt
Ihn unauflöslich an den Vater binden.

THEKLA: Braucht's dazu meiner? Ist er es nicht schon?

GRÄFIN: Er war's.

THEKLA: Und warum sollt er's nicht mehr sein,
Nicht immer bleiben?

GRÄFIN: Auch am Kaiser hängt er.

THEKLA: Nicht mehr als Pflicht und Ehre von ihm fodern.

GRÄFIN: Von seiner Liebe fodert man Beweise,
Und nicht von seiner Ehre – Pflicht und Ehre!
Das sind vieldeutig doppelsinn'ge Namen,
Ihr sollt sie ihm auslegen, seine Liebe
Soll seine Ehre ihm erklären.

THEKLA: Wie?

GRÄFIN: Er soll dem Kaiser oder Euch entsagen.

THEKLA: Er wird den Vater gern in den Privatstand
   Begleiten. Ihr vernahmt es von ihm selbst,
   Wie sehr er wünscht, die Waffen wegzulegen.
GRÄFIN: Er soll sie nicht weglegen, ist die Meinung,
   Er soll sie für den Vater ziehn.
THEKLA: Sein Blut,
   Sein Leben wird er für den Vater freudig
   Verwenden, wenn ihm Unglimpf widerführe.
GRÄFIN: Ihr wollt mich nicht erraten – Nun so hört.
   Der Vater ist vom Kaiser abgefallen,
   Steht im Begriff, sich zu dem Feind zu schlagen,
   Mitsamt dem ganzen Heer –
THEKLA: O meine Mutter!
GRÄFIN: Es braucht ein großes Beispiel, die Armee
   Ihm nachzuziehn. Die Piccolomini
   Stehn bei dem Heer in Ansehn, sie beherrschen
   Die Meinung und entscheidend ist ihr Vorgang.
   Des Vaters sind wir sicher durch den Sohn –
   – Ihr habt jetzt viel in Eurer Hand.
THEKLA: O jammervolle Mutter! Welcher Streich des Todes
   Erwartet dich! – Sie wird's nicht überleben.
GRÄFIN: Sie wird in das Notwendige sich fügen.
   Ich kenne sie – Das Ferne, Künftige beängstigt
   Ihr fürchtend Herz, was unabänderlich
   Und wirklich da ist, trägt sie mit Ergebung.
THEKLA: O meine ahnungsvolle Seele – Jetzt –
   Jetzt ist sie da, die kalte Schreckenshand,
   Die in mein fröhlich Hoffen schaudernd greift.
   Ich wußt es wohl – O gleich, als ich hier eintrat,
   Weissagte mir's das bange Vorgefühl,
   Daß über mir die Unglückssterne stünden –
   Doch warum denk ich jetzt zuerst an mich –
   O meine Mutter! meine Mutter!
GRÄFIN: Faßt Euch.
   Brecht nicht in eitle Klagen aus. Erhaltet
   Dem Vater einen Freund, Euch den Geliebten,
   So kann noch alles gut und glücklich werden.
THEKLA: Gut werden! Was? Wir sind getrennt auf immer! –
   Ach, davon ist nun gar nicht mehr die Rede.
GRÄFIN: Er läßt Euch nicht! Er kann nicht von Euch lassen.
THEKLA: O der Unglückliche!

GRÄFIN: Wenn er Euch wirklich liebt, wird sein Entschluß
  Geschwind gefaßt sein.

THEKLA: Sein Entschluß wird bald
  Gefaßt sein, daran zweifelt nicht. Entschluß!
  Ist hier noch ein Entschluß?

GRÄFIN: Faßt Euch. Ich höre
  Die Mutter nahn.

THEKLA: Wie werd ich ihren Anblick
  Ertragen!

GRÄFIN: Faßt Euch.

DRITTER AUFTRITT

DIE HERZOGIN. VORIGE.

HERZOGIN *zur Gräfin*:   Schwester! Wer war hier?
  Ich hörte lebhaft reden.

GRÄFIN: Es war niemand.

HERZOGIN: Ich bin so schreckhaft. Jedes Rauschen kündigt mir
  Den Fußtritt eines Unglücksboten an.
  Könnt Ihr mir sagen Schwester, wie es steht?
  Wird er dem Kaiser seinen Willen tun,
  Dem Kardinal die Reiter senden? Sprecht,
  Hat er den Questenberg mit einer guten
  Antwort entlassen?

GRÄFIN: – Nein, das hat er nicht.

HERZOGIN: O dann ist's aus! Ich seh das Ärgste kommen.
  Sie werden ihn absetzen, es wird alles wieder
  So werden, wie zu Regenspurg.

GRÄFIN: So wird's
  Nicht werden. Diesmal nicht. Dafür seid ruhig.

Thekla, heftig bewegt, stürzt auf die Mutter zu und schließt sie wei-
nend in die Arme.

HERZOGIN: O der unbeugsam unbezähmte Mann!
  Was hab ich nicht getragen und gelitten
  In dieser Ehe unglücksvollem Bund;
  Denn gleich wie an ein feurig Rad gefesselt,
  Das rastlos eilend, ewig, heftig, treibt,
  Bracht ich ein angstvoll Leben mit ihm zu,
  Und stets an eines Abgrunds jähem Rande
  Sturzdrohend, schwindelnd riß er mich dahin.

– Nein, weine nicht mein Kind. Laß dir mein Leiden
Zu keiner bösen Vorbedeutung werden,
Den Stand, der dich erwartet, nicht verleiden.
Es lebt kein zweiter Friedland, du, mein Kind,
Hast deiner Mutter Schicksal nicht zu fürchten.

THEKLA: O lassen Sie uns fliehen, liebe Mutter!
Schnell! Schnell! Hier ist kein Aufenthalt für uns.
Jedwede nächste Stunde brütet irgend
Ein neues, ungeheures Schreckbild aus!

HERZOGIN: Dir wird ein ruhigeres Los! – Auch wir,
Ich und dein Vater, sahen schöne Tage,
Der ersten Jahre denk ich noch mit Lust.
Da war er noch der fröhlich Strebende,
Sein Ehrgeiz war ein mild erwärmend Feuer,
Noch nicht die Flamme, die verzehrend rast.
Der Kaiser liebte ihn, vertraute ihm,
Und was er anfing, das mußt ihm geraten.
Doch seit dem Unglückstag zu Regenspurg,
Der ihn von seiner Höh herunterstürzte,
Ist ein unsteter, ungesell'ger Geist
Argwöhnisch, finster, über ihn gekommen.
Ihn floh die Ruhe, und dem alten Glück,
Der eignen Kraft nicht fröhlich mehr vertrauend
Wandt er sein Herz den dunkeln Künsten zu,
Die keinen, der sie pflegte, noch beglückt.

GRÄFIN: Ihr seht's mit Euren Augen – Aber ist
Das ein Gespräch, womit wir ihn erwarten?
Er wird bald hier sein, wißt Ihr. Soll er sie
In diesem Zustand finden?

HERZOGIN: Komm mein Kind.
Wisch deine Tränen ab. Zeig deinem Vater
Ein heitres Antlitz – Sieh, die Schleife hier
Ist los – Dies Haar muß aufgebunden werden.
Komm trockne deine Tränen. Sie entstellen
Dein holdes Auge – Was ich sagen wollte?
Ja, dieser Piccolomini ist doch
Ein würd'ger Edelmann und voll Verdienst.

GRÄFIN: Das ist er Schwester.

THEKLA *zur Gräfin beängstigt*: Tante wollt Ihr mich
Entschuldigen? *Will gehen.*

GRÄFIN: Wohin? Der Vater kommt.

THEKLA: Ich kann ihn jetzt nicht sehn.

GRÄFIN: Er wird Euch aber
   Vermissen, nach Euch fragen.

HERZOGIN: Warum geht sie?

THEKLA: Es ist mir unerträglich, ihn zu sehn.

GRÄFIN *zur Herzogin*: Ihr ist nicht wohl.

HERZOGIN *besorgt*:   Was fehlt dem lieben
                          Kinde?

*Beide folgen dem Fräulein und sind beschäftigt, sie zurückzuhalten.
Wallenstein erscheint, im Gespräch mit Illo.*

VIERTER AUFTRITT

WALLENSTEIN. ILLO. VORIGE.

WALLENSTEIN: Es ist noch still im Lager?

ILLO: Alles still.

WALLENSTEIN: In wenig Stunden kann die Nachricht dasein
   Aus Prag, daß diese Hauptstadt unser ist.
   Dann können wir die Maske von uns werfen,
   Den hiesigen Truppen den getanen Schritt
   Zugleich mit dem Erfolg zu wissen tun.
   In solchen Fällen tut das Beispiel alles.
   Der Mensch ist ein nachahmendes Geschöpf,
   Und wer der Vorderste ist führt die Herde.
   Die Prager Truppen wissen es nicht anders,
   Als daß die Pilsner Völker uns gehuldigt,
   Und hier in Pilsen sollen sie uns schwören,
   Weil man zu Prag das Beispiel hat gegeben.
   – Der Buttler sagst du hat sich nun erklärt?

ILLO: Aus freiem Trieb, unaufgefodert kam er,
   Sich selbst, sein Regiment dir anzubieten.

WALLENSTEIN: Nicht jeder Stimme find ich, ist zu glauben,
   Die warnend sich im Herzen läßt vernehmen.
   Uns zu berücken borgt der Lügengeist
   Nachahmend oft die Stimme von der Wahrheit
   Und streut betrügliche Orakel aus.
   So hab ich diesem würdig braven Mann,
   Dem Buttler, stilles Unrecht abzubitten,
   Denn ein Gefühl, des ich nicht Meister bin,
   Furcht möcht ich's nicht gern nennen, überschleicht

In seiner Nähe schaudernd mir die Sinne,
Und hemmt der Liebe freudige Bewegung.
Und dieser Redliche, vor dem der Geist
Mich warnt, reicht mir das erste Pfand des Glücks.

ILLO: Und sein geachtet Beispiel, zweifle nicht,
Wird dir die Besten in dem Heer gewinnen.

WALLENSTEIN: Jetzt geh und schick mir gleich den Isolan
Hieher, ich hab ihn mir noch jüngst verpflichtet.
Mit ihm will ich den Anfang machen. Geh!

Illo geht hinaus, unterdessen sind die übrigen wieder vorwärts gekom-
men.

WALLENSTEIN: Sieh da die Mutter mit der lieben Tochter!
Wir wollen einmal von Geschäften ruhn –
Kommt! Mich verlangte, eine heitre Stunde
Im lieben Kreis der Meinen zu verleben.

GRÄFIN: Wir waren lang nicht so beisammen Bruder.

WALLENSTEIN *beiseite zur Gräfin*:
Kann sie's vernehmen? Ist sie vorbereitet?

GRÄFIN: Noch nicht.

WALLENSTEIN: Komm her mein Mädchen. Setz dich zu
Es ist ein guter Geist auf deinen Lippen,   [mir.
Die Mutter hat mir deine Fertigkeit
Gepriesen, es soll eine zarte Stimme
Des Wohllauts in dir wohnen, die die Seele
Bezaubert. Eine solche Stimme brauch
Ich jetzt, den bösen Dämon zu vertreiben,
Der um mein Haupt die schwarzen Flügel schlägt.

HERZOGIN: Wo hast du deine Zither, Thekla? Komm.
Laß deinem Vater eine Probe hören
Von deiner Kunst.

THEKLA: O meine Mutter! Gott!

HERZOGIN: Komm Thekla und erfreue deinen Vater.

THEKLA: Ich kann nicht Mutter –

GRÄFIN: Wie? Was ist das Nichte!

THEKLA *zur Gräfin*: Verschont mich – Singen – jetzt – in dieser
Der schwer beladnen Seele – vor ihm singen –   [Angst
Der meine Mutter stürzt ins Grab!

HERZOGIN: Wie Thekla, Launen? Soll dein güt'ger Vater
Vergeblich einen Wunsch geäußert haben?

GRÄFIN: Hier ist die Zither.

THEKLA: O mein Gott – wie kann ich –

Hält das Instrument mit zitternder Hand, ihre Seele arbeitet im hef-
tigsten Kampf, und im Augenblick, da sie anfangen soll zu singen,
schaudert sie zusammen, wirft das Instrument weg und geht schnell ab.

HERZOGIN: Mein Kind – o sie ist krank!

WALLENSTEIN: Was ist dem Mädchen! Pflegt sie so zu sein?

GRÄFIN: Nun weil sie es denn selbst verrät, so will
    Auch ich nicht länger schweigen

WALLENSTEIN: Wie?

GRÄFIN: Sie liebt ihn.

WALLENSTEIN: Liebt! Wen?

GRÄFIN: Den Piccolomini liebt sie.
    Hast du es nicht bemerkt? Die Schwester auch nicht?

HERZOGIN: O war es dies, was ihr das Herz beklemmte!
    Gott segne dich mein Kind! Du darfst
    Dich deiner Wahl nicht schämen.

GRÄFIN: Diese Reise –
    Wenn's deine Absicht nicht gewesen, schreib's
    Dir selber zu. Du hättest einen andern
    Begleiter wählen sollen!

WALLENSTEIN: Weiß er's?

GRÄFIN: Er hofft sie zu besitzen.

WALLENSTEIN: Hofft
    Sie zu besitzen – Ist der Junge toll?

GRÄFIN: Nun mag sie's selber hören!

WALLENSTEIN: Die Friedländerin
    Denkt er davonzutragen? Nun! Der Einfall
    Gefällt mir! Die Gedanken stehen ihm nicht niedrig.

GRÄFIN: Weil du so viele Gunst ihm stets bezeugt,
    So –

WALLENSTEIN: – Will er mich auch endlich noch beerben.
    Nun ja! Ich lieb ihn, halt ihn wert, was aber
    Hat das mit meiner Tochter Hand zu schaffen?
    Sind es die Töchter, sind's die einz'gen Kinder,
    Womit man seine Gunst bezeugt?

HERZOGIN: Sein adelicher Sinn und seine Sitten –

WALLENSTEIN:
    Erwerben ihm mein Herz, nicht meine Tochter.

HERZOGIN: Sein Stand und seine Ahnen –

WALLENSTEIN: Ahnen! Was!
    Er ist ein Untertan, und meinen Eidam
    Will ich mir auf Europens Thronen suchen.

HERZOGIN: O lieber Herzog! Streben wir nicht allzu hoch
  Hinauf, daß wir zu tief nicht fallen mögen.
WALLENSTEIN: Ließ ich mir's so viel kosten, in die Höh
  Zu kommen, über die gemeinen Häupter
  Der Menschen wegzuragen, um zuletzt
  Die große Lebensrolle mit gemeiner
  Verwandtschaft zu beschließen? – Hab ich darum –
       Plötzlich hält er inne, sich fassend.
  Sie ist das einzige, was von mir nachbleibt
  Auf Erden, eine Krone will ich sehn
  Auf ihrem Haupte, oder will nicht leben.
  Was? Alles – Alles! setz ich dran, um sie
  Recht groß zu machen – ja in der Minute
  Worin wir sprechen – *Er besinnt sich.*
              Und ich sollte nun
  Wie ein weichherz'ger Vater, was sich gern hat
  Und liebt, fein bürgerlich zusammengeben?
  Und jetzt soll ich das tun, jetzt eben, da ich
  Auf mein vollendet Werk den Kranz will setzen –
  Nein, sie ist mir ein langgespartes Kleinod,
  Die höchste, letzte Münze meines Schatzes,
  Nicht niedriger fürwahr gedenk ich sie
  Als um ein Königsszepter loszuschlagen –
HERZOGIN: O mein Gemahl! Sie bauen immer, bauen
  Bis in die Wolken, bauen fort und fort
  Und denken nicht dran, daß der schmale Grund
  Das schwindelnd schwanke Werk nicht tragen kann.
WALLENSTEIN *zur Gräfin*:
  Hast du ihr angekündigt, welchen Wohnsitz
  Ich ihr bestimmt?
GRÄFIN: Noch nicht. Entdeckt's ihr selbst.
HERZOGIN: Wie? Gehen wir nach Kärnten nicht zurück?
WALLENSTEIN: Nein.
HERZOGIN: Oder sonst auf keines Ihrer Güter?
WALLENSTEIN: Sie würden dort nicht sicher sein.
HERZOGIN: Nicht sicher
  In Kaisers Landen, unter Kaisers Schutz?
WALLENSTEIN:
  Den hat des Friedlands Gattin nicht zu hoffen.
HERZOGIN: O Gott bis dahin haben Sie's gebracht!
WALLENSTEIN: In Holland werden Sie Schutz finden.

HERZOGIN: Was?
Sie senden uns in lutherische Länder?
WALLENSTEIN: Der Herzog Franz von Lauenburg wird Ihr
Geleitsmann dahin sein.
HERZOGIN: Der Lauenburger?
Der's mit dem Schweden hält, des Kaisers Feind?
WALLENSTEIN: Des Kaisers Feinde sind die meinen nicht mehr.
HERZOGIN *sieht den Herzog und die Gräfin schreckensvoll an*:
Ist's also wahr? Es ist? Sie sind gestürzt?
Sind vom Kommando abgesetzt? O Gott
Im Himmel! •
GRÄFIN *seitwärts zum Herzog*: Lassen wir sie bei dem Glauben.
Du siehst, daß sie die Wahrheit nicht ertrüge.

FÜNFTER AUFTRITT

GRAF TERZKY. VORIGE.

GRÄFIN: Terzky! Was ist ihm? Welches Bild des Schreckens!
Als hätt er ein Gespenst gesehn!
TERZKY *Wallenstein beiseite führend, heimlich*:
Ist's dein Befehl, daß die Kroaten reiten?
WALLENSTEIN: Ich weiß von nichts.
TERZKY: Wir sind verraten!
WALLENSTEIN: Was?
TERZKY: Sie sind davon, heut nacht, die Jäger auch,
Leer stehen alle Dörfer in der Runde.
WALLENSTEIN: Und Isolan?
TERZKY: Den hast du ja verschickt.
WALLENSTEIN: Ich?
TERZKY: Nicht? Du hast ihn nicht verschickt? Auch
Den Deodat? Sie sind verschwunden beide.   [nicht

SECHSTER AUFTRITT

ILLO. VORIGE.

ILLO: Hat dir der Terzky –
TERZKY: Er weiß alles.
ILLO: Auch daß Maradas, Esterhazy, Götz,
Colalto, Kaunitz, dich verlassen? –

TERZKY: Teufel!
WALLENSTEIN *winkt*: Still!
GRÄFIN *hat sie von weitem ängstlich beobachtet, tritt hinzu*:
          Terzky! Gott! Was gibt's? Was ist geschehen?
WALLENSTEIN *im Begriff aufzubrechen*:
     Nichts! Laßt uns gehen.
TERZKY *will ihm folgen*:   Es ist nichts, Therese.
GRÄFIN *hält ihn*: Nichts? Seh ich nicht, daß alles Lebensblut
     Aus euren geisterbleichen Wangen wich,
     Daß selbst der Bruder Fassung nur erkünstelt?
PAGE *kommt*: Ein Adjutant fragt nach dem Grafen Terzky. *Ab.*
                    Terzky folgt dem Pagen.

WALLENSTEIN:
     Hör, was er bringt – *Zu Illo:* Das konnte nicht so heimlich
     Geschehen ohne Meuterei – Wer hat
     Die Wache an den Toren?
ILLO: Tiefenbach.
WALLENSTEIN: Laß Tiefenbach ablösen unverzüglich,
     Und Terzkys Grenadiere aufziehn – Höre!
     Hast du von Buttlern Kundschaft?
ILLO: Buttlern traf ich.
     Gleich ist er selber hier. Der hält dir fest.
                Illo geht. Wallenstein will ihm folgen.
GRÄFIN: Laß ihn nicht von dir, Schwester! Halt ihn auf –
     Es ist ein Unglück –
HERZOGIN: Großer Gott! Was ist's?
                    Hängt sich an ihn.
WALLENSTEIN *erwehrt sich ihrer*:
     Seid ruhig! Laßt mich! Schwester! liebes Weib,
     Wir sind im Lager! Da ist's nun nicht anders,
     Da wechseln Sturm und Sonnenschein geschwind,
     Schwer lenken sich die heftigen Gemüter,
     Und Ruhe nie beglückt des Führers Haupt –
     Wenn ich soll bleiben, geht! Denn übel stimmt
     Der Weiber Klage zu dem Tun der Männer.
                Er will gehn, Terzky kömmt zurück.
TERZKY: Bleib hier. Von diesem Fenster muß man's sehn.
WALLENSTEIN *zur Gräfin*:
     Geht Schwester!
GRÄFIN: Nimmermehr!
WALLENSTEIN: Ich will's.

TERZKY *führt sie beiseite, mit einem bedeutenden Wink auf die*
   Herzogin: Therese!
HERZOGIN: Komm Schwester, weil er es befiehlt.
                         Gehen ab.

Siebenter Auftritt

Wallenstein. Graf Terzky.

WALLENSTEIN *ans Fenster tretend*:   Was gibt's denn?
TERZKY: Es ist ein Rennen und Zusammenlaufen
   Bei allen Truppen. Niemand weiß die Ursach,
   Geheimnisvoll, mit einer finstern Stille,
   Stellt jedes Korps sich unter seine Fahnen,
   Die Tiefenbacher machen böse Mienen,
   Nur die Wallonen stehen abgesondert
   In ihrem Lager, lassen niemand zu,
   Und halten sich gesetzt, so wie sie pflegen.
WALLENSTEIN: Zeigt Piccolomini sich unter ihnen?
TERZKY: Man sucht ihn, er ist nirgends anzutreffen.
WALLENSTEIN: Was überbrachte denn der Adjutant?
TERZKY: Ihn schickten meine Regimenter ab,
   Sie schwören nochmals Treue dir, erwarten
   Voll Kriegeslust den Aufruf zum Gefechte.
WALLENSTEIN: Wie aber kam der Lärmen in das Lager?
   Es sollte ja dem Heer verschwiegen bleiben,
   Bis sich zu Prag das Glück für uns entschieden.
TERZKY: O daß du mir geglaubt! Noch gestern abends
   Beschwuren wir dich, den Octavio,
   Den Schleicher, aus den Toren nicht zu lassen,
   Du gabst die Pferde selber ihm zur Flucht –
WALLENSTEIN: Das alte Lied! Einmal für allemal,
   Nichts mehr von diesem törichten Verdacht.
TERZKY: Dem Isolani hast du auch getraut,
   Und war der erste doch, der dich verließ.
WALLENSTEIN: Ich zog ihn gestern erst aus seinem Elend.
   Fahr hin! Ich hab auf Dank ja nie gerechnet.
TERZKY: Und so sind alle, einer wie der andre.
WALLENSTEIN: Und tut er unrecht, daß er von mir geht?
   Er folgt dem Gott, dem er sein Leben lang
   Am Spieltisch hat gedient. Mit meinem Glücke

Schloß er den Bund und bricht ihn, nicht mit mir.
War ich ihm was, er mir? Das Schiff nur bin ich,
Auf das er seine Hoffnung hat geladen,
Mit dem er wohlgemut das freie Meer
Durchsegelte, er sieht es über Klippen
Gefährlich gehn und rettet schnell die Ware.
Leicht wie der Vogel von dem wirtbarn Zweige,
Wo er genistet, fliegt er von mir auf,
Kein menschlich Band ist unter uns zerrissen.
Ja der verdient, betrogen sich zu sehn,
Der Herz gesucht bei dem Gedankenlosen!
Mit schnell verlöschten Zügen schreiben sich
Des Lebens Bilder auf die glatte Stirne,
Nichts fällt in eines Busens stillen Grund,
Ein muntrer Sinn bewegt die leichten Säfte,
Doch keine Seele wärmt das Eingeweide.

TERZKY: Doch möcht ich mich den glatten Stirnen lieber
Als jenen tiefgefurchten anvertrauen.

ACHTER AUFTRITT

WALLENSTEIN. TERZKY. ILLO *kömmt wütend.*

ILLO: Verrat und Meuterei!
TERZKY: Ha! was nun wieder?
ILLO: Die Tiefenbacher, als ich die Ordre gab
Sie abzulösen – Pflichtvergeßne Schelmen!
TERZKY: Nun?
WALLENSTEIN: Was denn?
ILLO: Sie verweigern den Gehorsam.
TERZKY: So laß sie niederschießen. O gib Ordre!
WALLENSTEIN: Gelassen! Welche Ursach geben sie?
ILLO: Kein andrer sonst hab ihnen zu befehlen,
Als Generalleutnant Piccolomini.
WALLENSTEIN: Was – Wie ist das?
ILLO: So hab er's hinterlassen,
Und eigenhändig vorgezeigt vom Kaiser.
TERZKY: Vom Kaiser – Hörst du's Fürst!
ILLO: Auf seinen Antrieb
Sind gestern auch die Obersten entwichen.
TERZKY: Hörst du's!

ILLO: Auch Montecuculi, Caraffa,
Und noch sechs andre Generale werden
Vermißt, die er beredt hat, ihm zu folgen.
Das hab er alles schon seit lange schriftlich
Bei sich gehabt vom Kaiser, und noch jüngst
Erst abgeredet mit dem Questenberger.
   Wallenstein sinkt auf einen Stuhl und verhüllt sich das Gesicht.
TERZKY: O hättest du mir doch geglaubt!

NEUNTER AUFTRITT

GRÄFIN. VORIGE.

GRÄFIN: Ich kann die Angst – ich kann's nicht länger tragen,
Um Gottes willen, sagt mir, was es ist.
ILLO: Die Regimenter fallen von uns ab.
Graf Piccolomini ist ein Verräter.
GRÄFIN: O meine Ahnung! *Stürzt aus dem Zimmer.*
TERZKY: Hätt man mir geglaubt!
Da siehst du's, wie die Sterne dir gelogen!
WALLENSTEIN *richtet sich auf*: Die Sterne lügen nicht, das aber ist
Geschehen wider Sternenlauf und Schicksal.
Die Kunst ist redlich, doch dies falsche Herz
Bringt Lug und Trug in den wahrhaft'gen Himmel.
Nur auf der Wahrheit ruht die Wahrsagung,
Wo die Natur aus ihren Grenzen wanket,
Da irret alle Wissenschaft. War es
Ein Aberglaube, menschliche Gestalt
Durch keinen solchen Argwohn zu entehren,
O nimmer schäm ich dieser Schwachheit mich!
Religion ist in der Tiere Trieb,
Es trinkt der Wilde selbst nicht mit dem Opfer,
Dem er das Schwert will in den Busen stoßen.
Das war kein Heldenstück, Octavio!
Nicht deine Klugheit siegte über meine,
Dein schlechtes Herz hat über mein gerades
Den schändlichen Triumph davongetragen.
Kein Schild fing deinen Mordstreich auf, du führtest
Ihn ruchlos auf die unbeschützte Brust,
Ein Kind nur bin ich gegen solche Waffen.

Zehnter Auftritt

Vorige. Buttler.

TERZKY: O sieh da! Buttler! Das ist noch ein Freund!

WALLENSTEIN *geht ihm mit ausgebreiteten Armen entgegen und umfaßt ihn mit Herzlichkeit*:

Komm an mein Herz, du alter Kriegsgefährt!
So wohl tut nicht der Sonne Blick im Lenz,
Als Freundes Angesicht in solcher Stunde.

BUTTLER: Mein General – Ich komme –

WALLENSTEIN *sich auf seine Schultern lehnend*: Weißt du's schon?

Der Alte hat dem Kaiser mich verraten.
Was sagst du? Dreißig Jahre haben wir
Zusammen ausgelebt und ausgehalten.
In einem Feldbett haben wir geschlafen,
Aus einem Glas getrunken, einen Bissen
Geteilt, ich stützte mich auf ihn, wie ich
Auf deine treue Schulter jetzt mich stütze,
Und in dem Augenblick, da liebevoll
Vertrauend meine Brust an seiner schlägt,
Ersieht er sich den Vorteil, sticht das Messer
Mir listig lauernd, langsam, in das Herz!

> *Er verbirgt das Gesicht an Buttlers Brust.*

BUTTLER: Vergeßt den Falschen. Sagt, was wollt Ihr tun?

WALLENSTEIN: Wohl, wohlgesprochen. Fahre hin! Ich bin
Noch immer reich an Freunden, bin ich nicht?
Das Schicksal liebt mich noch, denn eben jetzt,
Da es des Heuchlers Tücke mir entlarvt,
Hat es ein treues Herz mir zugesendet.
Nichts mehr von ihm. Denkt nicht, daß sein Verlust
Mich schmerze, oh! mich schmerzt nur der Betrug.
Denn wert und teuer waren mir die beiden,
Und jener Max, er liebte mich wahrhaftig,
Er hat mich nicht getäuscht, er nicht – Genug,
Genug davon! Jetzt gilt es schnellen Rat –
Der Reitende, den mir Graf Kinsky schickt
Aus Prag, kann jeden Augenblick erscheinen.
Was er auch bringen mag, er darf den Meutern
Nicht in die Hände fallen. Drum geschwind,
Schickt einen sichern Boten ihm entgegen,

Der auf geheimem Weg ihn zu mir führe.
Illo will gehen.
BUTTLER *hält ihn zurück*: Mein Feldherr, wen erwartet Ihr?
WALLENSTEIN: Den Eilenden, der mir die Nachricht bringt,
  Wie es mit Prag gelungen.
BUTTLER: Hum!
WALLENSTEIN: Was ist Euch?
BUTTLER: So wißt Ihr's nicht?
WALLENSTEIN: Was denn?
BUTTLER: Wie dieser Lärmen
  Ins Lager kam? –
WALLENSTEIN: Wie?
BUTTLER: Jener Bote –
WALLENSTEIN *erwartungsvoll*:   Nun?
BUTTLER: Er ist herein.
TERZKY *und* ILLO: Er ist herein?
WALLENSTEIN: Mein Bote?
BUTTLER: Seit mehrern Stunden.
WALLENSTEIN: Und ich weiß es nicht?
BUTTLER: Die Wache fing ihn auf.
ILLO *stampft mit dem Fuß*:   Verdammt!
BUTTLER: Sein Brief
  Ist aufgebrochen, läuft durchs ganze Lager –
WALLENSTEIN *gespannt*: Ihr wißt was er enthält?
BUTTLER *bedenklich*:   Befragt mich
TERZKY: Oh – Weh uns Illo! Alles stürzt zusammen! [nicht!
WALLENSTEIN: Verhehlt mir nichts. Ich kann das Schlimmste
  Prag ist ver l o ren? Ist's? Gesteht mir's frei. [hören.
BUTTLER: Es i s t verloren. Alle Regimenter
  Zu Budweis, Tabor, Braunau, Königingrätz,
  Zu Brünn und Znaim haben Euch verlassen,
  Dem Kaiser neu gehuldiget, Ihr selbst
  Mit Kinsky, Terzky, Illo seid geächtet.
*Terzky und Illo zeigen Schrecken und Wut. Wallenstein bleibt fest
und gefaßt stehen.*
WALLENSTEIN *nach einer Pause*:
  Es ist entschieden, nun ist's gut – und schnell
  Bin ich geheilt von allen Zweifelsqualen,
  Die Brust ist wieder frei, der Geist ist hell,
  Nacht muß es sein, wo Friedlands Sterne strahlen.
  Mit zögerndem Entschluß, mit wankendem Gemüt

Zog ich das Schwert, ich tat's mit Widerstreben,
Da es in meine Wahl noch war gegeben!
Notwendigkeit ist da, der Zweifel flieht,
Jetzt fecht ich für mein Haupt und für mein Leben.
Er geht ab. Die andern folgen.

EILFTER AUFTRITT

GRÄFIN TERZKY *kommt aus dem Seitenzimmer.*

Nein! ich kann's länger nicht – Wo sind sie? Alles
Ist leer. Sie lassen mich allein – allein,
In dieser fürchterlichen Angst – Ich muß
Mich zwingen vor der Schwester, ruhig scheinen,
Und alle Qualen der bedrängten Brust
In mir verschließen – Das ertrag ich nicht!
– Wenn es uns fehlschlägt, wenn er zu dem Schweden
Mit leerer Hand, als Flüchtling, müßte kommen,
Nicht als geehrter Bundsgenosse, stattlich,
Gefolgt von eines Heeres Macht – Wenn wir
Von Land zu Lande wie der Pfalzgraf müßten wandern,
Ein schmählich Denkmal der gefallnen Größe –
Nein, diesen Tag will ich nicht schaun! und könnt
Er selbst es auch ertragen, so zu sinken,
Ich trüg's nicht, so gesunken ihn zu sehn.

ZWÖLFTER AUFTRITT

GRÄFIN. HERZOGIN. THEKLA.

THEKLA *will die Herzogin zurückhalten*:
  O liebe Mutter, bleiben Sie zurück!
HERZOGIN: Nein, hier ist noch ein schreckliches Geheimnis,
  Das mir verhehlt wird – Warum meidet mich
  Die Schwester? Warum seh ich sie voll Angst
  Umhergetrieben, warum dich voll Schrecken?
  Und was bedeuten diese stummen Winke,
  Die du verstohlen heimlich mit ihr wechselst?
THEKLA: Nichts, liebe Mutter!
HERZOGIN: Schwester, ich will's wissen.
GRÄFIN: Was hilft's auch, ein Geheimnis draus zu machen!

Läßt sich's verbergen? Früher, später muß
Sie's doch vernehmen lernen und ertragen!
Nicht Zeit ist's jetzt, der Schwäche nachzugeben,
Mut ist uns not und ein gefaßter Geist,
Und in der Stärke müssen wir uns üben.
Drum besser, es entscheidet sich ihr Schicksal
Mit einem Wort – Man hintergeht Euch, Schwester.
Ihr glaubt, der Herzog sei entsetzt – der Herzog
Ist nicht entsetzt – er ist –

THEKLA *zur Gräfin gehend*:   Wollt Ihr sie töten?

GRÄFIN: Der Herzog ist –

THEKLA *die Arme um die Mutter schlagend*:

                    O standhaft meine Mutter!

GRÄFIN: Empört hat sich der Herzog, zu dem Feind
Hat er sich schlagen wollen, die Armee
Hat ihn verlassen, und es ist mißlungen.

*Während dieser Worte wankt die Herzogin und fällt ohnmächtig in die
Arme ihrer Tochter.*

Ein großer Saal beim Herzog von Friedland.

DREIZEHNTER AUFTRITT

WALLENSTEIN *im Harnisch.*

Du hast's erreicht, Octavio – Fast bin ich
Jetzt so verlassen wieder, als ich einst
Vom Regenspurger Fürstentage ging.
Da hatt ich nichts mehr als mich selbst – doch was
Ein Mann kann wert sein, habt ihr schon erfahren.
Den Schmuck der Zweige habt ihr abgehauen,
Da steh ich, ein entlaubter Stamm! Doch innen
Im Marke lebt die schaffende Gewalt,
Die sprossend eine Welt aus sich geboren.
Schon einmal galt ich euch statt eines Heers,
Ich einzelner. Dahingeschmolzen vor
Der schwed'schen Stärke waren eure Heere,
Am Lech sank Tilly, euer letzter Hort,
Ins Bayerland, wie ein geschwollner Strom,
Ergoß sich dieser Gustav, und zu Wien
In seiner Hofburg zitterte der Kaiser.

Soldaten waren teuer, denn die Menge
Geht nach dem Glück – Da wandte man die Augen
Auf mich, den Helfer in der Not, es beugte sich
Der Stolz des Kaisers vor dem Schwergekränkten,
Ich sollte aufstehn mit dem Schöpfungswort
Und in die hohlen Läger Menschen sammeln.
Ich tat's. Die Trommel ward gerührt. Mein Name
Ging wie ein Kriegsgott durch die Welt. Der Pflug,
Die Werkstatt wird verlassen, alles wimmelt
Der altbekannten Hoffnungsfahne zu –
– Noch fühl ich mich denselben, der ich war!
Es ist der Geist, der sich den Körper baut,
Und Friedland wird sein Lager um sich füllen.
Führt eure Tausende mir kühn entgegen,
Gewohnt wohl sind sie, unter mir zu siegen,
Nicht gegen mich – Wenn Haupt und Glieder sich trennen,
Da wird sich zeigen, wo die Seele wohnte.

ILLO *und* TERZKY *treten ein.*

Mut, Freunde, Mut! Wir sind noch nicht zu Boden.
Fünf Regimenter Terzky sind noch unser,
Und Buttlers wackre Scharen – Morgen stößt
Ein Heer zu uns von sechzehntausend Schweden.
Nicht mächt'ger war ich, als ich vor neun Jahren
Auszog, dem Kaiser Deutschland zu erobern.

VIERZEHNTER AUFTRITT

VORIGE. NEUMANN, *der den Grafen Terzky beiseite führt und mit
ihm spricht.*

TERZKY *zu Neumann*: Was suchen sie?
WALLENSTEIN: Was gibt's?
TERZKY: Zehn Küras-
  Von Pappenheim verlangen dich im Namen   [siere
  Des Regiments zu sprechen.
WALLENSTEIN *schnell zu Neumann*:
                            Laß sie kommen.
                  Neumann geht hinaus.
Davon erwart ich etwas. Gebet acht,
Sie zweifeln noch und sind noch zu gewinnen.

Fünfzehnter Auftritt

WALLENSTEIN. TERZKY. ILLO. ZEHN KÜRASSIERE, *von einem Ge-*
freiten geführt, marschieren auf und stellen sich nach dem Kommando
in einem Glied vor den Herzog, die Honneurs machend.

WALLENSTEIN *nachdem er sie eine Zeitlang mit den Augen gemessen,*
  zum Gefreiten:
  Ich kenne dich wohl. Du bist aus Brügg in Flandern,
  Dein Nam ist Mercy.
GEFREITER: Heinrich Mercy heiß ich.
WALLENSTEIN: Du wurdest abgeschnitten auf dem Marsch,
  Von Hessischen umringt und schlugst dich durch,
  Mit hundertachtzig Mann durch ihrer tausend.
GEFREITER: So ist's, mein General.
WALLENSTEIN: Was wurde dir
  Für diese wackre Tat?
GEFREITER: Die Ehr, mein Feldherr,
  Um die ich bat, bei diesem Korps zu dienen.
WALLENSTEIN *wendet sich zu einem andern*:
  Du warst darunter, als ich die Freiwilligen
  Heraus ließ treten auf dem Altenberg,
  Die schwed'sche Batterie hinwegzunehmen.
ZWEITER KÜRASSIER: So ist's, mein Feldherr.
WALLENSTEIN: Ich vergesse
  Mit dem ich einmal Worte hab gewechselt.   [keinen,
  Bringt eure Sache vor.
GEFREITER *kommandiert*: Gewehr in Arm!
WALLENSTEIN *zu einem dritten gewendet*:
  Du nennst dich Risbeck, Köln ist dein Geburtsort.
DRITTER KÜRASSIER: Risbeck aus Köln.
WALLENSTEIN: Den schwed'schen Oberst Dübald brachtest du
  Gefangen ein im Nürenberger Lager.
DRITTER KÜRASSIER: Ich nicht, mein General.
WALLENSTEIN: Ganz recht! Es war
  Dein älterer Bruder, der es tat – du hattest
  Noch einen jüngeren Bruder, wo blieb der?
DRITTER KÜRASSIER: Er steht zu Olmütz bei des Kaisers Heer.
WALLENSTEIN *zum Gefreiten*: Nun so laß hören.
GEFREITER: Ein kaiserlicher Brief kam uns zu Handen,
  Der uns –

WALLENSTEIN *unterbricht ihn*: Wer wählte euch?
GEFREITER: Jedwede Fahn
  Zog ihren Mann durchs Los.
WALLENSTEIN: Nun denn zur Sache!
GEFREITER: Ein kaiserlicher Brief kam uns zu Handen,
  Der uns befiehlt, die Pflicht dir aufzukünden,
  Weil du ein Feind und Landsverräter seist.
WALLENSTEIN: Was habt ihr drauf beschlossen?
GEFREITER: Unsre Kameraden
  Zu Braunau, Budweis, Prag und Olmütz haben
  Bereits gehorcht und ihrem Beispiel folgten
  Die Regimenter Tiefenbach, Toskana.
  – Wir aber glauben's nicht, daß du ein Feind
  Und Landsverräter bist, wir halten's bloß
  Für Lug und Trug und spanische Erfindung. *Treuherzig:*
  Du selber sollst uns sagen, was du vorhast,
  Denn du bist immer wahr mit uns gewesen,
  Das höchste Zutraun haben wir zu dir,
  Kein fremder Mund soll zwischen uns sich schieben,
  Den guten Feldherrn und die guten Truppen.
WALLENSTEIN: Daran erkenn ich meine Pappenheimer.
GEFREITER: Und dies entbietet dir dein Regiment.
  Ist's deine Absicht bloß, dies Kriegesszepter,
  Das dir gebührt, das dir der Kaiser hat
  Vertraut, in deinen Händen zu bewahren,
  Östreichs rechtschaffner Feldhauptmann zu sein,
  So wollen wir dir beistehn und dich schützen
  Bei deinem guten Rechte gegen jeden –
  Und wenn die andern Regimenter alle
  Sich von dir wenden, wollen wir allein
  Dir treu sein, unser Leben für dich lassen.
  Denn das ist unsre Reiterpflicht, daß wir
  Umkommen lieber, als dich sinken lassen.
  Wenn's aber so ist, wie des Kaisers Brief
  Besagt, wenn's wahr ist, daß du uns zum Feind
  Treuloserweise willst hinüberführen,
  Was Gott verhüte! ja so wollen wir
  Dich auch verlassen und dem Brief gehorchen.
WALLENSTEIN: Hört Kinder –
GEFREITER: Braucht nicht viel Worte. Sprich
  Ja oder nein, so sind wir schon zufrieden.

WALLENSTEIN: Hört an. Ich weiß, daß ihr verständig seid,
  Selbst prüft und denkt und nicht der Herde folgt,
  Drum hab ich euch, ihr wißt's, auch ehrenvoll
  Stets unterschieden in der Heereswoge,
  Denn nur die Fahnen zählt der schnelle Blick
  Des Feldherrn, er bemerkt kein einzeln Haupt,
  Streng herrscht und blind der eiserne Befehl,
  Es kann der Mensch dem Menschen hier nichts gelten –
  So, wißt ihr, hab ich's nicht mit euch gehalten,
  Wie ihr euch selbst zu fassen angefangen
  Im rohen Handwerk, wie von euren Stirnen
  Der menschliche Gedanke mir geleuchtet,
  Hab ich als freie Männer euch behandelt,
  Der eignen Stimme Recht euch zugestanden –
GEFREITER: Ja, würdig hast du stets mit uns verfahren,
  Mein Feldherr, uns geehrt durch dein Vertrauen,
  Uns Gunst erzeigt vor allen Regimentern.
  Wir folgen auch dem großen Haufen nicht,
  Du siehst's! Wir wollen treulich bei dir halten.
  Sprich nur ein Wort, dein Wort soll uns genügen,
  Daß es Verrat nicht sei, worauf du sinnst,
  Daß du das Heer zum Feind nicht wollest führen.
WALLENSTEIN: Mich, mich verrät man! Aufgeopfert hat mich
  Der Kaiser meinen Feinden, fallen muß ich,
  Wenn meine braven Truppen mich nicht retten.
  Euch will ich mich vertrauen – Euer Herz
  Sei meine Festung! Seht, auf diese Brust
  Zielt man! Nach diesem greisen Haupte! – Das
  Ist span'sche Dankbarkeit, das haben wir
  Für jene Mordschlacht auf der Alten Veste,
  Auf Lützens Ebnen! Darum warfen wir
  Die nackte Brust der Partisan' entgegen,
  Drum machten wir die eisbedeckte Erde,
  Den harten Stein zu unserm Pfühl, kein Strom
  War uns zu schnell, kein Wald zu undurchdringlich,
  Wir folgten jenem Mansfeld unverdrossen
  Durch alle Schlangenkrümmen seiner Flucht,
  Ein ruheloser Marsch war unser Leben,
  Und wie des Windes Sausen, heimatlos,
  Durchstürmten wir die kriegbewegte Erde.
  Und jetzt, da wir die schwere Waffenarbeit

Die undankbare, fluchbeladene getan,
Mit unermüdet treuem Arm des Krieges Last
Gewälzt, soll dieser kaiserliche Jüngling
Den Frieden leicht wegtragen, soll den Ölzweig,
Die wohlverdiente Zierde unsers Haupts,
Sich in die blonden Knabenhaare flechten –

GEFREITER: Das soll er nicht, solang wir's hindern können.
Niemand als du, der ihn mit Ruhm geführt,
Soll diesen Krieg, den fürchterlichen, enden.
Du führtest uns heraus ins blut'ge Feld
Des Todes, du, kein andrer, sollst uns fröhlich
Heimführen in des Friedens schöne Fluren,
Der langen Arbeit Früchte mit uns teilen –

WALLENSTEIN: Wie? denkt ihr euch im späten Alter endlich
Der Früchte zu erfreuen? Glaubt das nicht.
Ihr werdet dieses Kampfes Ende nimmer
Erblicken! Dieser Krieg verschlingt uns alle.
Östreich will keinen Frieden, darum eben
Weil ich den Frieden suche, muß ich fallen.
Was kümmert's Östreich, ob der lange Krieg
Die Heere aufreibt und die Welt verwüstet,
Es will nur wachsen stets und Land gewinnen.
Ihr seid gerührt – ich seh den edeln Zorn
Aus euren kriegerischen Augen blitzen.
O daß mein Geist euch jetzt beseelen möchte,
Kühn wie er einst in Schlachten euch geführt!
Ihr wollt mir beistehn, wollt mich mit den Waffen
Bei meinem Rechte schützen – das ist edelmütig!
Doch denket nicht, daß ihr's vollenden werdet,
Das kleine Heer! Vergebens werdet ihr
Für euren Feldherrn euch geopfert haben. *Zutraulich:*
Nein! Laßt uns sichergehen, Freunde suchen,
Der Schwede sagt uns Hilfe zu, laßt uns
Zum Schein sie nutzen, bis wir, beiden furchtbar,
Europens Schicksal in den Händen tragen,
Und der erfreuten Welt aus unserm Lager
Den Frieden schön bekränzt entgegenführen.

GEFREITER: So treibst du's mit dem Schweden nur zum Schein,
Du willst den Kaiser nicht verraten, willst uns
Nicht schwedisch machen? – sieh, das ist's allein,
Was wir von dir verlangen zu erfahren.

WALLENSTEIN: Was geht der Schwed mich an? Ich haß ihn, wie
   Den Pfuhl der Hölle, und mit Gott gedenk ich ihn
   Bald über seine Ostsee heimzujagen.
   Mir ist's allein ums Ganze. Seht! Ich hab
   Ein Herz, der Jammer dieses deutschen Volks erbarmt mich.
   Ihr seid gemeine Männer nur, doch denkt
   Ihr nicht gemein, ihr scheint mir's wert vor andern,
   Daß ich ein traulich Wörtlein zu euch rede –
   Seht! Fünfzehn Jahr schon brennt die Kriegesfackel,
   Und noch ist nirgends Stillstand. Schwed und Deutscher!
   Papist und Lutheraner! Keiner will
   Dem andern weichen! Jede Hand ist wider
   Die andre! Alles ist Partei und nirgends
   Kein Richter! Sagt wo soll das enden? Wer
   Den Knäul entwirren, der sich endlos selbst
   Vermehrend wächst – Er muß zerhauen werden.
   Ich fühl's, daß ich der Mann des Schicksals bin,
   Und hoff's mit eurer Hilfe zu vollführen.

Sechszehnter Auftritt

Buttler. Vorige.

BUTTLER *im Eifer*: Das ist nicht wohlgetan, mein Feldherr.
WALLENSTEIN: Was?
BUTTLER: Das muß uns schaden bei den Gutgesinnten.
WALLENSTEIN: Was denn?
BUTTLER: Es heißt den Aufruhr öffentlich er-
WALLENSTEIN: Was ist es denn?   [klären!
BUTTLER: Graf Terzkys Regimenter reißen
   Den kaiserlichen Adler von den Fahnen,
   Und pflanzen deine Zeichen auf.
GEFREITER *zu den Kürassieren*:   Rechtsum!
WALLENSTEIN: Verflucht sei dieser Rat und wer ihn gab!
         Zu den Kürassieren, welche abmarschieren:
   Halt Kinder, halt – Es ist ein Irrtum – Hört –
   Und streng will ich's bestrafen – Hört doch! Bleibt.
   Sie hören nicht. *Zu Illo:* Geh nach, bedeute sie,
   Bring sie zurück, es koste was es wolle.
               Illo eilt hinaus.
   Das stürzt uns ins Verderben – Buttler! Buttler!

Ihr seid mein böser Dämon, warum mußtet Ihr's
In ihrem Beisein melden! – Alles war
Auf gutem Weg – Sie waren halb gewonnen –
Die Rasenden, mit ihrer unbedachten
Dienstfertigkeit! – O grausam spielt das Glück
Mit mir! Der Freunde Eifer ist's, der mich
Zugrunde richtet, nicht der Haß der Feinde.

SIEBENZEHNTER AUFTRITT

VORIGE. DIE HERZOGIN *stürzt ins Zimmer. Ihr folgt* THEKLA
und die GRÄFIN. *Dann* ILLO.

HERZOGIN: O Albrecht! Was hast du getan!

WALLENSTEIN: Nun das noch!

GRÄFIN: Verzeih mir, Bruder. Ich vermocht es nicht,
Sie wissen alles.

HERZOGIN: Was hast du getan!

GRÄFIN *zu Terzky*: Ist keine Hoffnung mehr? Ist alles denn
Verloren?

TERZKY: Alles. Prag ist in des Kaisers Hand,
Die Regimenter haben neu gehuldigt.

GRÄFIN: Heimtückischer Octavio! – Und auch
Graf Max ist fort?

TERZKY: Wo sollt er sein? Er ist
Mit seinem Vater über zu dem Kaiser.

Thekla stürzt in die Arme ihrer Mutter, das Gesicht an ihrem Busen
verbergend.

HERZOGIN *sie in die Arme schließend*:
Unglücklich Kind! Unglücklichere Mutter!

WALLENSTEIN *beiseite gehend mit Terzky*:
Laß einen Reisewagen schnell bereit sein
Im Hinterhofe, diese wegzubringen. *Auf die Frauen zeigend.*
Der Scherfenberg kann mit, der ist uns treu,
Nach Eger bringt er sie, wir folgen nach.
                Zu Illo, der wiederkommt:
Du bringst sie nicht zurück?

ILLO: Hörst du den Auflauf?
Das ganze Korps der Pappenheimer ist
Im Anzug. Sie verlangen ihren Oberst,
Den Max zurück, er sei hier auf dem Schloß,

Behaupten sie, du haltest ihn mit Zwang,
Und wenn du ihn nicht losgebst, werde man
Ihn mit dem Schwerte zu befreien wissen.

Alle stehn erstaunt.

TERZKY: Was soll man daraus machen?

WALLENSTEIN: Sagt ich's nicht?
O mein wahrsagend Herz! Er ist noch hier.
Er hat mich nicht verraten, hat es nicht
Vermocht – Ich habe nie daran gezweifelt.

GRÄFIN: Ist er noch hier, o dann ist alles gut,
Dann weiß ich, was ihn ewig halten soll! *Thekla umarmend.*

TERZKY: Es kann nicht sein. Bedenke doch! Der Alte
Hat uns verraten, ist zum Kaiser über,
Wie kann er's wagen hierzusein?

ILLO *zu Wallenstein*:   Den Jagdzug,
Den du ihm kürzlich schenktest, sah ich noch
Vor wenig Stunden übern Markt wegführen.

GRÄFIN: O Nichte, dann ist er nicht weit!

THEKLA *hat den Blick nach der Türe geheftet und ruft lebhaft*:
                                          Da ist er!

ACHTZEHNTER AUFTRITT

DIE VORIGEN. MAX PICCOLOMINI.

MAX *mitten in den Saal tretend*:
Ja! Ja! da ist er! Ich vermag's nicht länger,
Mit leisem Tritt um dieses Haus zu schleichen,
Den günst'gen Augenblick verstohlen zu
Erlauren – Dieses Harren, diese Angst
Geht über meine Kräfte!

Auf Thekla zugehend, welche sich ihrer Mutter in die Arme geworfen.
O sieh mich an! Sieh nicht weg, holder Engel.
Bekenn es frei vor allen. Fürchte niemand.
Es höre, wer es will, daß wir uns lieben.
Wozu es noch verbergen? Das Geheimnis
Ist für die Glücklichen, das Unglück braucht,
Das hoffnungslose, keinen Schleier mehr,
Frei, unter tausend Sonnen kann es handeln.

*Er bemerkt die Gräfin, welche mit frohlockendem Gesicht auf Thekla
blickt.*

Nein, Base Terzky! Seht mich nicht erwartend,
Nicht hoffend an! Ich komme nicht, zu bleiben.
Abschied zu nehmen komm ich – Es ist aus.
Ich muß, muß dich verlassen, Thekla – muß!
Doch deinen Haß kann ich nicht mit mir nehmen.
Nur einen Blick des Mitleids gönne mir,
Sag, daß du mich nicht hassest. Sag mir's, Thekla.
           Indem er ihre Hand faßt, heftig bewegt:
O Gott! – Gott! Ich kann nicht von dieser Stelle.
Ich kann es nicht – kann diese Hand nicht lassen.
Sag Thekla, daß du Mitleid mit mir hast,
Dich selber überzeugst, ich kann nicht anders.

Thekla, seinen Blick vermeidend, zeigt mit der Hand auf ihren Vater,
er wendet sich nach dem Herzog um, den er jetzt erst gewahr wird.

Du hier? – Nicht du bist's, den ich hier gesucht.
Dich sollten meine Augen nicht mehr schauen.
Ich hab es nur mit ihr allein. Hier will ich,
Von diesem Herzen freigesprochen sein,
An allem andern ist nichts mehr gelegen.

WALLENSTEIN: Denkst du, ich soll der Tor sein und dich ziehen
Und eine Großmutsszene mit dir spielen?   [lassen,
Dein Vater ist zum Schelm an mir geworden,
Du bist mir nichts mehr als sein Sohn, sollst nicht
Umsonst in meine Macht gegeben sein.
Denk nicht, daß ich die alte Freundschaft ehren werde,
Die er so ruchlos hat verletzt. Die Zeiten
Der Liebe sind vorbei, der zarten Schonung,
Und Haß und Rache kommen an die Reihe.
Ich kann auch Unmensch sein, wie er.

MAX: Du wirst mit mir verfahren, wie du Macht hast.
Wohl aber weißt du, daß ich deinem Zorn
Nicht trotze, noch ihn fürchte. Was mich hier
Zurückhält, weißt du! *Thekla bei der Hand fassend.*
Sieh! Alles – alles wollt ich dir verdanken,
Das Los der Seligen wollt ich empfangen
Aus deiner väterlichen Hand. Du hast's
Zerstört, doch daran liegt dir nichts. Gleichgültig
Trittst du das Glück der Deinen in den Staub,
Der Gott, dem du dienst, ist kein Gott der Gnade.
Wie das gemütlos blinde Element
Das furchtbare, mit dem kein Bund zu schließen,

Folgst du des Herzens wildem Trieb allein.
Weh denen, die auf dich vertraun, an dich
Die sichre Hütte ihres Glückes lehnen,
Gelockt von deiner gastlichen Gestalt!
Schnell, unverhofft, bei nächtlich stiller Weile
Gärt's in dem tück'schen Feuerschlunde, ladet
Sich aus mit tobender Gewalt, und weg
Treibt über alle Pflanzungen der Menschen
Der wilde Strom in grausender Zerstörung.
WALLENSTEIN: Du schilderst deines Vaters Herz. Wie du's
Beschreibst, so ist's in seinem Eingeweide,
In dieser schwarzen Heuchlersbrust gestaltet.
O mich hat Höllenkunst getäuscht. Mir sandte
Der Abgrund den verstecktesten der Geister,
Den lügekundigsten herauf, und stellt' ihn
Als Freund an meine Seite. Wer vermag
Der Hölle Macht zu widerstehn! Ich zog
Den Basilisken auf an meinem Busen,
Mit meinem Herzblut nährt ich ihn, er sog
Sich schwelgend voll an meiner Liebe Brüsten,
Ich hatte nimmer Arges gegen ihn,
Weit offen ließ ich des Gedankens Tore,
Und warf die Schlüssel weiser Vorsicht weg –
Am Sternenhimmel suchten meine Augen,
Im weiten Weltenraum den Feind, den ich
Im Herzen meines Herzens eingeschlossen.
– Wär ich dem Ferdinand gewesen, was
Octavio mir war – Ich hätt ihm nie
Krieg angekündigt – nie hätt ich's vermocht.
Er war mein strenger Herr nur, nicht mein Freund,
Nicht meiner Treu vertraute sich der Kaiser.
Krieg war schon zwischen mir und ihm, als er
Den Feldherrnstab in meine Hände legte,
Denn Krieg ist ewig zwischen List und Argwohn,
Nur zwischen Glauben und Vertraun ist Friede.
Wer das Vertraun vergiftet, o der mordet
Das werdende Geschlecht im Leib der Mutter!
MAX: Ich will den Vater nicht verteidigen.
Weh mir, daß ich's nicht kann!
Unglücklich schwere Taten sind geschehn,
Und eine Frevelhandlung faßt die andre

In enggeschloßner Kette grausend an.
Doch wie gerieten wir, die nichts verschuldet,
In diesen Kreis des Unglücks und Verbrechens?
Wem brachen wir die Treue? Warum muß
Der Väter Doppelschuld und Freveltat
Uns gräßlich wie ein Schlangenpaar umwinden?
Warum der Väter unversöhnter Haß
Auch uns, die Liebenden, zerreißend scheiden?

Er umschlingt Thekla mit heftigem Schmerz.

WALLENSTEIN *hat den Blick schweigend auf ihn geheftet und nähert sich jetzt:* Max, bleibe bei mir. – Geh nicht von mir, Max!
Sieh, als man dich im Prag'schen Winterlager
Ins Zelt mir brachte, einen zarten Knaben,
Des deutschen Winters ungewohnt, die Hand
War dir erstarrt an der gewichtigen Fahne,
Du wolltest männlich sie nicht lassen, damals nahm ich
Dich auf, bedeckte dich mit meinem Mantel,
Ich selbst war deine Wärterin, nicht schämt ich
Der kleinen Dienste mich, ich pflegte deiner
Mit weiblich sorgender Geschäftigkeit,
Bis du von mir erwärmt, an meinem Herzen,
Das junge Leben wieder freudig fühltest.
Wann hab ich seitdem meinen Sinn verändert?
Ich habe viele Tausend reich gemacht,
Mit Ländereien sie beschenkt, belohnt
Mit Ehrenstellen – Dich hab ich geliebt,
Mein Herz, mich selber hab ich dir gegeben.
Sie alle waren Fremdlinge, du warst
Das Kind des Hauses – Max! du kannst mich nicht verlassen!
Es kann nicht sein, ich mag's und will's nicht glauben,
Daß mich der Max verlassen kann.

MAX: O Gott!

WALLENSTEIN: Ich habe dich gehalten und getragen
Von Kindesbeinen an – Was tat dein Vater
Für dich, das ich nicht reichlich auch getan?
Ein Liebesnetz hab ich um dich gesponnen,
Zerreiß es, wenn du kannst – Du bist an mich
Geknüpft mit jedem zarten Seelenbande,
Mit jeder heil'gen Fessel der Natur,
Die Menschen aneinanderketten kann.
Geh hin, verlaß mich, diene deinem Kaiser,

Laß dich mit einem goldnen Gnadenkettlein
Mit seinem Widderfell dafür belohnen,
Daß dir der Freund, der Vater deiner Jugend,
Daß dir das heiligste Gefühl nichts galt.

MAX *in heftigem Kampf*:
O Gott! Wie kann ich anders? Muß ich nicht?
Mein Eid – die Pflicht –

WALLENSTEIN: Pflicht, gegen wen? Wer bist du?
Wenn i c h am Kaiser unrecht handle, ist's
Mein Unrecht, nicht das deinige. Gehörst
Du dir? Bist du dein eigener Gebieter,
Stehst frei da in der Welt wie ich, daß du
Der Täter deiner Taten könntest sein?
Auf m i c h bist du gepflanzt, ich bin dein Kaiser,
Mir angehören, mir gehorchen, d a s
Ist deine Ehre, dein Naturgesetz.
Und wenn der Stern, auf dem du lebst und wohnst,
Aus seinem Gleise tritt, sich brennend wirft
Auf eine nächste Welt und sie entzündet,
Du kannst nicht wählen, ob du folgen willst,
Fort reißt er dich in seines Schwunges Kraft,
Samt seinem Ring und allen seinen Monden.
Mit leichter Schuld gehst du in diesen Streit,
Dich wird die Welt nicht tadeln, sie wird's loben,
Daß dir der Freund das meiste hat gegolten.

NEUNZEHNTER AUFTRITT

VORIGE. NEUMANN.

WALLENSTEIN: Was gibt's?
NEUMANN: Die Pappenheimischen sind abgesessen
Und rücken an zu Fuß, sie sind entschlossen,
Den Degen in der Hand das Haus zu stürmen,
Den Grafen wollen sie befreien.
WALLENSTEIN *zu Terzky*:   Man soll
Die Ketten vorziehn, das Geschütz aufpflanzen.
Mit Kettenkugeln will ich sie empfangen.
                    Terzky geht.
Mir vorzuschreiben mit dem Schwert! Geh Neumann,
Sie sollen sich zurückziehn, augenblicks,

Ist mein Befehl, und in der Ordnung s c h w e i g e n d warten,
Was mir gefallen wird zu tun.

      Neumann geht ab. Illo ist ans Fenster getreten.

GRÄFIN: Entlaß ihn.
Ich bitte dich, entlaß ihn.

ILLO *am Fenster*:   Tod und Teufel!

WALLENSTEIN: Was ist's?

ILLO: Aufs Rathaus steigen sie, das Dach
Wird abgedeckt, sie richten die Kanonen
Aufs Haus –

MAX: Die Rasenden!

ILLO: Sie machen Anstalt,
Uns zu beschießen –

HERZOGIN *und* GRÄFIN: Gott im Himmel!

MAX *zu Wallenstein*:   Laß mich
Hinunter, sie bedeuten –

WALLENSTEIN: Keinen Schritt!

MAX *auf Thekla und die Herzogin zeigend*:
Ihr Leben aber! Deins!

WALLENSTEIN: Was bringst du, Terzky?

ZWANZIGSTER AUFTRITT

VORIGE. TERZKY *kommt zurück*.

TERZKY: Botschaft von unsern treuen Regimentern.
Ihr Mut sei länger nicht zu bändigen,
Sie flehen um Erlaubnis anzugreifen,
Vom Prager- und vom Mühltor sind sie Herr,
Und wenn du nur die Losung wolltest geben,
So könnten sie den Feind im Rücken fassen,
Ihn in die Stadt einkeilen, in der Enge
Der Straßen leicht ihn überwältigen.

ILLO: O komm! Laß ihren Eifer nicht erkalten.
Die Buttlerischen halten treu zu uns,
Wir sind die größre Zahl und werfen sie,
Und enden hier in Pilsen die Empörung.

WALLENSTEIN: Soll diese Stadt zum Schlachtgefilde werden,
Und brüderliche Zwietracht, feueraugig,
Durch ihre Straßen losgelassen toben?
Dem tauben Grimm, der keinen Führer hört,

Soll die Entscheidung übergeben sein?
Hier ist nicht Raum zum Schlagen, nur zum Würgen,
Die losgebundnen Furien der Wut
Ruft keines Herrschers Stimme mehr zurück.
Wohl, es mag sein! Ich hab es lang bedacht,
So mag sich's rasch und blutig denn entladen.

Zu Max gewendet:

Wie ist's? Willst du den Gang mit mir versuchen?
Freiheit zu gehen hast du. Stelle dich
Mir gegenüber. Führe sie zum Kampf.
Den Krieg verstehst du, hast bei mir etwas
Gelernt, ich darf des Gegners mich nicht schämen,
Und keinen schönern Tag erlebst du, mir
Die Schule zu bezahlen.

GRÄFIN: Ist es dahin
Gekommen? Vetter! Vetter! könnt Ihr's tragen?

MAX: Die Regimenter, die mir anvertraut sind,
Dem Kaiser treu hinwegzuführen, hab ich
Gelobt, dies will ich halten oder sterben.
Mehr fodert keine Pflicht von mir. Ich fechte
Nicht gegen dich, wenn ich's vermeiden kann,
Denn auch dein feindlich Haupt ist mir noch heilig.

Es geschehn zwei Schüsse. Illo und Terzky eilen ans Fenster.

WALLENSTEIN: Was ist das?

TERZKY: Er stürzt.

WALLENSTEIN: Stürzt! Wer?

ILLO: Die Tiefenbacher taten
Den Schuß.

WALLENSTEIN: Auf wen?

ILLO: Auf diesen Neumann, den
Du schicktest –

WALLENSTEIN *auffahrend*: Tod und Teufel! So will ich –
                    Will gehen.

TERZKY: Dich ihrer blinden Wut entgegenstellen?

HERZOGIN *und* GRÄFIN:
Um Gottes willen nicht!

ILLO: Jetzt nicht, mein Feldherr.

GRÄFIN: O halt ihn! halt ihn!

WALLENSTEIN: Laßt mich!

MAX: Tu es nicht,
Jetzt nicht. Die blutig rasche Tat hat sie

In Wut gesetzt, erwarte ihre Reue –
WALLENSTEIN: Hinweg! Zu lange schon hab ich gezaudert.
Das konnten sie sich freventlich erkühnen,
Weil sie mein Angesicht nicht sahn – Sie sollen
Mein Antlitz sehen, meine Stimme hören –
Sind es nicht meine Truppen? Bin ich nicht
Ihr Feldherr und gefürchteter Gebieter?
Laß sehn, ob sie das Antlitz nicht mehr kennen,
Das ihre Sonne war in dunkler Schlacht.
Es braucht der Waffen nicht. Ich zeige mich
Vom Altan dem Rebellenheer und schnell
Bezähmt, gebt acht, kehrt der empörte Sinn
Ins alte Bette des Gehorsams wieder.
    Er geht. Ihm folgen Illo, Terzky und Buttler.

EINUNDZWANZIGSTER AUFTRITT

GRÄFIN. HERZOGIN. MAX *und* THEKLA.

GRÄFIN *zur Herzogin*:
 Wenn sie ihn sehn – Es ist noch Hoffnung, Schwester.
HERZOGIN: Hoffnung! Ich habe keine.
MAX *der während des letzten Auftritts in einem sichtbaren Kampf von
 ferne gestanden, tritt näher*:   Das ertrag ich nicht.
Ich kam hieher mit fest entschiedner Seele,
Ich glaubte recht und tadellos zu tun,
Und muß hier stehen, wie ein Hassenswerter,
Ein roh Unmenschlicher, vom Fluch belastet,
Vom Abscheu aller, die mir teuer sind,
Unwürdig schwer bedrängt die Lieben sehn,
Die ich mit einem Wort beglücken kann –
Das Herz in mir empört sich, es erheben
Zwei Stimmen streitend sich in meiner Brust,
In mir ist Nacht, ich weiß das Rechte nicht zu wählen.
O wohl, wohl hast du wahr geredet, Vater,
Zu viel vertraut ich auf das eigne Herz,
Ich stehe wankend, weiß nicht was ich soll.
GRÄFIN: Sie wissen's nicht? Ihr Herz sagt's Ihnen nicht?
 So will ich's Ihnen sagen!
 Ihr Vater hat den schreienden Verrat

An uns begangen, an des Fürsten Haupt
Gefrevelt, uns in Schmach gestürzt, daraus
Ergibt sich klar, was Sie, sein Sohn, tun sollen,
Gutmachen, was der Schändliche verbrochen,
Ein Beispiel aufzustellen frommer Treu,
Daß nicht der Name Piccolomini
Ein Schandlied sei, ein ew'ger Fluch im Haus
Der Wallensteiner.

MAX: Wo ist eine Stimme
Der Wahrheit, der ich folgen darf? Uns alle
Bewegt der Wunsch, die Leidenschaft. Daß jetzt
Ein Engel mir vom Himmel niederstiege,
Das Rechte mir, das unverfälschte, schöpfte
Am reinen Lichtquell, mit der reinen Hand!
            Indem seine Augen auf Thekla fallen:
Wie? Such ich diesen Engel noch? Erwart ich
Noch einen andern?

            Er nähert sich ihr, den Arm um sie schlagend:
                    Hier, auf dieses Herz
Das unfehlbare, heilig reine will
Ich's legen, deine Liebe will ich fragen,
Die nur den Glücklichen beglücken kann,
Vom unglückselig Schuldigen sich wendet.
Kannst du mich dann noch lieben, wenn ich bleibe?
Erkläre daß du's kannst und ich bin euer.

GRÄFIN *mit Bedeutung*: Bedenkt –

MAX *unterbricht sie*:   Bedenke nichts. Sag wie du's

GRÄFIN: An Euren Vater denkt –   [fühlst.

MAX *unterbricht sie*:   Nicht Friedlands Tochter,
Ich frage dich, dich, die Geliebte frag ich!
Es gilt nicht eine Krone zu gewinnen,
Das möchtest du mit klugem Geist bedenken.
Die Ruhe deines Freundes gilt's, das Glück
Von einem Tausend tapfrer Heldenherzen,
Die seine Tat zum Muster nehmen werden.
Soll ich dem Kaiser Eid und Pflicht abschwören?
Soll ich ins Lager des Octavio
Die vatermörderische Kugel senden?
Denn wenn die Kugel los ist aus dem Lauf,
Ist sie kein totes Werkzeug mehr, sie lebt,
Ein Geist fährt in sie, die Erinnyen,

Ergreifen sie, des Frevels Rächerinnen,
Und führen tückisch sie den ärgsten Weg.

THEKLA: O Max –

MAX *unterbricht sie*: Nein, übereile dich auch nicht.
Ich kenne dich. Dem edeln Herzen könnte
Die schwerste Pflicht die nächste scheinen. Nicht
Das Große, nur das Menschliche geschehe.
Denk, was der Fürst von je an mir getan,
Denk auch, wie's ihm mein Vater hat vergolten.
O auch die schönen, freien Regungen
Der Gastlichkeit, der frommen Freundestreue
Sind eine heilige Religion dem Herzen,
Schwer rächen sie die Schauder der Natur
An dem Barbaren, der sie gräßlich schändet.
Leg alles, alles in die Waage, sprich
Und laß dein Herz entscheiden.

THEKLA: O das deine
Hat längst entschieden, folge deinem ersten
Gefühl –

GRÄFIN: Unglückliche!

THEKLA: Wie könnte das
Das Rechte sein, was dieses zarte Herz
Nicht gleich zuerst ergriffen und gefunden?
Geh und erfülle deine Pflicht. Ich würde
Dich immer lieben. Was du auch erwählt,
Du würdest edel stets und deiner würdig
Gehandelt haben – aber Reue soll
Nicht deiner Seele schönen Frieden stören.

MAX: So muß ich dich verlassen, von dir scheiden!

THEKLA: Wie du dir selbst getreu bleibst, bist du's mir.
Uns trennt das Schicksal, unsre Herzen bleiben einig.
Ein blut'ger Haß entzweit auf ew'ge Tage
Die Häuser Friedland, Piccolomini,
Doch wir gehören nicht zu unserm Hause.
– Fort! Eile! Eile, deine gute Sache
Von unsrer unglückseligen zu trennen.
Auf unserm Haupte liegt der Fluch des Himmels,
Es ist dem Untergang geweiht. Auch mich
Wird meines Vaters Schuld mit ins Verderben
Hinabziehn. Traure nicht um mich, mein Schicksal
Wird bald entschieden sein. –

Max faßt sie in die Arme, heftig bewegt. Man hört hinter der Szene ein lautes, wildes, langverhallendes Geschrei: „Vivat Ferdinandus!" von kriegrischen Instrumenten begleitet. Max und Thekla halten einander unbeweglich in den Armen.

ZWEIUNDZWANZIGSTER AUFTRITT

VORIGE. TERZKY.

GRÄFIN *ihm entgegen*: Was war das? Was bedeutete das Rufen?
TERZKY: Es ist vorbei und alles ist verloren.
GRÄFIN: Wie, und sie gaben nichts auf seinen Anblick?
TERZKY: Nichts. Alles war umsonst.
HERZOGIN: Sie riefen Vivat.
TERZKY: Dem Kaiser.
GRÄFIN: O die Pflichtvergessenen!
TERZKY: Man ließ ihn nicht einmal zum Worte kommen.
   Als er zu reden anfing, fielen sie
   Mit kriegerischem Spiel betäubend ein.
   – Hier kommt er.

DREIUNDZWANZIGSTER AUFTRITT

VORIGE. WALLENSTEIN *begleitet von* ILLO *und* BUTTLER. *Darauf* KÜRASSIERE.

WALLENSTEIN *im Kommen*:
   Terzky!
TERZKY: Mein Fürst?
WALLENSTEIN: Laß unsre Regimenter
   Sich fertig halten, heut noch aufzubrechen,
   Denn wir verlassen Pilsen noch vor Abend.
                    Terzky geht ab.
   Buttler –
BUTTLER: Mein General? –
WALLENSTEIN: Der Kommendant zu Eger
   Ist Euer Freund und Landsmann. Schreibt ihm gleich
   Durch einen Eilenden, er soll bereit sein,
   Uns morgen in die Festung einzunehmen –
   Ihr folgt uns selbst mit Euerm Regiment.
BUTTLER: Es soll geschehn, mein Feldherr.

WALLENSTEIN *tritt zwischen Max und Thekla, welche sich während
   dieser Zeit fest umschlungen gehalten*: Scheidet!

MAX: Gott!

*Kürassiere mit gezogenem Gewehr treten in den Saal und sammeln sich
im Hintergrunde. Zugleich hört man unten einige mutige Passagen aus
   dem Pappenheimer Marsch, welche dem Max zu rufen scheinen.*

WALLENSTEIN *zu den Kürassieren*:

   Hier ist er. Er ist frei. Ich halt ihn nicht mehr.

*Er steht abgewendet und so, daß Max ihm nicht beikommen, noch sich
                  dem Fräulein nähern kann.*

MAX: Du hassest mich, treibst mich im Zorn von dir.
   Zerreißen soll das Band der alten Liebe,
   Nicht sanft sich lösen und du willst den Riß,
   Den schmerzlichen, mir schmerzlicher noch machen!
   Du weißt, ich habe ohne dich zu leben
   Noch nicht gelernt – in eine Wüste geh ich
   Hinaus, und alles was mir wert ist, alles
   Bleibt hier zurück – O wende deine Augen
   Nicht von mir weg! Noch einmal zeige mir
   Dein ewig teures und verehrtes Antlitz.
   Verstoß mich nicht –

*Er will seine Hand fassen. Wallenstein zieht sie zurück. Er wendet
                  sich an die Gräfin:*

                        Ist hier kein andres Auge,
   Das Mitleid für mich hätte – Base Terzky –

         Sie wendet sich von ihm; er kehrt sich zur Herzogin.

   Ehrwürd'ge Mutter –

HERZOGIN: Gehn Sie Graf, wohin
   Die Pflicht Sie ruft – So können Sie uns einst
   Ein treuer Freund, ein guter Engel werden
   Am Thron des Kaisers.

MAX: Hoffnung geben Sie mir,
   Sie wollen mich nicht ganz verzweifeln lassen.
   O täuschen Sie mich nicht mit leerem Blendwerk,
   Mein Unglück ist gewiß, und, Dank dem Himmel!
   Der mir ein Mittel eingibt, es zu enden.

*Die Kriegsmusik beginnt wieder. Der Saal füllt sich mehr und mehr
         mit Bewaffneten an. Er sieht Buttlern dastehn.*

   Ihr auch hier, Oberst Buttler – Und Ihr wollt mir
   Nicht folgen? – Wohl! Bleibt Eurem neuen Herrn
   Getreuer als dem alten. Kommt! Versprecht mir,

Die Hand gebt mir darauf, daß Ihr sein Leben
Beschützen, unverletzlich wollt bewahren.

Buttler verweigert seine Hand.

Des Kaisers Acht hängt über ihm, und gibt
Sein fürstlich Haupt jedwedem Mordknecht preis,
Der sich den Lohn der Bluttat will verdienen;
Jetzt tät ihm eines Freundes fromme Sorge,
Der Liebe treues Auge not – und die
Ich scheidend um ihn seh –

    Zweideutige Blicke auf Illo und Buttler richtend.

ILLO: Sucht die Verräter
In Eures Vaters, in des Gallas Lager.
Hier ist nur e i n e r noch. Geht und befreit uns
Von seinem hassenswürd'gen Anblick. Geht.

*Max versucht es noch einmal sich der Thekla zu nähern. Wallenstein
verhindert es. Er steht unschlüssig, schmerzvoll; indes füllt sich der
Saal immer mehr und mehr und die Hörner ertönen unten immer auf-
fordernder und in immer kürzeren Pausen.*

MAX: Blast! Blast – O wären es die schwed'schen Hörner,
Und ging's von hier gerad ins Feld des Todes,
Und alle Schwerter, alle, die ich hier
Entblößt muß sehn, durchdrängen meinen Busen!
Was wollt ihr? Kommt ihr, mich von hier hinweg
Zu reißen – o treibt mich nicht zur Verzweiflung!
Tut's nicht! Ihr könntet es bereun!

    Der Saal ist ganz mit Bewaffneten erfüllt.

Noch mehr – Es hängt Gewicht sich an Gewicht
Und ihre Masse zieht mich schwer hinab. –
Bedenket was ihr tut. Es ist nicht wohlgetan,
Zum Führer den Verzweifelnden zu wählen.
Ihr reißt mich weg von meinem Glück, wohlan
Der Rachegöttin weih ich eure Seelen!
Ihr habt gewählt zum eigenen Verderben,
Wer mit mir geht, der sei bereit zu sterben!

*Indem er sich nach dem Hintergrund wendet, entsteht eine rasche
Bewegung unter den Kürassieren, sie umgeben und begleiten ihn in wil-
dem Tumult. Wallenstein bleibt unbeweglich, Thekla sinkt in ihrer
Mutter Arme. Der Vorhang fällt.*

VIERTER AUFZUG

In des Bürgermeisters Hause zu Eger.

ERSTER AUFTRITT

BUTTLER *der eben anlangt.*

Er ist herein. Ihn führte sein Verhängnis.
Der Rechen ist gefallen hinter ihm,
Und wie die Brücke, die ihn trug, beweglich
Sich niederließ und schwebend wieder hob,
Ist jeder Rettungsweg ihm abgeschnitten.
Bis hieher Friedland und nicht weiter! sagt
Die Schicksalsgöttin. Aus der böhmischen Erde
Erhub sich dein bewundert Meteor,
Weit durch den Himmel einen Glanzweg ziehend,
Und hier an Böhmens Grenze muß es sinken!
– Du hast die alten Fahnen abgeschworen,
Verblendeter, und traust dem alten Glück!
Den Krieg zu tragen in des Kaisers Länder,
Den heil'gen Herd der Laren umzustürzen,
Bewaffnest du die frevelhafte Hand.
Nimm dich in acht! dich treibt der böse Geist
Der Rache – daß dich Rache nicht verderbe!

ZWEITER AUFTRITT

BUTTLER *und* GORDON

GORDON: Seid Ihr's? O wie verlangt mich, Euch zu hören.
Der Herzog ein Verräter! O mein Gott!
Und flüchtig! Und sein fürstlich Haupt geächtet!
Ich bitt Euch, General, sagt mir ausführlich
Wie alles dies zu Pilsen sich begeben?
BUTTLER: Ihr habt den Brief erhalten, den ich Euch
Durch einen Eilenden vorausgesendet?
GORDON: Und habe treu getan, wie Ihr mich hießt,
Die Festung unbedenklich ihm geöffnet,
Denn mir befiehlt ein kaiserlicher Brief,
Nach Eurer Ordre blindlings mich zu fügen.
Jedoch verzeiht! als ich den Fürsten selbst
Nun sah, da fing ich wieder an zu zweifeln.

Denn wahrlich! nicht als ein Geächteter
Trat Herzog Friedland ein in diese Stadt.
Von seiner Stirne leuchtete wie sonst
Des Herrschers Majestät, Gehorsam fodernd,
Und ruhig, wie in Tagen guter Ordnung,
Nahm er des Amtes Rechenschaft mir ab.
Leutselig macht das Mißgeschick, die Schuld,
Und schmeichelnd zum geringern Manne pflegt
Gefallner Stolz herunter sich zu beugen;
Doch sparsam und mit Würde wog der Fürst
Mir jedes Wort des Beifalls, wie der Herr
Den Diener lobt, der seine Pflicht getan.

BUTTLER: Wie ich Euch schrieb, so ist's genau geschehn.
Es hat der Fürst dem Feinde die Armee
Verkauft, ihm Prag und Eger öffnen wollen.
Verlassen haben ihn auf dies Gerücht
Die Regimenter alle, bis auf fünfe,
Die Terzkyschen, die ihm hieher gefolgt.
Die Acht ist ausgesprochen über ihn,
Und ihn zu liefern, lebend oder tot,
Ist jeder treue Diener aufgefodert.

GORDON: Verräter an dem Kaiser – solch ein Herr!
So hochbegabt! O was ist Menschengröße!
Ich sagt es oft: das kann nicht glücklich enden,
Zum Fallstrick ward ihm seine Größ und Macht
Und diese dunkelschwankende Gewalt.
Denn um sich greift der Mensch, nicht darf man ihn
Der eignen Mäßigung vertraun. Ihn hält
In Schranken nur das deutliche Gesetz,
Und der Gebräuche tiefgetretne Spur.
Doch unnatürlich war und neuer Art
Die Kriegsgewalt in dieses Mannes Händen;
Dem Kaiser selber stellte sie ihn gleich,
Der stolze Geist verlernte sich zu beugen.
O schad um solchen Mann! denn keiner möchte
Da feste stehen, mein ich, wo er fiel.

BUTTLER: Spart Eure Klagen, bis er Mitleid braucht,
Denn jetzt noch ist der Mächtige zu fürchten.
Die Schweden sind im Anmarsch gegen Eger,
Und schnell, wenn wir's nicht rasch entschlossen hindern,
Wird die Vereinigung geschehn. Das darf nicht sein!

Es darf der Fürst nicht freien Fußes mehr
Aus diesem Platz, denn Ehr und Leben hab ich
Verpfändet, ihn gefangen hier zu nehmen,
Und Euer Beistand ist's auf den ich rechne.

GORDON: O hätt ich nimmer diesen Tag gesehn!
Aus seiner Hand empfing ich diese Würde,
Er selber hat dies Schloß mir anvertraut,
Das ich in seinen Kerker soll verwandeln.
Wir Subalternen haben keinen Willen,
Der freie Mann, der mächtige allein
Gehorcht dem schönen menschlichen Gefühl.
Wir aber sind nur Schergen des Gesetzes,
Des grausamen, Gehorsam heißt die Tugend,
Um die der Niedre sich bewerben darf.

BUTTLER: Laßt Euch das enggebundene Vermögen
Nicht leid tun. Wo viel Freiheit, ist viel Irrtum,
Doch sicher ist der schmale Weg der Pflicht.

GORDON: So hat ihn alles denn verlassen, sagt Ihr?
Er hat das Glück von Tausenden gegründet,
Denn königlich war sein Gemüt und stets
Zum Geben war die volle Hand geöffnet –
                Mit einem Seitenblick auf Buttlern:
Vom Staube hat er manchen aufgelesen,
Zu hoher Ehr und Würden ihn erhöht,
Und hat sich keinen Freund damit, nicht e i n e n
Erkauft, der in der Not ihm Farbe hielt!

BUTTLER: Hier lebt ihm einer, den er kaum gehofft.

GORDON: Ich hab mich keiner Gunst von ihm erfreut.
Fast zweifl ich, ob er je in seiner Größe
Sich eines Jugendfreunds erinnert hat –
Denn fern von ihm hielt mich der Dienst, sein Auge
Verlor mich in den Mauren dieser Burg,
Wo ich, von seiner Gnade nicht erreicht,
Das freie Herz im stillen mir bewahrte.
Denn als er mich in dieses Schloß gesetzt,
War's ihm noch Ernst um seine Pflicht, nicht sein
Vertrauen täusch ich, wenn ich treu bewahre,
Was meiner Treue übergeben ward.

BUTTLER: So sagt, wollt Ihr die Acht an ihm vollziehn,
Mir Eure Hilfe leihn, ihn zu verhaften?

GORDON *nach einem nachdenklichen Stillschweigen, kummervoll:*

Ist es an dem – verhält sich's, wie Ihr sprecht –
Hat er den Kaiser seinen Herrn verraten,
Das Heer verkauft, die Festungen des Landes
Dem Reichsfeind öffnen wollen – Ja, dann ist
Nicht Rettung mehr für ihn – Doch es ist hart,
Daß unter allen eben mich das Los
Zum Werkzeug seines Sturzes muß erwählen.
Denn Pagen waren wir am Hof zu Burgau
Zu gleicher Zeit, ich aber war der ältre.

BUTTLER: Ich weiß davon.

GORDON: Wohl dreißig Jahre sind's. Da strebte schon
Der kühne Mut im zwanzigjähr'gen Jüngling.
Ernst über seine Jahre war sein Sinn,
Auf große Dinge männlich nur gerichtet,
Durch unsre Mitte ging er stillen Geists,
Sich selber die Gesellschaft, nicht die Lust,
Die kindische, der Knaben zog ihn an,
Doch oft ergriff's ihn plötzlich wundersam,
Und der geheimnisvollen Brust entfuhr,
Sinnvoll und leuchtend, ein Gedankenstrahl,
Daß wir uns staunend ansahn, nicht recht wissend,
Ob Wahnsinn, ob ein Gott aus ihm gesprochen.

BUTTLER: Dort war's, wo er zwei Stock hoch niederstürzte,
Als er im Fensterbogen eingeschlummert,
Und unbeschädigt stand er wieder auf.
Von diesem Tag an, sagt man, ließen sich
Anwandlungen des Wahnsinns bei ihm spüren.

GORDON: Tiefsinn'ger wurd er, das ist wahr, er wurde
Katholisch. Wunderbar hatt ihn das Wunder
Der Rettung umgekehrt. Er hielt sich nun
Für ein begünstigt und befreites Wesen,
Und keck wie einer, der nicht straucheln kann,
Lief er auf schwankem Seil des Lebens hin.
Nachher führt' uns das Schicksal auseinander,
Weit, weit, er ging der Größe kühnen Weg,
Mit schnellem Schritt, ich sah ihn schwindelnd gehn,
Ward Graf und Fürst und Herzog und Diktator.
Und jetzt ist alles ihm zu klein, er streckt
Die Hände nach der Königskrone aus,
Und stürzt in unermeßliches Verderben!

BUTTLER: Brecht ab. Er kommt.

Dritter Auftritt

WALLENSTEIN *im Gespräch mit dem* BÜRGERMEISTER VON EGER.
DIE VORIGEN.

WALLENSTEIN: Ihr wart sonst eine freie Stadt? Ich seh,
Ihr führt den halben Adler in dem Wappen.
Warum den halben nur?
BÜRGERMEISTER: Wir waren reichsfrei,
Doch seit zweihundert Jahren ist die Stadt
Der böhm'schen Kron verpfändet. Daher rührt's,
Daß wir nur noch den halben Adler führen.
Der untre Teil ist kanzelliert, bis etwa
Das Reich uns wieder einlöst.
WALLENSTEIN: Ihr verdientet
Die Freiheit. Haltet euch nur brav. Gebt keinem
Aufwieglervolk Gehör. Wie hoch seid ihr
Besteuert?
BÜRGERMEISTER *zuckt die Achseln*:
                  Daß wir's kaum erschwingen können.
Die Garnison lebt auch auf unsre Kosten.
WALLENSTEIN: Ihr sollt erleichtert werden. Sagt mir an,
Es sind noch Protestanten in der Stadt?
                  Bürgermeister stutzt.
Ja, ja. Ich weiß es. Es verbergen sich noch viele
In diesen Mauren – ja! gesteht's nur frei –
Ihr selbst – Nicht wahr?
      Fixiert ihn mit den Augen. Bürgermeister erschrickt.
                        Seid ohne Furcht. Ich hasse
Die Jesuiten – Läg's an mir, sie wären längst
Aus Reiches Grenzen – Meßbuch oder Bibel!
Mir ist's all eins – Ich hab's der Welt bewiesen –
In Glogau hab ich selber eine Kirch
Den Evangelischen erbauen lassen.
– Hört, Bürgermeister – Wie ist Euer Name?
BÜRGERMEISTER: Pachhälbel, mein erlauchter Fürst.
WALLENSTEIN: Hört – aber sagt's nicht weiter, was ich Euch
Jetzt im Vertraun eröffne.
Ihm die Hand auf die Achsel legend, mit einer gewissen Feierlichkeit:
                        Die Erfüllung
Der Zeiten ist gekommen, Bürgermeister.

Die Hohen werden fallen und die Niedrigen
Erheben sich – Behaltet's aber bei Euch!
Die spanische Doppelherrschaft neiget sich
Zu ihrem Ende, eine neue Ordnung
Der Dinge führt sich ein – Ihr saht doch jüngst
Am Himmel die drei Monde?

BÜRGERMEISTER: Mit Entsetzen.

WALLENSTEIN: Davon sich zwei in blut'ge Dolchgestalt
Verzogen und verwandelten. Nur einer,
Der mittlere blieb stehn in seiner Klarheit.

BÜRGERMEISTER: Wir zogen's auf den Türken.

WALLENSTEIN: Türken! Was?
Zwei Reiche werden blutig untergehen,
Im Osten und im Westen, sag ich Euch,
Und nur der lutherische Glaub wird bleiben.

Er bemerkt die zwei andern.

Ein starkes Schießen war ja diesen Abend
Zur linken Hand, als wir den Weg hieher
Gemacht. Vernahm man's auch hier'in der Festung?

GORDON: Wohl hörten wir's, mein General. Es brachte
Der Wind den Schall gerad von Süden her.

BUTTLER: Von Neustadt oder Weiden schien's zu kommen.

WALLENSTEIN: Das ist der Weg, auf dem die Schweden nahn.
Wie stark ist die Besatzung?

GORDON: Hundertachtzig
Dienstfähige Mann, der Rest sind Invaliden.

WALLENSTEIN: Und wieviel stehn im Jochimsthal?

GORDON: Zweihundert
Arkebusierer hab ich hingeschickt,
Den Posten zu verstärken gegen die Schweden.

WALLENSTEIN: Ich lobe Eure Vorsicht. An den Werken
Wird auch gebaut. Ich sah's bei der Hereinfahrt.

GORDON: Weil uns der Rheingraf jetzt so nah bedrängt,
Ließ ich noch zwei Pasteien schnell errichten.

WALLENSTEIN: Ihr seid genau in Eures Kaisers Dienst.
Ich bin mit Euch zufrieden, Oberstleutnant. *Zu Buttlern:*
Der Posten in dem Jochimsthal soll abziehn,
Samt allen, die dem Feind entgegenstehn. *Zu Gordon:*
In Euren treuen Händen, Kommendant,
Laß ich mein Weib, mein Kind und meine Schwester,
Denn hier ist meines Bleibens nicht, nur Briefe

Erwart ich, mit dem frühesten die Festung
Samt allen Regimentern zu verlassen.

VIERTER AUFTRITT

VORIGE. GRAF TERZKY.

TERZKY: Willkommne Botschaft! Frohe Zeitungen!
WALLENSTEIN: Was bringst du?
TERZKY: Eine Schlacht ist vorgefallen
  Bei Neustadt und die Schweden blieben Sieger.
WALLENSTEIN: Was sagst du? Woher kommt dir diese Nachricht?
TERZKY: Ein Landmann bracht es mit von Tirschenreit,
  Nach Sonnenuntergang hab's angefangen,
  Ein kaiserlicher Trupp von Tachau her
  Sei eingebrochen in das schwed'sche Lager,
  Zwei Stunden hab das Schießen angehalten,
  Und tausend Kaiserliche sei'n geblieben,
  Ihr Oberst mit, mehr wußt er nicht zu sagen.
WALLENSTEIN: Wie käme kaiserliches Volk nach Neustadt?
  Der Altringer, er müßte Flügel haben,
  Stand gestern vierzehn Meilen noch von da,
  Des Gallas Völker sammeln sich zu Frau'nberg
  Und sind noch nicht beisammen. Hätte sich
  Der Suys etwa so weit vorgewagt?
  Es kann nicht sein.
               Illo erscheint.
TERZKY: Wir werden's alsbald hören,
  Denn hier kommt Illo, fröhlich und voll Eile.

FÜNFTER AUFTRITT

ILLO. DIE VORIGEN.

ILLO *zu Wallenstein*: Ein Reitender ist da und will dich sprechen.
TERZKY: Hat's mit dem Siege sich bestätigt? Sprich!
WALLENSTEIN:
  Was bringt er? Woher kommt er?
ILLO: Von dem Rheingraf,
  Und was er bringt, will ich voraus dir melden.
  Die Schweden stehn fünf Meilen nur von hier,

Bei Neustadt hab der Piccolomini
Sich mit der Reiterei auf sie geworfen,
Ein fürchterliches Morden sei geschehn,
Doch endlich hab die Menge überwältigt,
Die Pappenheimer alle, auch der Max,
Der sie geführt – sei'n auf dem Platz geblieben.

WALLENSTEIN: Wo ist der Bote? Bringt mich zu ihm.
Will abgehen. Indem stürzt Fräulein Neubrunn ins Zimmer, ihr
folgen einige Bediente, die durch den Saal rennen.

NEUBRUNN: Hilfe! Hilfe!
ILLO *und* TERZKY: Was gibt's?
NEUBRUNN: Das Fräulein! –
WALLENSTEIN *und* TERZKY: Weiß sie's?
NEUBRUNN: Sie will sterben.
    Eilt fort. Wallenstein mit Terzky und Illo ihr nach.

SECHSTER AUFTRITT

BUTTLER *und* GORDON.

GORDON *erstaunt*: Erklärt mir. Was bedeutete der Auftritt?
BUTTLER: Sie hat den Mann verloren, den sie liebte,
    Der Piccolomini war's, der umgekommen.
GORDON: Unglücklich Fräulein!
BUTTLER: Ihr habt gehört, was dieser Illo brachte,
    Daß sich die Schweden siegend nahn.
GORDON: Wohl hört ich's.
BUTTLER: Zwölf Regimenter sind sie stark, und fünf
    Stehn in der Näh, den Herzog zu beschützen.
    Wir haben nur mein einzig Regiment,
    Und nicht zweihundert stark ist die Besatzung.
GORDON: So ist's.
BUTTLER: Nicht möglich ist's, mit so geringer Mannschaft
    Solch einen Staatsgefangnen zu bewahren.
GORDON: Das seh ich ein.
BUTTLER: Die Menge hätte bald das kleine Häuflein
    Entwaffnet, ihn befreit.
GORDON: Das ist zu fürchten.
BUTTLER *nach einer Pause*:
    Wißt! Ich bin Bürge worden für den Ausgang,
    Mit meinem Haupte haft ich für das seine.

Wort muß ich halten, führ's wohin es will,
Und ist der Lebende nicht zu bewahren,
So ist – der Tote uns gewiß.

GORDON: Versteh ich Euch? Gerechter Gott! Ihr könntet –

BUTTLER: Er darf nicht leben.

GORDON: Ihr vermöchtet's?

BUTTLER: Ihr oder ich. Er sah den letzten Morgen.

GORDON: Ermorden wollt Ihr ihn?

BUTTLER: Das ist mein Vorsatz.

GORDON: Der Eurer Treu vertraut!

BUTTLER: Sein böses Schicksal!

GORDON: Des Feldherrn heilige Person!

BUTTLER: Das w a r er!

GORDON: O was er war, löscht kein Verbrechen aus!
Ohn Urtel?

BUTTLER: Die Vollstreckung ist statt Urtels.

GORDON: Das wäre Mord und nicht Gerechtigkeit,
Denn hören muß sie auch den Schuldigsten.

BUTTLER: Klar ist die Schuld, der Kaiser hat gerichtet,
Und seinen Willen nur vollstrecken wir.

GORDON: Den blut'gen Spruch muß man nicht rasch vollziehn,
Ein Wort nimmt sich, ein Leben nie zurück.

BUTTLER: Der hurt'ge Dienst gefällt den Königen.

GORDON: Zu Henkersdienst drängt sich kein edler Mann.

BUTTLER: Kein mutiger erbleicht vor kühner Tat.

GORDON: Das Leben wagt der Mut, nicht das Gewissen.

BUTTLER: Was? Soll er frei ausgehn, des Krieges Flamme,
Die unauslöschliche, aufs neu entzünden?

GORDON: Nehmt ihn gefangen, tötet ihn nur nicht,
Greift blutig nicht dem Gnadenengel vor.

BUTTLER: Wär die Armee des Kaisers nicht geschlagen,
Möcht ich lebendig ihn erhalten haben.

GORDON: O warum schloß ich ihm die Festung auf!

BUTTLER: Der Ort nicht, sein Verhängnis tötet ihn.

GORDON: Auf diesen Wällen wär ich ritterlich,
Des Kaisers Schloß verteidigend, gesunken.

BUTTLER: Und tausend brave Männer kamen um!

GORDON: In ihrer Pflicht – das schmückt und ehrt den Mann;
Doch schwarzen Mord verfluchte die Natur.

BUTTLER *eine Schrift hervorlangend*:
Hier ist das Manifest, das uns befiehlt,

Uns seiner zu bemächtigen. Es ist an Euch
Gerichtet, wie an mich. Wollt Ihr die Folgen tragen,
Wenn er zum Feind entrinnt durch unsre Schuld?

GORDON: Ich, der Ohnmächtige, o Gott!

BUTTLER: Nehmt Ihr's auf Euch. Steht für die Folgen ein!
Mag werden draus was will! Ich leg's auf Euch.

GORDON: O Gott im Himmel!

BUTTLER: Wißt Ihr andern Rat
Des Kaisers Meinung zu vollziehen? Sprecht!
Denn stürzen, nicht vernichten will ich ihn.

GORDON: O Gott! Was sein muß seh ich klar wie Ihr,
Doch anders schlägt das Herz in meiner Brust.

BUTTLER: Auch dieser Illo, dieser Terzky dürfen
Nicht leben, wenn der Herzog fällt.

GORDON: O nicht um diese tut mir's leid. Sie trieb
Ihr schlechtes Herz, nicht die Gewalt der Sterne.
Sie waren's, die in seine ruh'ge Brust
Den Samen böser Leidenschaft gestreut,
Die mit fluchwürdiger Geschäftigkeit
Die Unglücksfrucht in ihm genährt – Mag sie
Des bösen Dienstes böser Lohn ereilen!

BUTTLER: Auch sollen sie im Tod ihm gleich voran.
Verabredt ist schon alles. Diesen Abend
Bei eines Gastmahls Freuden wollten wir
Sie lebend greifen, und im Schloß bewahren.
Viel kürzer ist es so. Ich geh sogleich,
Die nötigen Befehle zu erteilen.

SIEBENTER AUFTRITT

VORIGE. ILLO *und* TERZKY.

TERZKY: Nun soll's bald anders werden! Morgen ziehn
Die Schweden ein, zwölftausend tapfre Krieger.
Dann grad auf Wien. He! Lustig Alter! Kein
So herb Gesicht zu solcher Freudenbotschaft.

ILLO: Jetzt ist's an uns, Gesetze vorzuschreiben,
Und Rach zu nehmen an den schlechten Menschen,
Den Schändlichen, die uns verlassen. Einer
Hat's schon gebüßt, der Piccolomini,
Ging's allen so, die's übel mit uns meinen!

Wie schwer trifft dieser Schlag das alte Haupt!
Der hat sein ganzes Leben lang sich ab-
Gequält, sein altes Grafenhaus zu fürsten,
Und jetzt begräbt er seinen einz'gen Sohn!

BUTTLER: Schad ist's doch um den heldenmüt'gen Jüngling,
Dem Herzog selbst ging's nah, man sah es wohl.

ILLO: Hört alter Freund! Das ist es, was mir nie
Am Herrn gefiel, es war mein ew'ger Zank,
Er hat die Welschen immer vorgezogen.
Auch jetzo noch, ich schwör's bei meiner Seele,
Säh er uns alle lieber zehnmal tot,
Könnt er den Freund damit ins Leben rufen.

TERZKY: Still! Still! Nicht weiter! Laß die Toten ruhn!
Heut gilt es, wer den andern niedertrinkt,
Denn Euer Regiment will uns bewirten.
Wir wollen eine lust'ge Faßnacht halten,
Die Nacht sei einmal Tag, bei vollen Gläsern
Erwarten wir die schwed'sche Avantgarde.

ILLO: Ja, laßt uns heut noch guter Dinge sein,
Denn heiße Tage stehen uns bevor.
Nicht ruhn soll dieser Degen, bis er sich
In österreich'schem Blute satt gebadet.

GORDON: Pfui, welche Red ist das Herr Feldmarschall,
Warum so wüten gegen Euren Kaiser –

BUTTLER: Hofft nicht zu viel von diesem ersten Sieg.
Bedenkt, wie schnell des Glückes Rad sich dreht,
Denn immer noch sehr mächtig ist der Kaiser.

ILLO: Der Kaiser hat Soldaten, keinen Feldherrn,
Denn dieser König Ferdinand von Ungarn
Versteht den Krieg nicht – Gallas? Hat kein Glück,
Und war von jeher nur ein Heerverderber.
Und diese Schlange, der Octavio,
Kann in die Fersen heimlich wohl verwunden,
Doch nicht in offner Schlacht dem Friedland stehn.

TERZKY: Nicht fehlen kann's uns, glaubt mir's nur. Das Glück
Verläßt den Herzog nicht, bekannt ist's ja,
Nur unterm Wallenstein kann Östreich siegen.

ILLO: Der Fürst wird ehestens ein großes Heer
Beisammen haben, alles drängt sich, strömt
Herbei zum alten Ruhme seiner Fahnen.
Die alten Tage seh ich wiederkehren,

Der Große wird er wieder, der er war,
Wie werden sich die Toren dann ins Aug
Geschlagen haben, die ihn jetzt verließen!
Denn Länder schenken wird er seinen Freunden
Und treue Dienste kaiserlich belohnen.
Wir aber sind in seiner Gunst die nächsten. *Zu Gordon:*
Auch Eurer wird er dann gedenken, wird Euch
Aus diesem Neste ziehen, Eure Treu
In einem höhern Posten glänzen lassen.

GORDON: Ich bin vergnügt, verlange höher nicht
Hinauf, wo große Höh, ist große Tiefe.

ILLO: Ihr habt hier weiter nichts mehr zu bestellen,
Denn morgen ziehn die Schweden in die Festung.
Kommt Terzky. Es wird Zeit zum Abendessen.
Was meint Ihr? Lassen wir die Stadt erleuchten,
Dem Schwedischen zur Ehr, und wer's nicht tut,
Der ist ein Spanischer und ein Verräter.

TERZKY: Laßt das. Es wird dem Herzog nicht gefallen.

ILLO: Was! Wir sind Meister hier, und keiner soll sich
Für kaiserlich bekennen, wo wir herrschen.
– Gut Nacht, Gordon. Laßt Euch zum letztenmal
Den Platz empfohlen sein, schickt Runden aus,
Zur Sicherheit kann man das Wort noch ändern.
Schlag zehn bringt Ihr dem Herzog selbst die Schlüssel,
Dann seid Ihr Eures Schließeramtes quitt,
Denn morgen ziehn die Schweden in die Festung.

TERZKY *im Abgehn zu Buttler:*
Ihr kommt doch auch aufs Schloß?

BUTTLER: Zu rechter Zeit.

Jene gehen ab.

ACHTER AUFTRITT

BUTTLER *und* GORDON.

GORDON *ihnen nachsehend:* Die Unglückseligen! Wie ahnungslos
Sie in das ausgespannte Mordnetz stürzen,
In ihrer blinden Siegestrunkenheit! –
Ich kann sie nicht beklagen. Dieser Illo,
Der übermütig freche Bösewicht,
Der sich in seines Kaisers Blut will baden!

BUTTLER: Tut wie er Euch befohlen. Schickt Patrouillen
Herum, sorgt für die Sicherheit der Festung;
Sind jene oben, schließ ich gleich die Burg,
Daß in der Stadt nichts von der Tat verlaute!

GORDON *ängstlich*:
O eilt nicht so! Erst sagt mir –

BUTTLER: Ihr vernahmt's,
Der nächste Morgen schon gehört den Schweden.
Die Nacht nur ist noch unser, sie sind schnell,
Noch schneller wollen wir sein – Lebet wohl.

GORDON: Ach Eure Blicke sagen mir nichts Gutes.
Versprechet mir –

BUTTLER: Der Sonne Licht ist unter,
Herabsteigt ein verhängnisvoller Abend –
Sie macht ihr Dünkel sicher. Wehrlos gibt sie
Ihr böser Stern in unsre Hand, und mitten
In ihrem trunknen Glückeswahne soll
Der scharfe Stahl ihr Leben rasch zerschneiden,
Ein großer Rechenkünstler war der Fürst
Von jeher, alles wußt er zu berechnen,
Die Menschen wußt er, gleich des Brettspiels Steinen,
Nach seinem Zweck zu setzen und zu schieben,
Nicht Anstand nahm er, andrer Ehr und Würde
Und guten Ruf zu würfeln und zu spielen.
Gerechnet hat er fort und fort und endlich
Wird doch der Kalkul irrig sein, er wird
Sein Leben selbst hineingerechnet haben,
Wie jener dort in seinem Zirkel fallen.

GORDON: O seiner Fehler nicht gedenket jetzt!
An seine Größe denkt, an seine Milde,
An seines Herzens liebenswerte Züge,
An alle Edeltaten seines Lebens,
Und laßt sie in das aufgehobne Schwert
Als Engel bittend, gnadeflehend fallen.

BUTTLER: Es ist zu spät. Nicht Mitleid darf ich fühlen,
Ich darf nur blutige Gedanken haben. *Gordons Hand fassend.*
Gordon! Nicht meines Hasses Trieb – Ich liebe
Den Herzog nicht, und hab dazu nicht Ursach –
Doch nicht mein Haß macht mich zu seinem Mörder.
Sein böses Schicksal ist's. Das Unglück treibt mich,
Die feindliche Zusammenkunft der Dinge.

Es denkt der Mensch die freie Tat zu tun,
Umsonst! Er ist das Spielwerk nur der blinden
Gewalt, die aus der eignen Wahl ihm schnell
Die furchtbare Notwendigkeit erschafft.
Was hälf's ihm auch, wenn mir für ihn im Herzen
Was redete – Ich muß ihn dennoch töten.

GORDON:
O wenn das Herz Euch warnt, folgt seinem Triebe!
Das Herz ist Gottes Stimme, Menschenwerk
Ist aller Klugheit künstliche Berechnung.
Was kann aus blut'ger Tat Euch Glückliches
Gedeihen? O aus Blut entspringt nichts Gutes!
Soll sie die Staffel Euch zur Größe bauen?
O glaubt das nicht – Es kann der Mord bisweilen
Den Königen, der Mörder nie gefallen.

BUTTLER:
Ihr wißt nicht. Fragt nicht. Warum mußten auch
Die Schweden siegen und so eilend nahn!
Gern überließ ich ihn des Kaisers Gnade,
Sein Blut nicht will ich. Nein, er möchte leben.
Doch meines Wortes Ehre muß ich lösen,
Und sterben muß er, oder – Hört und wißt!
Ich bin entehrt, wenn uns der Fürst entkommt.

GORDON: O solchen Mann zu retten –

BUTTLER *schnell*:   Was?

GORDON: Ist eines Opfers wert – Seid edelmütig!
Das Herz und nicht die Meinung ehrt den Mann.

BUTTLER *kalt und stolz*:
Er ist ein großer Herr, der Fürst – Ich aber
Bin nur ein kleines Haupt, das wollt Ihr sagen.
Was liegt der Welt dran, meint Ihr, ob der niedrig
Geborene sich ehret oder schändet,
Wenn nur der Fürstliche gerettet wird.
– Ein jeder gibt den Wert sich selbst. Wie hoch ich
Mich selbst anschlagen will, das steht bei mir.
So hoch gestellt ist keiner auf der Erde,
Daß ich mich selber neben ihm verachte.
Den Menschen macht sein Wille groß und klein,
Und weil ich meinem treu bin, muß er sterben.

GORDON: O einen Felsen streb ich zu bewegen!
Ihr seid von Menschen menschlich nicht gezeugt,

Nicht hindern kann ich Euch, ihn aber rette
Ein Gott aus Eurer fürchterlichen Hand.
Sie gehen ab.

Neunter Auftritt

Ein Zimmer bei der Herzogin.

Thekla *in einem Sessel, bleich, mit geschloßnen Augen.* Herzogin
und Fräulein von Neubrunn *um sie beschäftigt.* Wallenstein
und die Gräfin *im Gespräch.*

WALLENSTEIN: Wie wußte sie es denn so schnell?
GRÄFIN: Sie scheint
  Unglück geahnt zu haben. Das Gerücht
  Von einer Schlacht erschreckte sie, worin
  Der kaiserliche Oberst sei gefallen.
  Ich sah es gleich. Sie flog dem schwedischen
  Kurier entgegen und entriß ihm schnell
  Durch Fragen das unglückliche Geheimnis.
  Zu spät vermißten wir sie, eilten nach,
  Ohnmächtig lag sie schon in seinen Armen.
WALLENSTEIN: So unbereitet mußte dieser Schlag
  Sie treffen! Armes Kind! – Wie ist's? Erholt sie sich?
       Indem er sich zur Herzogin wendet.
HERZOGIN: Sie schlägt die Augen auf.
GRÄFIN: Sie lebt!
THEKLA *sich umschauend*:   Wo bin ich?
WALLENSTEIN *tritt zu ihr, sie mit seinen Armen aufrichtend*:
  Komm zu dir, Thekla. Sei mein starkes Mädchen!
  Sieh deiner Mutter liebende Gestalt
  Und deines Vaters Arme, die dich halten.
THEKLA *richtet sich auf*:
  Wo ist er? Ist er nicht mehr hier?
HERZOGIN: Wer, meine Tochter?
THEKLA: Der dieses Unglückswort aussprach –
HERZOGIN: O denke nicht daran, mein Kind! Hinweg
  Von diesem Bilde wende die Gedanken.
WALLENSTEIN: Laßt ihren Kummer reden! Laßt sie klagen!
  Mischt eure Tränen mit den ihrigen.
  Denn einen großen Schmerz hat sie erfahren;

Doch wird sie's überstehn, denn meine Thekla
Hat ihres Vaters unbezwungnes Herz.
THEKLA: Ich bin nicht krank. Ich habe Kraft zu stehn.
Was weint die Mutter? Hab ich sie erschreckt?
Es ist vorüber, ich besinne mich wieder.
    Sie ist aufgestanden, und sucht mit den Augen im Zimmer.
Wo ist er? Man verberge mir ihn nicht.
Ich habe Stärke gnug, ich will ihn hören.
HERZOGIN: Nein Thekla! Dieser Unglücksbote soll
Nie wieder unter deine Augen treten.
THEKLA: Mein Vater –
WALLENSTEIN: Liebes Kind!
THEKLA: Ich bin nicht schwach,
Ich werde mich auch bald noch mehr erholen.
Gewähren Sie mir eine Bitte.
WALLENSTEIN: Sprich!
THEKLA: Erlauben Sie, daß dieser fremde Mann
Gerufen werde! daß ich ihn allein
Vernehme und befrage.
HERZOGIN: Nimmermehr!
GRÄFIN: Nein! Das ist nicht zu raten! Gib's nicht zu!
WALLENSTEIN: Warum willst du ihn sprechen, meine Tochter?
THEKLA: Ich bin gefaßter, wenn ich alles weiß.
Ich will nicht hintergangen sein. Die Mutter
Will mich nur schonen. Ich will nicht geschont sein,
Das Schrecklichste ist ja gesagt, ich kann
Nichts Schrecklichers mehr hören.
GRÄFIN *und* HERZOGIN *zu Wallenstein*: Tu es nicht!
THEKLA: Ich wurde überrascht von meinem Schrecken,
Mein Herz verriet mich bei dem fremden Mann,
Er war ein Zeuge meiner Schwachheit, ja,
Ich sank in seine Arme – das beschämt mich.
Herstellen muß ich mich in seiner Achtung,
Und sprechen muß ich ihn, notwendig, daß
Der fremde Mann nicht ungleich von mir denke.
WALLENSTEIN: Ich finde, sie hat recht – und bin geneigt,
Ihr diese Bitte zu gewähren. Ruft ihn.
    Fräulein Neubrunn geht hinaus.
HERZOGIN: Ich, deine Mutter, aber will dabeisein.
THEKLA: Am liebsten spräch ich ihn allein. Ich werde
Alsdann um so gefaßter mich betragen.

WALLENSTEIN *zur Herzogin*: Laß es geschehn. Laß sie's mit ihm
　　Ausmachen. Es gibt Schmerzen, wo der Mensch　　　[allein
　　Sich selbst nur helfen kann, ein starkes Herz
　　Will sich auf seine Stärke nur verlassen.
　　In ihrer, nicht an fremder Brust muß sie
　　Kraft schöpfen, diesen Schlag zu überstehn.
　　Es ist mein starkes Mädchen, nicht als Weib,
　　Als Heldin will ich sie behandelt sehn. *Er will gehen.*
GRÄFIN *hält ihn*: Wo gehst du hin? Ich hörte Terzky sagen,
　　Du denkest morgen früh von hier zu gehn,
　　Uns aber hierzulassen.
WALLENSTEIN:　　　　　Ja, ihr bleibt
　　Dem Schutze wackrer Männer übergeben.
GRÄFIN: O nimm uns mit dir, Bruder! Laß uns nicht
　　In dieser düstern Einsamkeit dem Ausgang
　　Mit sorgendem Gemüt entgegenharren.
　　Das gegenwärt'ge Unglück trägt sich leicht,
　　Doch grauenvoll vergrößert es der Zweifel
　　Und der Erwartung Qual dem weit Entfernten.
WALLENSTEIN: Wer spricht von Unglück? Beßre deine Rede.
　　Ich hab ganz andre Hoffnungen.
GRÄFIN: So nimm uns mit. O laß uns nicht zurück
　　In diesem Ort der traurigen Bedeutung,
　　Denn schwer ist mir das Herz in diesen Mauren,
　　Und wie ein Totenkeller haucht mich's an,
　　Ich kann nicht sagen, wie der Ort mir widert.
　　O führ uns weg! Komm Schwester, bitt ihn auch,
　　Daß er uns fortnimmt! Hilf mir, liebe Nichte.
WALLENSTEIN: Des Ortes böse Zeichen will ich ändern,
　　Er sei's, der mir mein Teuerstes bewahrte.
NEUBRUNN *kommt zurück*:
　　Der schwed'sche Herr!
WALLENSTEIN:　　　　　Laßt sie mit ihm allein. *Ab.*
HERZOGIN *zu Thekla*:
　　Sieh, wie du dich entfärbtest! Kind, du kannst ihn
　　Unmöglich sprechen. Folge deiner Mutter.
THEKLA: Die Neubrunn mag denn in der Nähe bleiben.
　　　　　Herzogin und Gräfin gehen ab.

Zehnter Auftritt

Thekla. Der schwedische Hauptmann. Fräulein Neubrunn.

HAUPTMANN *naht sich ehrerbietig*:
Prinzessin – ich – muß um Verzeihung bitten,
Mein unbesonnen rasches Wort – Wie konnt ich –

THEKLA *mit edelm Anstand*:
Sie haben mich in meinem Schmerz gesehn,
Ein unglücksvoller Zufall machte Sie
Aus einem Fremdling schnell mir zum Vertrauten.

HAUPTMANN: Ich fürchte, daß Sie meinen Anblick hassen,
Denn meine Zunge sprach ein traurig Wort.

THEKLA: Die Schuld ist mein. Ich selbst entriß es Ihnen,
Sie waren nur die Stimme meines Schicksals.
Mein Schrecken unterbrach den angefangnen
Bericht. Ich bitte drum, daß Sie ihn enden.

HAUPTMANN *bedenklich*:
Prinzessin, es wird Ihren Schmerz erneuern.

THEKLA: Ich bin darauf gefaßt – Ich will gefaßt sein.
Wie fing das Treffen an? Vollenden Sie.

HAUPTMANN: Wir standen, keines Überfalls gewärtig,
Bei Neustadt schwach verschanzt in unserm Lager,
Als gegen Abend eine Wolke Staubes
Aufstieg vom Wald her, unser Vortrab fliehend
Ins Lager stürzte, rief: der Feind sei da.
Wir hatten eben nur noch Zeit, uns schnell
Aufs Pferd zu werfen, da durchbrachen schon,
In vollem Rosseslauf dahergesprengt,
Die Pappenheimer den Verhack, schnell war
Der Graben auch, der sich ums Lager zog,
Von diesen stürm'schen Scharen überflogen.
Doch unbesonnen hatte sie der Mut
Vorausgeführt den andern, weit dahinten
War noch das Fußvolk, nur die Pappenheimer waren
Dem kühnen Führer kühn gefolgt –

*Thekla macht eine Bewegung. Der Hauptmann hält einen Augenblick
inne, bis sie ihm einen Wink gibt fortzufahren.*

HAUPTMANN: Von vorn und von den Flanken faßten wir
Sie jetzo mit der ganzen Reiterei,

Und drängten sie zurück zum Graben, wo
Das Fußvolk, schnell geordnet, einen Rechen
Von Piken ihnen starr entgegenstreckte.
Nicht vorwärts konnten sie, auch nicht zurück,
Gekeilt in drangvoll fürchterliche Enge.
Da rief der Rheingraf ihrem Führer zu,
In guter Schlacht sich ehrlich zu ergeben,
Doch Oberst Piccolomini –

Thekla schwindelnd, faßt einen Sessel.

       Ihn machte
Der Helmbusch kenntlich und das lange Haar,
Vom raschen Ritte war's ihm losgegangen –
Zum Graben winkt er, sprengt, der erste, selbst
Sein edles Roß darüber weg, ihm stürzt
Das Regiment nach – doch – schon war's geschehn!
Sein Pferd, von einer Partisan durchstoßen, bäumt
Sich wütend, schleudert weit den Reiter ab,
Und hoch weg über ihn geht die Gewalt
Der Rosse, keinem Zügel mehr gehorchend.

Thekla, welche die letzten Reden mit allen Zeichen wachsender Angst
begleitet, verfällt in ein heftiges Zittern, sie will sinken, Fräulein Neu-
brunn eilt hinzu und empfängt sie in ihren Armen.

NEUBRUNN: Mein teures Fräulein –

HAUPTMANN *gerührt*:   Ich entferne mich.

THEKLA: Es ist vorüber – Bringen Sie's zu Ende.

HAUPTMANN: Da ergriff, als sie den Führer fallen sahn,
Die Truppen grimmig wütende Verzweiflung.
Der eignen Rettung denkt jetzt keiner mehr,
Gleich wilden Tigern fechten sie, es reizt
Ihr starrer Widerstand die Unsrigen,
Und eher nicht erfolgt des Kampfes Ende,
Als bis der letzte Mann gefallen ist.

THEKLA *mit zitternder Stimme*:
Und wo – wo ist – Sie sagten mir nicht alles.

HAUPTMANN *nach einer Pause*:
Heut früh bestatteten wir ihn. Ihn trugen
Zwölf Jünglinge der edelsten Geschlechter,
Das ganze Heer begleitete die Bahre.
Ein Lorbeer schmückte seinen Sarg, drauf legte
Der Rheingraf selbst den eignen Siegerdegen.
Auch Tränen fehlten seinem Schicksal nicht,

Denn viele sind bei uns, die seine Großmut
Und seiner Sitten Freundlichkeit erfahren,
Und alle rührte sein Geschick. Gern hätte
Der Rheingraf ihn gerettet, doch er selbst
Vereitelt' es, man sagt, er wollte sterben.

NEUBRUNN *gerührt zu Thekla, welche ihr Angesicht verhüllt hat*:
Mein teures Fräulein – Fräulein, sehn Sie auf!
O warum mußten Sie darauf bestehn!

THEKLA: – Wo ist sein Grab?

HAUPTMANN: In einer Klosterkirche
Bei Neustadt ist er beigesetzt, bis man
Von seinem Vater Nachricht eingezogen.

THEKLA: Wie heißt das Kloster?

HAUPTMANN: Sankt Kathrinenstift.

THEKLA: Ist's weit bis dahin?

HAUPTMANN: Sieben Meilen zählt man.

THEKLA: Wie geht der Weg?

HAUPTMANN: Man kommt bei Tirschenreit
Und Falkenberg durch unsre ersten Posten.

THEKLA: Wer kommandiert sie?

HAUPTMANN: Oberst Seckendorf.

THEKLA *tritt an den Tisch und nimmt aus dem Schmuckkästchen einen
Ring*: Sie haben mich in meinem Schmerz gesehn,
Und mir ein menschlich Herz gezeigt – Empfangen Sie
                    Indem sie ihm den Ring gibt.
Ein Angedenken dieser Stunde – Gehn Sie.

HAUPTMANN *bestürzt*: Prinzessin –
*Thekla winkt ihm schweigend zu gehen und verläßt ihn. Hauptmann
zaudert und will reden. Fräulein Neubrunn wiederholt den Wink. Er
                    geht ab.*

ELFTER AUFTRITT

THEKLA. NEUBRUNN.

THEKLA *fällt der Neubrunn um den Hals*:
Jetzt, gute Neubrunn, zeige mir die Liebe,
Die du mir stets gelobt, beweise dich
Als meine treue Freundin und Gefährtin!
– Wir müssen fort, noch diese Nacht.

NEUBRUNN: Fort, und wohin?
THEKLA: Wohin? Es ist nur ein Ort in der Welt!
  Wo er bestattet liegt, zu seinem Sarge.
NEUBRUNN: Was können Sie dort wollen, teures Fräulein?
THEKLA: Was dort, Unglückliche! So würdest du
  Nicht fragen, wenn du je geliebt. Dort, dort
  Ist alles, was noch übrig ist von ihm,
  Der einz'ge Fleck ist mir die ganze Erde.
  – O halte mich nicht auf! Komm und mach Anstalt.
  Laß uns auf Mittel denken, zu entfliehen.
NEUBRUNN: Bedachten Sie auch Ihres Vaters Zorn?
THEKLA: Ich fürchte keines Menschen Zürnen mehr.
NEUBRUNN: Den Hohn der Welt! des Tadels arge Zunge!
THEKLA: Ich suche einen auf, der nicht mehr ist,
  Will ich denn in die Arme – o mein Gott!
  Ich will ja in die Gruft nur des Geliebten.
NEUBRUNN: Und wir allein, zwei hilflos schwache Weiber?
THEKLA: Wir waffnen uns, mein Arm soll dich beschützen.
NEUBRUNN: Bei dunkler Nachtzeit?
THEKLA: Nacht wird uns verbergen.
NEUBRUNN: In dieser rauhen Sturmnacht?
THEKLA: Ward ihm sanft
  Gebettet, unter den Hufen seiner Rosse?
NEUBRUNN: O Gott! – Und dann die vielen Feindesposten!
  Man wird uns nicht durchlassen.
THEKLA: Es sind Menschen,
  Frei geht das Unglück durch die ganze Erde!
NEUBRUNN: Die weite Reise –
THEKLA: Zählt der Pilger Meilen,
  Wenn er zum fernen Gnadenbilde wallt?
NEUBRUNN: Die Möglichkeit aus dieser Stadt zu kommen?
THEKLA: Gold öffnet uns die Tore. Geh nur, geh!
NEUBRUNN: Wenn man uns kennt?
THEKLA: In einer Flüchtigen,
  Verzweifelnden sucht niemand Friedlands Tochter.
NEUBRUNN: Wo finden wir die Pferde zu der Flucht?
THEKLA: Mein Kavalier verschafft sie. Geh und ruf ihn.
NEUBRUNN: Wagt er das ohne Wissen seines Herrn?
THEKLA: Er wird es tun. O geh nur! Zaudre nicht.
NEUBRUNN: Ach! Und was wird aus Ihrer Mutter werden,
  Wenn Sie verschwunden sind?

THEKLA *sich besinnend und schmerzvoll vor sich hinschauend*:
                                     O meine Mutter!
NEUBRUNN: So viel schon leidet sie, die gute Mutter,
  Soll sie auch dieser letzte Schlag noch treffen?
THEKLA: Ich kann's ihr nicht ersparen! – Geh nur, geh.
NEUBRUNN: Bedenken Sie doch ja wohl, was Sie tun.
THEKLA: Bedacht ist schon, was zu bedenken ist.
NEUBRUNN: Und sind wir dort, was soll mit Ihnen werden?
THEKLA: Dort wird's ein Gott mir in die Seele geben.
NEUBRUNN: Ihr Herz ist jetzt voll Unruh, teures Fräulein,
  Das ist der Weg nicht, der zur Ruhe führt.
THEKLA: Zur tiefen Ruh, wie er sie auch gefunden.
  – O eile! geh! Mach keine Worte mehr!
  Es zieht mich fort, ich weiß nicht, wie ich's nenne,
  Unwiderstehlich fort zu seinem Grabe!
  Dort wird mir leichter werden, augenblicklich!
  Das herzerstickende Band des Schmerzens wird
  Sich lösen – Meine Tränen werden fließen.
  O geh, wir könnten längst schon auf dem Weg sein.
  Nicht Ruhe find ich, bis ich diesen Mauren
  Entrunnen bin – sie stürzen auf mich ein –
  Fortstoßend treibt mich eine dunkle Macht
  Von dannen – Was ist das für ein Gefühl!
  Es füllen sich mir alle Räume dieses Hauses
  Mit bleichen, hohlen Geisterbildern an –
  Ich habe keinen Platz mehr – Immer neue!
  Es drängt mich das entsetzliche Gewimmel
  Aus diesen Wänden fort, die Lebende!
NEUBRUNN: Sie setzen mich in Angst und Schrecken, Fräulein,
  Daß ich nun selber nicht zu bleiben wage.
  Ich geh und rufe gleich den Rosenberg. *Geht ab.*

ZWÖLFTER AUFTRITT

THEKLA.

Sein Geist ist's, der mich ruft. Es ist die Schar
Der Treuen, die sich rächend ihm geopfert.
Unedler Säumnis klagen sie mich an.
Sie wollten auch im Tod nicht von ihm lassen,
Der ihres Lebens Führer war – Das taten

Die rohen Herzen, und ich sollte leben!
– Nein! Auch für mich ward jener Lorbeerkranz,
Der deine Totenbahre schmückt, gewunden.
Was ist das Leben ohne Liebesglanz?
Ich werf es hin, da sein Gehalt verschwunden.
Ja, da ich dich den Liebenden gefunden,
Da war das Leben etwas. Glänzend lag
Vor mir der neue goldne Tag!
Mir träumte von zwei himmelschönen Stunden.

Du standest an dem Eingang in die Welt,
Die ich betrat mit klösterlichem Zagen,
Sie war von tausend Sonnen aufgehellt,
Ein guter Engel schienst du hingestellt,
Mich aus der Kindheit fabelhaften Tagen
Schnell auf des Lebens Gipfel hinzutragen,
Mein erst Empfinden war des Himmels Glück,
In dein Herz fiel mein erster Blick!

*Sie sinkt hier in Nachdenken, und fährt dann mit Zeichen des Grauens
auf.*

– Da kommt das Schicksal – Roh und kalt
Faßt es des Freundes zärtliche Gestalt
Und wirft ihn unter den Hufschlag seiner Pferde –
– Das ist das Los des Schönen auf der Erde!

DREIZEHNTER AUFTRITT

THEKLA. FRÄULEIN NEUBRUNN *mit dem* STALLMEISTER.

NEUBRUNN: Hier ist er, Fräulein, und er will es tun.
THEKLA: Willst du uns Pferde schaffen, Rosenberg?
STALLMEISTER: Ich will sie schaffen.
THEKLA: Willst du uns begleiten?
STALLMEISTER: Mein Fräulein bis ans End der Welt.
THEKLA: Du kannst
Zum Herzog aber nicht zurück mehr kehren.
STALLMEISTER: Ich bleib bei Ihnen.
THEKLA: Ich will dich belohnen
Und einem andern Herrn empfehlen. Kannst du
Uns aus der Festung bringen unentdeckt?
STALLMEISTER: Ich kann's.

THEKLA: Wann kann ich gehn?
STALLMEISTER: In dieser
  – Wo geht die Reise hin?   [Stunde.
THEKLA: Nach – sag's ihm, Neubrunn!
NEUBRUNN: Nach Neustadt.
STALLMEISTER: Wohl, ich geh es zu besorgen. *Ab.*
NEUBRUNN: Ach, da kommt Ihre Mutter, Fräulein.
THEKLA: Gott!

Vierzehnter Auftritt

Thekla. Neubrunn. Die Herzogin.

HERZOGIN: Er ist hinweg, ich finde dich gefaßter.
THEKLA: Ich bin es, Mutter – Lassen Sie mich jetzt
  Bald schlafen gehen und die Neubrunn um mich sein.
  Ich brauche Ruh.
HERZOGIN: Du sollst sie haben, Thekla.
  Ich geh getröstet weg, da ich den Vater
  Beruhigen kann.
THEKLA: Gut Nacht denn, liebe Mutter.
  Sie fällt ihr um den Hals und umarmt sie in großer Bewegung.
HERZOGIN: Du bist noch nicht ganz ruhig, meine Tochter.
  Du zitterst ja so heftig und dein Herz
  Klopft hörbar an dem meinen.
THEKLA: Schlaf wird es
  Besänftigen – Gut Nacht, geliebte Mutter!
Indem sie aus den Armen der Mutter sich losmacht, fällt der Vorhang.

FÜNFTER AUFZUG

Buttlers Zimmer.

Erster Auftritt

Buttler. Major Geraldin.

BUTTLER: Zwölf rüstige Dragoner sucht Ihr aus,
  Bewaffnet sie mit Piken, denn kein Schuß
  Darf fallen – An dem Eßsaal nebenbei
  Versteckt Ihr sie, und wenn der Nachtisch auf-

Gesetzt, dringt ihr herein und ruft: Wer ist
Gut kaiserlich? – Ich will den Tisch umstürzen –
Dann werft ihr euch auf beide, stoßt sie nieder.
Das Schloß wird wohl verriegelt und bewacht,
Daß kein Gerücht davon zum Fürsten dringe.
Geht jetzt – Habt Ihr nach Hauptmann Deveroux
Und Macdonald geschickt?

GERALDIN: Gleich sind sie hier. *Geht ab.*

BUTTLER: Kein Aufschub ist zu wagen. Auch die Bürger
Erklären sich für ihn, ich weiß nicht, welch
Ein Schwindelgeist die ganze Stadt ergriffen.
Sie sehn im Herzog einen Friedensfürsten
Und einen Stifter neuer goldner Zeit.
Der Rat hat Waffen ausgeteilt, schon haben
Sich ihrer hundert angeboten, Wache
Bei ihm zu tun. Drum gilt es, schnell zu sein,
Denn Feinde drohn von außen und von innen.

ZWEITER AUFTRITT

BUTTLER. HAUPTMANN DEVEROUX *und* MACDONALD.

MACDONALD: Da sind wir, General.

DEVEROUX: Was ist die Losung?

BUTTLER: Es lebe der Kaiser!

BEIDE *treten zurück*:   Wie?

BUTTLER: Haus Östreich lebe!

DEVEROUX: Ist's nicht der Friedland, dem wir Treu geschworen?

MACDONALD: Sind wir nicht hergeführt, ihn zu beschützen?

BUTTLER: Wir einen Reichsfeind und Verräter schützen?

DEVEROUX: Nun ja, du nahmst uns ja für ihn in Pflicht.

MACDONALD: Und bist ihm ja hieher gefolgt nach Eger.

BUTTLER: Ich tat's, ihn desto sicherer zu verderben.

DEVEROUX: Ja so!

MACDONALD: Das ist was anders.

BUTTLER *zu Deveroux*:   Elender!
So leicht entweichst du von der Pflicht und Fahne?

DEVEROUX: Zum Teufel, Herr! Ich folgte deinem Beispiel,
Kann der ein Schelm sein, dacht ich, kannst du's auch.

MACDONALD: Wir denken nicht nach. Das ist deine Sache!
Du bist der General und kommandierst,

Wir folgen dir, und wenn's zur Hölle ginge.

BUTTLER *besänftigt*: Nun gut! Wir kennen einander.

MACDONALD: Ja, das denk ich.

DEVEROUX: Wir sind Soldaten der Fortuna, wer
Das meiste bietet, hat uns.

MACDONALD: Ja, so ist's.

BUTTLER: Jetzt sollt ihr ehrliche Soldaten bleiben.

DEVEROUX: Das sind wir gerne.

BUTTLER: Und Fortüne machen.

MACDONALD: Das ist noch besser.

BUTTLER: Höret an.

BEIDE: Wir hören.

BUTTLER: Es ist des Kaisers Will und Ordonnanz,
Den Friedland, lebend oder tot, zu fahen.

DEVEROUX: So steht's im Brief.

MACDONALD: Ja, lebend oder tot!

BUTTLER: Und stattliche Belohnung wartet dessen,
An Geld und Gütern, der die Tat vollführt.

DEVEROUX: Es klingt ganz gut. Das Wort klingt immer gut
Von dorten her. Ja, ja! Wir wissen schon!
So eine guldne Gnadenkett etwa,
Ein krummes Roß, ein Pergament und so was.
– Der Fürst zahlt besser.

MACDONALD: Ja, der ist splendid.

BUTTLER: Mit dem ist's aus. Sein Glücksstern ist gefallen.

MACDONALD: Ist das gewiß?

BUTTLER: Ich sag's euch.

DEVEROUX: Ist's vorbei
Mit seinem Glück?

BUTTLER: Vorbei auf immerdar.
Er ist so arm wie wir.

MACDONALD: So arm wie wir?

DEVEROUX: Ja Macdonald, da muß man ihn verlassen!

BUTTLER: Verlassen ist er schon von zwanzigtausend.
Wir müssen mehr tun, Landsmann. Kurz und gut!
– Wir müssen ihn töten.

Beide fahren zurück.

BEIDE: Töten!

BUTTLER: Töten sag ich.
– Und dazu hab ich euch erlesen.

BEIDE: Uns?

BUTTLER: Euch, Hauptmann Deveroux und Macdonald.

DEVEROUX *nach einer Pause*: Wählt einen andern.

MACDONALD: Ja, wählt einen andern.

BUTTLER *zu Deveroux*: Erschreckt's dich, feige Memme? Wie?
  Schon deine dreißig Seelen auf dir liegen –   [Du hast

DEVEROUX: Hand an den Feldherrn legen – das bedenk!

MACDONALD: Dem wir das Jurament geleistet haben!

BUTTLER: Das Jurament ist null mit seiner Treu.

DEVEROUX: Hör, General! Das dünkt mir doch zu gräßlich.

MACDONALD: Ja, das ist wahr! Man hat auch ein Gewissen.

DEVEROUX: Wenn's nur der Chef nicht wär, der uns so lang
  Gekommandiert hat und Respekt gefodert.

BUTTLER: Ist das der Anstoß?

DEVEROUX: Ja! Hör! Wen du sonst willst!
  Dem eignen Sohn, wenn's Kaisers Dienst verlangt,
  Will ich das Schwert ins Eingeweide bohren –
  Doch sieh, wir sind Soldaten, und den Feldherrn
  Ermorden, das ist eine Sünd und Frevel,
  Davon kein Beichtmönch absolvieren kann.

BUTTLER: Ich bin dein Papst und absolviere dich.
  Entschließt euch schnell.

DEVEROUX *steht bedenklich*: Es geht nicht.

MACDONALD: Nein, es geht nicht.

BUTTLER: Nun denn, so geht – und – schickt mir Pestalutzen.

DEVEROUX *stutzt*: Den Pestalutz – Hum!

MACDONALD: Was willst du mit diesem?

BUTTLER: Wenn ihr's verschmäht, es finden sich genug –

DEVEROUX: Nein, wenn er fallen muß, so können wir
  Den Preis so gut verdienen, als ein andrer.
  – Was denkst du, Bruder Macdonald?

MACDONALD: Ja wenn
  Er fallen muß und soll und 's ist nicht anders,
  So mag ich's diesem Pestalutz nicht gönnen.

DEVEROUX *nach einigem Besinnen*: Wann soll er fallen?

BUTTLER: Heut, in dieser Nacht,
  Denn morgen stehn die Schweden vor den Toren.

DEVEROUX: Stehst du mir für die Folgen, General?

BUTTLER: Ich steh für alles.

DEVEROUX: Ist's des Kaisers Will?
  Sein netter, runder Will? Man hat Exempel,
  Daß man den Mord liebt und den Mörder straft.

BUTTLER: Das Manifest sagt: lebend oder tot.
  Und lebend ist's nicht möglich, seht ihr selbst –
DEVEROUX: Tot also! Tot – Wie aber kommt man an ihn?
  Die Stadt ist angefüllt mit Terzkyschen.
MACDONALD: Und dann ist noch der Terzky und der Illo –
BUTTLER: Mit diesen beiden fängt man an, versteht sich.
DEVEROUX: Was? Sollen die auch fallen?
BUTTLER: Die zuerst.
MACDONALD: Hör Deveroux – das wird ein blut'ger Abend.
DEVEROUX: Hast du schon deinen Mann dazu? Trag's mir auf.
BUTTLER: Dem Major Geraldin ist's übergeben.
  Es ist heut Faßnacht und ein Essen wird
  Gegeben auf dem Schloß, dort wird man sie
  Bei Tafel überfallen, niederstoßen –
  Der Pestalutz, der Leßley sind dabei –
DEVEROUX: Hör General! Dir kann es nichts verschlagen.
  Hör – laß mich tauschen mit dem Geraldin.
BUTTLER: Die kleinere Gefahr ist bei dem Herzog.
DEVEROUX: Gefahr! Was, Teufel! denkst du von mir, Herr?
  Des Herzogs Aug, nicht seinen Degen fürcht ich.
BUTTLER: Was kann sein Aug dir schaden?
DEVEROUX: Alle Teufel!
  Du kennst mich, daß ich keine Memme bin.
  Doch sieh, es sind noch nicht acht Tag, daß mir
  Der Herzog zwanzig Goldstück reichen lassen,
  Zu diesem warmen Rock, den ich hier anhab –
  Und wenn er mich nun mit der Pike sieht
  Dastehn, mir auf den Rock sieht – sieh – so – so –
  Der Teufel hol mich! ich bin keine Memme.
BUTTLER: Der Herzog gab dir diesen warmen Rock,
  Und du, ein armer Wicht, bedenkst dich, ihm
  Dafür den Degen durch den Leib zu rennen.
  Und einen Rock, der noch viel wärmer hält,
  Hing ihm der Kaiser um, den Fürstenmantel.
  Wie dankt er's ihm? Mit Aufruhr und Verrat.
DEVEROUX: Das ist auch wahr. Den Danker hol der Teufel!
  Ich – bring ihn um.
BUTTLER: Und willst du dein Gewissen
  Beruhigen, darfst du den Rock nur ausziehn,
  So kannst du's frisch und wohlgemut vollbringen.
MACDONALD: Ja! da ist aber noch was zu bedenken –

BUTTLER: Was gibt's noch zu bedenken, Macdonald?
MACDONALD: Was hilft uns Wehr und Waffe wider den?
  Er ist nicht zu verwunden, er ist fest.
BUTTLER *fährt auf*: Was wird er –
MACDONALD: Gegen Schuß und Hieb! Er ist
  Gefroren, mit der Teufelskunst behaftet,
  Sein Leib ist undurchdringlich, sag ich dir.
DEVEROUX: Ja, ja! In Ingolstadt war auch so einer,
  Dem war die Haut so fest wie Stahl, man mußt ihn
  Zuletzt mit Flintenkolben niederschlagen.
MACDONALD: Hört, was ich tun will!
DEVEROUX: Sprich.
MACDONALD: Ich kenne hier
  Im Kloster einen Bruder Dominikaner
  Aus unsrer Landsmannschaft, der soll mir Schwert
  Und Pike tauchen in geweihtes Wasser,
  Und einen kräft'gen Segen drüber sprechen,
  Das ist bewährt, hilft gegen jeden Bann.
BUTTLER: Das tue, Macdonald. Jetzt aber geht.
  Wählt aus dem Regimente zwanzig, dreißig
  Handfeste Kerls, laßt sie dem Kaiser schwören –
  Wenn's eilf geschlagen – wenn die ersten Runden
  Passiert sind, führt ihr sie in aller Stille
  Dem Hause zu – Ich werde selbst nicht weit sein.
DEVEROUX: Wie kommen wir durch die Hartschiers und Gar-
  Die in dem innern Hofraum Wache stehn?   [den,
BUTTLER: Ich hab des Orts Gelegenheit erkundigt.
  Durch eine hintre Pforte führ ich euch,
  Die nur durch einen Mann verteidigt wird.
  Mir gibt mein Rang und Amt zu jeder Stunde
  Einlaß beim Herzog. Ich will euch vorangehn,
  Und schnell mit einem Dolchstoß in die Kehle
  Durchbohr ich den Hartschier und mach euch Bahn.
DEVEROUX: Und sind wir oben, wie erreichen wir
  Das Schlafgemach des Fürsten, ohne daß
  Das Hofgesind erwacht und Lärmen ruft?
  Denn er ist hier mit großem Komitat.
BUTTLER: Die Dienerschaft ist auf dem rechten Flügel,
  Er haßt Geräusch, wohnt auf dem linken ganz allein.
DEVEROUX: Wär's nur vorüber, Macdonald – Mir ist
  Seltsam dabei zumute, weiß der Teufel.

MACDONALD: Mir auch. Es ist ein gar zu großes Haupt.
  Man wird uns für zwei Bösewichter halten.
BUTTLER: In Glanz und Ehr und Überfluß könnt ihr
  Der Menschen Urteil und Gered verlachen.
DEVEROUX: Wenn's mit der Ehr nur auch so recht gewiß ist.
BUTTLER: Seid unbesorgt. Ihr rettet Kron und Reich
  Dem Ferdinand. Der Lohn kann nicht gering sein.
DEVEROUX: So ist's sein Zweck, den Kaiser zu entthronen?
BUTTLER: Das ist er! Kron und Leben ihm zu rauben!
DEVEROUX: So müßt er fallen durch des Henkers Hand,
  Wenn wir nach Wien lebendig ihn geliefert?
BUTTLER: Dies Schicksal könnt er nimmermehr vermeiden.
DEVEROUX: Komm Macdonald! Er soll als Feldherr enden,
  Und ehrlich fallen von Soldatenhänden.
           Sie gehen ab.

DRITTER AUFTRITT

*Ein Saal, aus dem man in eine Galerie gelangt, die sich weit nach
                    hinten verliert.*

WALLENSTEIN *sitzt an einem Tisch*. DER SCHWEDISCHE HAUPT-
  MANN *steht vor ihm. Bald darauf* GRÄFIN TERZKY.

WALLENSTEIN: Empfehlt mich Eurem Herrn. Ich nehme teil
  An seinem guten Glück, und wenn Ihr mich
  So viele Freude nicht bezeigen seht,
  Als diese Siegespost verdienen mag,
  So glaubt, es ist nicht Mangel guten Willens,
  Denn unser Glück ist nunmehr eins. Lebt wohl!
  Nehmt meinen Dank für Eure Müh. Die Festung
  Soll sich euch auftun morgen, wenn ihr kommt.
*Schwedischer Hauptmann geht ab. Wallenstein sitzt in tiefen Gedan-
ken, starr vor sich hinsehend, den Kopf in die Hand gesenkt. Gräfin
Terzky tritt herein, und steht eine Zeitlang vor ihm unbemerkt, end-
lich macht er eine rasche Bewegung, erblickt sie und faßt sich schnell.*
  Kommst du von ihr? Erholt sie sich? Was macht sie?
GRÄFIN: Sie soll gefaßter sein nach dem Gespräch,
  Sagt mir die Schwester – Jetzt ist sie zu Bette.
WALLENSTEIN:
  Ihr Schmerz wird sanfter werden. Sie wird weinen.

GRÄFIN: Auch dich, mein Bruder, find ich nicht wie sonst.
Nach einem Sieg erwartet ich dich heitrer.
O bleibe stark! Erhalte du uns aufrecht,
Denn du bist unser Licht und unsre Sonne.
WALLENSTEIN: Sei ruhig. Mir ist nichts – Wo ist dein Mann?
GRÄFIN: Zu einem Gastmahl sind sie, er und Illo.
WALLENSTEIN *steht auf und macht einige Schritte durch den Saal*:
Es ist schon finstre Nacht – Geh auf dein Zimmer.
GRÄFIN: Heiß mich nicht gehn, o laß mich um dich bleiben.
WALLENSTEIN *ist ans Fenster getreten*:
Am Himmel ist geschäftige Bewegung,
Des Turmes Fahne jagt der Wind, schnell geht
Der Wolken Zug, die Mondessichel wankt,
Und durch die Nacht zuckt ungewisse Helle.
– Kein Sternbild ist zu sehn! Der matte Schein dort,
Der einzelne, ist aus der Kassiopeia,
Und dahin steht der Jupiter – Doch jetzt
Deckt ihn die Schwärze des Gewitterhimmels!
          Er versinkt in Tiefsinn und sieht starr hinaus.
GRÄFIN *die ihm traurig zusieht, faßt ihn bei der Hand*:
Was sinnst du?
WALLENSTEIN: Mir deucht, wenn ich ihn sähe, wär mir wohl.
Es ist der Stern der meinem Leben strahlt,
Und wunderbar oft stärkte mich sein Anblick.
                    Pause.
GRÄFIN: Du wirst ihn wiedersehn.
WALLENSTEIN *ist wieder in eine tiefe Zerstreuung gefallen, er ermun-
tert sich, und wendet sich schnell zur Gräfin*:
Ihn wiedersehn? – O niemals wieder!
GRÄFIN: Wie?
WALLENSTEIN: Er ist dahin – ist Staub!
GRÄFIN: Wen meinst du denn?
WALLENSTEIN: Er ist der Glückliche. Er hat vollendet.
Für ihn ist keine Zukunft mehr, ihm spinnt
Das Schicksal keine Tücke mehr – sein Leben
Liegt faltenlos und leuchtend ausgebreitet,
Kein dunkler Flecken blieb darin zurück,
Und unglückbringend pocht ihm keine Stunde.
Weg ist er über Wunsch und Furcht, gehört
Nicht mehr den trüglich wankenden Planeten –
O ihm ist wohl! Wer aber weiß, was uns

Die nächste Stunde schwarz verschleiert bringt!

GRÄFIN: Du sprichst von Piccolomini. Wie starb er?
Der Bote ging just von dir, als ich kam.
Wallenstein bedeutet sie mit der Hand zu schweigen.
O wende deine Blicke nicht zurück!
Vorwärts in hellre Tage laß uns schauen.
Freu dich des Siegs, vergiß was er dir kostet.
Nicht heute erst ward dir der Freund geraubt,
Als er sich von dir schied, da starb er dir.

WALLENSTEIN:
Verschmerzen werd ich diesen Schlag, das weiß ich,
Denn was verschmerzte nicht der Mensch! Vom Höchsten
Wie vom Gemeinsten lernt er sich entwöhnen,
Denn ihn besiegen die gewalt'gen Stunden.
Doch fühl ich's wohl, was ich in ihm verlor.
Die Blume ist hinweg aus meinem Leben,
Und kalt und farblos seh ich's vor mir liegen.
Denn er stand neben mir, wie meine Jugend,
Er machte mir das Wirkliche zum Traum,
Um die gemeine Deutlichkeit der Dinge
Den goldnen Duft der Morgenröte webend –
Im Feuer seines liebenden Gefühls
Erhoben sich, mir selber zum Erstaunen,
Des Lebens flach alltägliche Gestalten.
– Was ich mir ferner auch erstreben mag,
Das Schöne ist doch weg, das kommt nicht wieder,
Denn über alles Glück geht doch der Freund,
Der's fühlend erst erschafft, der's teilend mehrt.

GRÄFIN: Verzag nicht an der eignen Kraft. Dein Herz
Ist reich genug, sich selber zu beleben.
Du liebst und preisest Tugenden an ihm,
Die du in ihm gepflanzt, in ihm entfaltet.

WALLENSTEIN *an die Türe gehend*:
Wer stört uns noch in später Nacht? – Es ist
Der Kommendant. Er bringt die Festungsschlüssel.
Verlaß uns, Schwester, Mitternacht ist da.

GRÄFIN: O mir wird heut so schwer von dir zu gehn,
Und bange Furcht bewegt mich.

WALLENSTEIN: Furcht! Wovor?

GRÄFIN: Du möchtest schnell wegreisen diese Nacht,
Und beim Erwachen fänden wir dich nimmer.

WALLENSTEIN: Einbildungen!

GRÄFIN: O meine Seele wird
  Schon lang von trüben Ahnungen geängstigt,
  Und wenn ich wachend sie bekämpft, sie fallen
  Mein banges Herz in düstern Träumen an.
  – Ich sah dich gestern nacht mit deiner ersten
  Gemahlin, reich geputzt, zu Tische sitzen –

WALLENSTEIN: Das ist ein Traum erwünschter Vorbedeutung,
  Denn jene Heirat stiftete mein Glück.

GRÄFIN: Und heute träumte mir, ich suchte dich
  In deinem Zimmer auf – Wie ich hineintrat,
  So war's dein Zimmer nicht mehr, die Kartause
  Zu Gitschin war's, die du gestiftet hast,
  Und wo du willst, daß man dich hin begrabe.

WALLENSTEIN: Dein Geist ist nun einmal damit beschäftigt.

GRÄFIN: Wie? Glaubst du nicht, daß eine Warnungsstimme
  In Träumen vorbedeutend zu uns spricht?

WALLENSTEIN:
  Dergleichen Stimmen gibt's – Es ist kein Zweifel!
  Doch Warnungsstimmen möcht ich sie nicht nennen,
  Die nur das Unvermeidliche verkünden.
  Wie sich der Sonne Scheinbild in dem Dunstkreis
  Malt, eh sie kommt, so schreiten auch den großen
  Geschicken ihre Geister schon voran,
  Und in dem Heute wandelt schon das Morgen.
  Es machte mir stets eigene Gedanken,
  Was man vom Tod des vierten Heinrichs liest.
  Der König fühlte das Gespenst des Messers
  Lang vorher in der Brust, eh sich der Mörder
  Ravaillac damit waffnete. Ihn floh
  Die Ruh, es jagt' ihn auf in seinem Louvre,
  Ins Freie trieb es ihn, wie Leichenfeier
  Klang ihm der Gattin Krönungsfest, er hörte
  Im ahnungsvollen Ohr der Füße Tritt,
  Die durch die Gassen von Paris ihn suchten –

GRÄFIN: Sagt dir die innre Ahnungsstimme nichts?

WALLENSTEIN: Nichts. Sei ganz ruhig!

GRÄFIN *in düstres Nachsinnen verloren*:   Und ein andermal,
  Als ich dir eilend nachging, liefst du vor mir
  Durch einen langen Gang, durch weite Säle,
  Es wollte gar nicht enden – Türen schlugen

Zusammen, krachend – keuchend folgt ich, konnte
Dich nicht erreichen – plötzlich fühlt ich mich
Von hinten angefaßt mit kalter Hand,
Du warst's, und küßtest mich, und über uns
Schien eine rote Decke sich zu legen –

WALLENSTEIN: Das ist der rote Teppich meines Zimmers.

GRÄFIN *ihn betrachtend*:

Wenn's dahin sollte kommen – Wenn ich dich,
Der jetzt in Lebensfülle vor mir steht –
           Sie sinkt ihm weinend an die Brust.

WALLENSTEIN:

Des Kaisers Achtsbrief ängstigt dich. Buchstaben
Verwunden nicht, er findet keine Hände.

GRÄFIN: Fänd er sie aber, dann ist mein Entschluß
Gefaßt – ich führe bei mir, was mich tröstet. *Geht ab.*

VIERTER AUFTRITT

WALLENSTEIN. GORDON. *Dann der* KAMMERDIENER.

WALLENSTEIN: Ist's ruhig in der Stadt?

GORDON: Die Stadt ist ruhig.

WALLENSTEIN: Ich höre rauschende Musik, das Schloß ist
Von Lichtern hell. Wer sind die Fröhlichen?

GORDON: Dem Grafen Terzky und dem Feldmarschall
Wird ein Bankett gegeben auf dem Schloß.

WALLENSTEIN *vor sich*:

Es ist des Sieges wegen – Dies Geschlecht
Kann sich nicht anders freuen, als bei Tisch.
           Klingelt. Kammerdiener tritt ein.
Entkleide mich, ich will mich schlafen legen.
           Er nimmt die Schlüssel zu sich.
So sind wir denn vor jedem Feind bewahrt,
Und mit den sichern Freunden eingeschlossen,
Denn alles müßt mich trügen, oder ein
Gesicht wie dies *Auf Gordon schauend.*
           ist keines Heuchlers Larve.

*Kammerdiener hat ihm den Mantel, Ringkragen und die Feldbinde
                       abgenommen.*

Gib acht! was fällt da?

KAMMERDIENER: Die goldne Kette ist entzweigesprungen.

WALLENSTEIN: Nun, sie hat lang genug gehalten. Gib.
Indem er die Kette betrachtet.
Das war des Kaisers erste Gunst. Er hing sie
Als Erzherzog mir um, im Krieg von Friaul,
Und aus Gewohnheit trug ich sie bis heut.
– Aus Aberglauben, wenn ihr wollt. Sie sollte
Ein Talisman mir sein, solang ich sie
An meinem Halse gläubig würde tragen,
Das flücht'ge Glück, des erste Gunst sie war,
Mir auf zeitlebens binden – Nun es sei!
Mir muß fortan ein neues Glück beginnen,
Denn dieses Bannes Kraft ist aus.
*Kammerdiener entfernt sich mit den Kleidern. Wallenstein steht auf,
macht einen Gang durch den Saal und bleibt zuletzt nachdenkend vor
Gordon stehen.*
Wie doch die alte Zeit mir näher kommt.
Ich seh mich wieder an dem Hof zu Burgau,
Wo wir zusammen Edelknaben waren.
Wir hatten öfters Streit, du meintest's gut,
Und pflegtest gern den Sittenprediger
Zu machen, schaltest mich, daß ich nach hohen Dingen
Unmäßig strebte, kühnen Träumen glaubend,
Und priesest mir den goldnen Mittelweg.
– Ei, deine Weisheit hat sich schlecht bewährt,
Sie hat dich früh zum abgelebten Manne
Gemacht, und würde dich, wenn ich mit meinen
Großmüt'gern Sternen nicht dazwischenträte,
Im schlechten Winkel still verlöschen lassen.

GORDON: Mein Fürst! Mit leichtem Mute knüpft der arme
Den kleinen Nachen an im sichern Port,   [Fischer
Sieht er im Sturm das große Meerschiff stranden.

WALLENSTEIN: So bist du schon im Hafen alter Mann?
Ich nicht. Es treibt der ungeschwächte Mut
Noch frisch und herrlich auf der Lebenswoge,
Die Hoffnung nenn ich meine Göttin noch,
Ein Jüngling ist der Geist, und seh ich mich
Dir gegenüber, ja, so möcht ich rühmend sagen,
Daß über meinem braunen Scheitelhaar
Die schnellen Jahre machtlos hingegangen.
*Er geht mit großen Schritten durchs Zimmer, und bleibt auf der ent-
gegengesetzten Seite, Gordon gegenüber, stehen.*

Wer nennt das Glück noch falsch? Mir war es treu,
Hob aus der Menschen Reihen mich heraus
Mit Liebe, durch des Lebens Stufen mich
Mit kraftvoll leichten Götterarmen tragend.
Nichts ist gemein in meines Schicksals Wegen,
Noch in den Furchen meiner Hand. Wer möchte
Mein Leben mir nach Menschenweise deuten?
Zwar jetzo schien ich tief herabgestürzt,
Doch werd ich wieder steigen, hohe Flut
Wird bald auf diese Ebbe schwellend folgen –

GORDON: Und doch erinnr ich an den alten Spruch:
Man soll den Tag nicht vor dem Abend loben.
Nicht Hoffnung möcht ich schöpfen aus dem langen Glück,
Dem Unglück ist die Hoffnung zugesendet.
Furcht soll das Haupt des Glücklichen umschweben,
Denn ewig wanket des Geschickes Waage.

WALLENSTEIN *lächelnd*:
Den alten Gordon hör ich wieder sprechen.
– Wohl weiß ich, daß die ird'schen Dinge wechseln,
Die bösen Götter fodern ihren Zoll,
Das wußten schon die alten Heidenvölker,
Drum wählten sie sich selbst freiwill'ges Unheil,
Die eifersücht'ge Gottheit zu versöhnen,
Und Menschenopfer bluteten dem Typhon.
            Nach einer Pause, ernst und stiller:
Auch ich hab ihm geopfert – Denn mir fiel
Der liebste Freund, und fiel durch meine Schuld.
So kann mich keines Glückes Gunst mehr freuen,
Als dieser Schlag mich hat geschmerzt – Der Neid
Des Schicksals ist gesättigt, es nimmt Leben
Für Leben an, und abgeleitet ist
Auf das geliebte reine Haupt der Blitz,
Der mich zerschmetternd sollte niederschlagen.

FÜNFTER AUFTRITT

VORIGE. SENI.

WALLENSTEIN: Kommt da nicht Seni? Und wie außer sich!
Was führt dich noch so spät hieher, Baptist?
SENI: Furcht deinetwegen, Hoheit.

WALLENSTEIN: Sag, was gibt's?

SENI: Flieh, Hoheit, eh der Tag anbricht. Vertraue dich
Den Schwedischen nicht an.

WALLENSTEIN: Was fällt dir ein?

SENI *mit steigendem Ton*:
Vertrau dich diesen Schweden nicht.

WALLENSTEIN: Was ist's denn?

SENI: Erwarte nicht die Ankunft dieser Schweden!
Von falschen Freunden droht dir nahes Unheil,
Die Zeichen stehen grausenhaft, nah, nahe
Umgeben dich die Netze des Verderbens.

WALLENSTEIN: Du träumst, Baptist, die Furcht betöret dich.

SENI: O glaube nicht, daß leere Furcht mich täusche.
Komm, lies es selbst in dem Planetenstand,
Daß Unglück dir von falschen Freunden droht.

WALLENSTEIN:
Von falschen Freunden stammt mein ganzes Unglück,
Die Weisung hätte früher kommen sollen,
Jetzt brauch ich keine Sterne mehr dazu.

SENI: O komm und sieh! Glaub deinen eignen Augen.
Ein greulich Zeichen steht im Haus des Lebens,
Ein naher Feind, ein Unhold lauert hinter
Den Strahlen deines Sterns – O laß dich warnen!
Nicht diesen Heiden überliefre dich,
Die Krieg mit unsrer heil'gen Kirche führen.

WALLENSTEIN *lächelnd*:
Schallt das Orakel daher? – Ja! Ja! Nun
Besinn ich mich – Dies schwed'sche Bündnis hat
Dir nie gefallen wollen – Leg dich schlafen
Baptista! Solche Zeichen fürcht ich nicht.

GORDON *der durch diese Reden heftig erschüttert worden, wendet sich zu
Wallenstein*: Mein fürstlicher Gebieter! Darf ich reden?
Oft kommt ein nützlich Wort aus schlechtem Munde.

WALLENSTEIN: Sprich frei!

GORDON: Mein Fürst! Wenn's doch kein leeres Furchtbild wäre,
Wenn Gottes Vorsehung sich dieses Mundes
Zu Ihrer Rettung wunderbar bediente!

WALLENSTEIN: Ihr sprecht im Fieber, einer wie der andre.
Wie kann mir Unglück kommen von den Schweden?
Sie suchten meinen Bund, er ist ihr Vorteil.

GORDON: Wenn dennoch ebendieser Schweden Ankunft –

Gerade die es wär, die das Verderben
Beflügelte auf Ihr so sichres Haupt – *Vor ihm niederstürzend.*
O noch ist's Zeit, mein Fürst –

SENI *kniet nieder*:   O hör ihn! hör ihn!

WALLENSTEIN:

Zeit, und wozu? Steht auf – Ich will's, steht auf.

GORDON *steht auf*: Der Rheingraf ist noch fern. Gebieten Sie,
Und diese Festung soll sich ihm verschließen.
Will er uns dann belagern, er versuch's.
Doch sag ich dies: Verderben wird er eher
Mit seinem ganzen Volk vor diesen Wällen,
Als unsres Mutes Tapferkeit ermüden.
Erfahren soll er, was ein Heldenhaufe
Vermag, beseelt von einem Heldenführer,
Dem's Ernst ist, seinen Fehler gutzumachen.
Das wird den Kaiser rühren und versöhnen,
Denn gern zur Milde wendet sich sein Herz,
Und Friedland, der bereuend wiederkehrt,
Wird höher stehn in seines Kaisers Gnade,
Als je der Niegefallne hat gestanden.

WALLENSTEIN *betrachtet ihn mit Befremdung und Erstaunen, und
schweigt eine Zeitlang, eine starke innre Bewegung zeigend:*
Gordon – des Eifers Wärme führt Euch weit,
Es darf der Jugendfreund sich was erlauben.
– Blut ist geflossen, Gordon. Nimmer kann
Der Kaiser mir vergeben. Könnt er's, ich,
Ich könnte nimmer mir vergeben lassen.
Hätt ich vorher gewußt, was nun geschehn,
Daß es den liebsten Freund mir würde kosten,
Und hätte mir das Herz, wie jetzt gesprochen –
Kann sein, ich hätte mich bedacht – kann sein
Auch nicht – Doch was nun schonen noch? Zu ernsthaft
Hat's angefangen, um in nichts zu enden.
Hab es denn seinen Lauf! *Indem er ans Fenster tritt:*
Sieh, es ist Nacht geworden, auf dem Schloß
Ist's auch schon stille – Leuchte Kämmerling.

*Kammerdiener, der unterdessen still eingetreten, und mit sichtbarem
Anteil in der Ferne gestanden, tritt hervor, heftig bewegt, und stürzt
sich zu des Herzogs Füßen.*
Du auch noch? Doch ich weiß es ja, warum
Du meinen Frieden wünschest mit dem Kaiser.

Der arme Mensch! Er hat im Kärntnerland
Ein kleines Gut und sorgt, sie nehmen's ihm,
Weil er bei mir ist. Bin ich denn so arm,
Daß ich den Dienern nicht ersetzen kann?
Nun! Ich will niemand zwingen. Wenn du meinst,
Daß mich das Glück geflohen, so verlaß mich.
Heut magst du mich zum letztenmal entkleiden,
Und dann zu deinem Kaiser übergehn –
Gut Nacht, Gordon!
Ich denke einen langen Schlaf zu tun,
Denn dieser letzten Tage Qual war groß,
Sorgt, daß sie nicht zu zeitig mich erwecken.

*Er geht ab. Kammerdiener leuchtet. Seni folgt. Gordon bleibt in der
Dunkelheit stehen, dem Herzog mit den Augen folgend, bis er in dem
äußersten Gang verschwunden ist; dann drückt er durch Gebärden
seinen Schmerz aus, und lehnt sich gramvoll an eine Säule.*

Sechster Auftritt

Gordon. Buttler *anfangs hinter der Szene.*

BUTTLER: Hier stehet still, bis ich das Zeichen gebe.
GORDON *fährt auf*:
  Er ist's, er bringt die Mörder schon.
BUTTLER: Die Lichter
  Sind aus. In tiefem Schlafe liegt schon alles.
GORDON: Was soll ich tun? Versuch ich's, ihn zu retten?
  Bring ich das Haus, die Wachen in Bewegung?
BUTTLER *erscheint hinten*:
  Vom Korridor her schimmert Licht. Das führt
  Zum Schlafgemach des Fürsten.
GORDON: Aber brech ich
  Nicht meinen Eid dem Kaiser? Und entkommt er,
  Des Feindes Macht verstärkend, lad ich nicht
  Auf mein Haupt alle fürchterlichen Folgen?
BUTTLER *etwas näher kommend*:
  Still! Horch! Wer spricht da?
GORDON: Ach, es ist doch besser,
  Ich stell's dem Himmel heim. Denn was bin ich,
  Daß ich so großer Tat mich unterfinge?
  Ich hab ihn nicht ermordet, wenn er umkommt,

Doch seine Rettung wäre meine Tat,
Und jede schwere Folge müßt ich tragen.
BUTTLER *herzutretend*:
  Die Stimme kenn ich.
GORDON: Buttler!
BUTTLER: Es ist Gordon.
  Was sucht Ihr hier? Entließ der Herzog Euch
  So spät?
GORDON: Ihr tragt die Hand in einer Binde?
BUTTLER: Sie ist verwundet. Dieser Illo focht
  Wie ein Verzweifelter, bis wir ihn endlich
  Zu Boden streckten –
GORDON *schauert zusammen*:
                    Sie sind tot!
BUTTLER: Es ist geschehn.
  – Ist er zu Bett?
GORDON: Ach Buttler!
BUTTLER *dringend*:   Ist er? Sprecht!
  Nicht lange kann die Tat verborgen bleiben.
GORDON: Er soll nicht sterben. Nicht durch Euch! Der Him-
  Will Euren Arm nicht. Seht, er ist verwundet.   [mel
BUTTLER: Nicht meines Armes braucht's.
GORDON: Die Schuldigen
  Sind tot; genug ist der Gerechtigkeit
  Geschehn! Laßt dieses Opfer sie versöhnen!
Kammerdiener kommt den Gang her, mit dem Finger auf dem Mund
            Stillschweigen gebietend.
  Er schläft! O mordet nicht den heil'gen Schlaf!
BUTTLER: Nein, er soll wachend sterben. *Will gehen.*
GORDON: Ach, sein Herz ist noch
  Den ird'schen Dingen zugewendet, nicht
  Gefaßt ist er, vor seinen Gott zu treten.
BUTTLER: Gott ist barmherzig! *Will gehen.*
GORDON *hält ihn*:   Nur die Nacht noch gönnt ihm.
BUTTLER: Der nächste Augenblick kann uns verraten. *Will fort.*
GORDON *hält ihn*: Nur eine Stunde!
BUTTLER: Laßt mich los. Was kann
  Die kurze Frist ihm helfen?
GORDON: O die Zeit ist
  Ein wundertät'ger Gott. In einer Stunde rinnen
  Viel tausend Körner Sandes, schnell wie sie

Bewegen sich im Menschen die Gedanken.
Nur eine Stunde! Euer Herz kann sich,
Das seinige sich wenden – Eine Nachricht
Kann kommen – ein beglückendes Ereignis
Entscheidend, rettend, schnell vom Himmel fallen –
O was vermag nicht eine Stunde!

BUTTLER: Ihr erinnert mich,
Wie kostbar die Minuten sind. *Er stampft auf den Boden.*

SIEBENTER AUFTRITT

MACDONALD. DEVEROUX *mit* HELLEBARDIERERN *treten hervor.*
Dann KAMMERDIENER. VORIGE.

GORDON *sich zwischen ihn und jene werfend*: Nein Unmensch!
Erst über meinen Leichnam sollst du hingehn,
Denn nicht will ich das Gräßliche erleben.

BUTTLER *ihn wegdrängend*:
Schwachsinn'ger Alter!
                    Man hört Trompeten in der Ferne.

MACDONALD *und* DEVEROUX:
                    Schwedische Trompeten!
Die Schweden stehn vor Eger! Laßt uns eilen!

GORDON: Gott! Gott!

BUTTLER: An Euren Posten, Kommendant.
                    Gordon stürzt hinaus.

KAMMERDIENER *eilt herein*:
Wer darf hier lärmen? Still, der Herzog schläft!

DEVEROUX *mit lauter fürchterlicher Stimme*:
Freund! Jetzt ist's Zeit zu lärmen!

KAMMERDIENER *Geschrei erhebend*:   Hilfe! Mörder!

BUTTLER: Nieder mit ihm!

KAMMERDIENER *von Deveroux durchbohrt, stürzt am Eingang der*
Galerie: Jesus Maria!

BUTTLER: Sprengt die Türen!
Sie schreiten über den Leichnam weg, den Gang hin. Man hört in der
Ferne zwei Türen nacheinander stürzen – Dumpfe Stimmen –
Waffengetöse – dann plötzlich tiefe Stille.

ACHTER AUFTRITT

GRÄFIN TERZKY *mit einem Lichte.*

Ihr Schlafgemach ist leer, und sie ist nirgends
Zu finden, auch die Neubrunn wird vermißt,
Die bei ihr wachte – Wäre sie entflohn?
Wo kann sie hingeflohen sein! Man muß
Nacheilen, alles in Bewegung setzen!
Wie wird der Herzog diese Schreckenspost
Aufnehmen! – Wäre nur mein Mann zurück
Vom Gastmahl! Ob der Herzog wohl noch wach ist?
Mir war's, als hört ich Stimmen hier und Tritte.
Ich will doch hingehn, an der Türe lauschen.
Horch! wer ist das? Es eilt die Trepp herauf.

NEUNTER AUFTRITT

GRÄFIN. GORDON. *Dann* BUTTLER.

GORDON *eilfertig, atemlos hereinstürzend*:
Es ist ein Irrtum – es sind nicht die Schweden.
Ihr sollt nicht weitergehen – Buttler – Gott!
Wo ist er? *Indem er die Gräfin bemerkt:*
    Gräfin, sagen Sie –
GRÄFIN: Sie kommen von der Burg? Wo ist mein Mann?
GORDON *entsetzt*: Ihr Mann! – O fragen Sie nicht! Gehen Sie
Hinein – *Will fort.*
GRÄFIN *hält ihn*: Nicht eher, bis Sie mir entdecken –
GORDON *heftig dringend*: An diesem Augenblicke hängt die
Um Gottes willen gehen Sie – Indem   [Welt!
Wir sprechen – Gott im Himmel! *Laut schreiend:*
                    Buttler! Buttler!
GRÄFIN: Der ist ja auf dem Schloß mit meinem Mann.
        Buttler kommt aus der Galerie.
GORDON *der ihn erblickt*:
Es war ein Irrtum – Es sind nicht die Schweden –
Die Kaiserlichen sind's, die eingedrungen –
Der Generalleutnant schickt mich her, er wird
Gleich selbst hier sein – Ihr sollt nicht weitergehn –
BUTTLER: Er kommt zu spät.

GORDON *stürzt an die Mauer*: Gott der Barmherzigkeit!
GRÄFIN *ahnungsvoll*: Was ist zu spät? Wer wird gleich selbst hier
  Octavio in Eger eingedrungen?   [sein?
  Verräterei! Verräterei! Wo ist
  Der Herzog? *Eilt dem Gange zu.*

ZEHNTER AUFTRITT

VORIGE. SENI. *Dann* BÜRGERMEISTER. PAGE. KAMMERFRAU.
  BEDIENTE *rennen schreckensvoll über die Szene.*

SENI *der mit allen Zeichen des Schreckens aus der Galerie kommt*:
  O blutige, entsetzensvolle Tat!
GRÄFIN: Was ist
  Geschehen, Seni?
PAGE *herauskommend*: O erbarmenswürd'ger Anblick!
              Bediente mit Fackeln.
GRÄFIN: Was ist's? Um Gottes willen!
SENI: Fragt Ihr noch?
  Drin liegt der Fürst ermordet, Euer Mann ist
  Erstochen auf der Burg.
        Gräfin bleibt erstarrt stehen.
KAMMERFRAU *eilt herein*:
  Hilf! Hilf der Herzogin!
BÜRGERMEISTER *kommt schreckenvoll*:
                Was für ein Ruf
  Des Jammers weckt die Schläfer dieses Hauses?
GORDON: Verflucht ist Euer Haus auf ew'ge Tage!
  In Eurem Hause liegt der Fürst ermordet.
BÜRGERMEISTER: Das wolle Gott nicht! *Stürzt hinaus.*
ERSTER BEDIENTER: Flieht! Flieht! Sie er-
  Uns alle!   [morden
ZWEITER BEDIENTER *Silbergerät tragend*:
      Dahinaus. Die untern Gänge sind besetzt.
      Hinter der Szene wird gerufen:
  Platz! Platz dem Generalleutnant!
Bei diesen Worten richtet sich die Gräfin aus ihrer Erstarrung auf,
    faßt sich und geht schnell ab.
      Hinter der Szene:
  Besetzt das Tor! Das Volk zurückgehalten!

EILFTER AUFTRITT

VORIGE, *ohne die Gräfin.* OCTAVIO PICCOLOMINI *tritt herein mit Gefolge.* DEVEROUX *und* MACDONALD *kommen zugleich aus dem Hintergrunde mit Hellebardierern. Wallensteins Leichnam wird in einem roten Teppich hinten über die Szene getragen.*

OCTAVIO *rasch eintretend*:
     Es darf nicht sein! Es ist nicht möglich! Buttler!
     Gordon! Ich will's nicht glauben. Saget nein.
GORDON *ohne zu antworten, weist mit der Hand nach hinten. Octavio sieht hin und steht von Entsetzen ergriffen.*
DEVEROUX *zu Buttler*:
     Hier ist das goldne Vlies, des Fürsten Degen!
MACDONALD: Befehlt Ihr, daß man die Kanzlei ⌐
BUTTLER *auf Octavio zeigend*:   Hier steht er,
     Der jetzt allein Befehle hat zu geben.
Deveroux und Macdonald treten ehrerbietig zurück; alles verliert sich still, daß nur allein Buttler, Octavio und Gordon auf der Szene bleiben.
OCTAVIO *zu Buttlern gewendet*:
     War das die Meinung, Buttler, als wir schieden?
     Gott der Gerechtigkeit! Ich hebe meine Hand auf!
     Ich bin an dieser ungeheuren Tat
     Nicht schuldig.
BUTTLER: Eure Hand ist rein. Ihr habt
     Die meinige dazu gebraucht.
OCTAVIO: Ruchloser!
     So mußtest du des Herrn Befehl mißbrauchen,
     Und blutig grauenvollen Meuchelmord
     Auf deines Kaisers heil'gen Namen wälzen?
BUTTLER *gelassen*: Ich hab des Kaisers Urtel nur vollstreckt.
OCTAVIO: O Fluch der Könige, der ihren Worten
     Das fürchterliche Leben gibt, dem schnell
     Vergänglichen Gedanken gleich die Tat,
     Die fest unwiderrufliche, ankettet!
     Mußt es so rasch gehorcht sein? Konntest du
     Dem Gnädigen nicht Zeit zur Gnade gönnen?
     Des Menschen Engel ist die Zeit – die rasche
     Vollstreckung an das Urteil anzuheften,
     Ziemt nur dem unveränderlichen Gott!

BUTTLER: Was scheltet Ihr mich? Was ist mein Verbrechen?
Ich habe eine gute Tat getan,
Ich hab das Reich von einem furchtbarn Feinde
Befreit, und mache Anspruch auf Belohnung.
Der einz'ge Unterschied ist zwischen Eurem
Und meinem Tun: Ihr habt den Pfeil geschärft,
Ich hab ihn abgedrückt. Ihr sätet Blut,
Und steht bestürzt, daß Blut ist aufgegangen.
Ich wußte immer, was ich tat, und so
Erschreckt und überrascht mich kein Erfolg.
Habt Ihr sonst einen Auftrag mir zu geben?
Denn stehnden Fußes reis ich ab nach Wien,
Mein blutend Schwert vor meines Kaisers Thron
Zu legen und den Beifall mir zu holen,
Den der geschwinde, pünktliche Gehorsam
Von dem gerechten Richter fodern darf. *Geht ab.*

Zwölfter Auftritt

VORIGE *ohne Buttler.* GRÄFIN TERZKY *tritt auf, bleich und ent-
stellt. Ihre Sprache ist schwach und langsam, ohne Leidenschaft.*

OCTAVIO *ihr entgegen*: O Gräfin Terzky, mußt es dahin kommen?
Das sind die Folgen unglücksel'ger Taten.
GRÄFIN: Es sind die Früchte Ihres Tuns – Der Herzog
Ist tot, mein Mann ist tot, die Herzogin
Ringt mit dem Tode, meine Nichte ist verschwunden.
Dies Haus des Glanzes und der Herrlichkeit
Steht nun verödet, und durch alle Pforten
Stürzt das erschreckte Hofgesinde fort.
Ich bin die letzte drin, ich schloß es ab,
Und liefre hier die Schlüssel aus.
OCTAVIO *mit tiefem Schmerz*:   O Gräfin,
Auch mein Haus ist verödet!
GRÄFIN: Wer soll noch
Umkommen? Wer soll noch mißhandelt werden?
Der Fürst ist tot, des Kaisers Rache kann
Befriedigt sein. Verschonen Sie die alten Diener!
Daß den Getreuen ihre Lieb und Treu
Nicht auch zum Frevel angerechnet werde!

Das Schicksal überraschte meinen Bruder
Zu schnell, er konnte nicht mehr an sie denken.

OCTAVIO:

Nichts von Mißhandlung! Nichts von Rache, Gräfin!
Die schwere Schuld ist schwer gebüßt, der Kaiser
Versöhnt, nichts geht vom Vater auf die Tochter
Hinüber, als sein Ruhm und sein Verdienst.
Die Kaiserin ehrt Ihr Unglück, öffnet Ihnen
Teilnehmend ihre mütterlichen Arme.
Drum keine Furcht mehr! Fassen Sie Vertrauen,
Und übergeben Sie sich hoffnungsvoll
Der kaiserlichen Gnade.

GRÄFIN *mit einem Blick zum Himmel*: Ich vertraue mich
Der Gnade eines größern Herrn – Wo soll
Der fürstliche Leichnam seine Ruhstatt finden?
In der Kartause, die er selbst gestiftet,
Zu Gitschin ruht die Gräfin Wallenstein,
An ihrer Seite, die sein erstes Glück
Gegründet, wünscht' er, dankbar, einst zu schlummern.
O lassen Sie ihn dort begraben sein!
Auch für die Reste meines Mannes bitt ich
Um gleiche Gunst. Der Kaiser ist Besitzer
Von unsern Schlössern, gönne man uns nur
Ein Grab noch bei den Gräbern unsrer Ahnen.

OCTAVIO: Sie zittern, Gräfin – Sie verbleichen – Gott!
Und welche Deutung geb ich Ihren Reden?

GRÄFIN *sammelt ihre letzte Kraft und spricht mit Lebhaftigkeit und
    Adel*: Sie denken würdiger von mir, als daß Sie glaubten,
Ich überlebte meines Hauses Fall.
Wir fühlten uns nicht zu gering, die Hand
Nach einer Königskrone zu erheben –
Es sollte nicht sein – Doch wir d e n k e n königlich,
Und achten einen freien, mut'gen Tod
Anständiger als ein entehrtes Leben.
– Ich habe Gift . . .

OCTAVIO: O rettet! helft!

GRÄFIN: Es ist zu spät.
In wenig Augenblicken ist mein Schicksal
Erfüllt. *Sie geht ab.*

GORDON: O Haus des Mordes und Entsetzens!

              Ein Kurier kommt und bringt einen Brief.

GORDON *tritt ihm entgegen*:

Was gibt's? Das ist das kaiserliche Siegel.

Er hat die Aufschrift gelesen, und übergibt den Brief dem Octavio mit
einem Blick des Vorwurfs.

Dem Fürsten Piccolomini.

Octavio erschrickt und blickt schmerzvoll zum Himmel.

Der Vorhang fällt.

NACHWORT*

Erst auf dem langen Umweg über die historischen und philosophischen Studien gelangte Schiller erneut zu seiner eigentlichen Darstellungsform: dem Drama. Immer mehr tritt das spekulative Interesse zugunsten des dichterischen zurück. Das „Handwerk" gewinnt das Übergewicht über die Kunstphilosophie. Seit dem *Wallenstein* weiß Schiller, daß der Künstler „mehr empirische und spezielle Formeln" braucht, die für den Philosophen notwendig „zu eng und zu unrein" sein müssen. Fast sechs Jahre hat Schiller mit dem *Wallenstein*-Stoff gerungen. Erst in der Zeit von 1796–1798 konnte das Drama zu einer tragischen Trilogie heranreifen. Am 12. Oktober 1798 ging *Wallensteins Lager*, eingeleitet durch den *Prolog*, in Weimar über die Bühne. *Die Piccolomini* wurden am 30. Januar 1799, *Wallensteins Tod* am 20. April zum ersten Male aufgeführt. Das vollständige Werk erschien dann im folgenden Jahr und hatte einen durchschlagenden Erfolg.

Die Entstehungsgeschichte dieses Dramas zeigt die Schwierigkeiten, denen sich Schiller gegenübersah. War die moderne geschichtliche Fabel überhaupt zur Tragödie „qualifiziert"? Wieweit ließ sich ein so bedenklicher Charakter wie Wallenstein, ohne eigentliche „Größe" und „Würde", dennoch „auf rein realistischem Wege" zu „einem dramatisch großen Charakter" gestalten, „der ein echtes Lebensprinzip in sich hat"? In Figuren wie Posa und Carlos suchte Schiller „die fehlende Wahrheit durch schöne Idealität zu ersetzen", jetzt hingegen will er „durch die bloße Wahrheit für die fehlende Idealität . . . entschädigen".

Solche Bemerkungen aus Schillers Briefwechsel zeigen, welches Schwergewicht die Geschichte inzwischen für ihn bekommen hat. Nicht die Idealisierung der Charaktere ist sein dramatisches Ziel, sondern der tragische Vorgang als Ganzes. Wie aber ließ sich eine so verwickelte politische Handlung mit einem Hauptcharakter, der sich mehr zögernd als tätig verhält, „vors Auge . . . und vor die Phantasie bringen"? Hier setzt nun ein erneuter Idealisierungsprozeß ein, der jedoch nicht den

* Entnommen der „Einführung" von Benno von Wiese zu Schillers „Sämtlichen Werken in fünf Bänden", München: Winkler 1968 (Band I, Seite 51–55).

Charakteren, sondern der künstlerischen Formung gilt. Dazu gehört auch die Entscheidung für den Vers statt für die Prosa. Solche poetische Organisation eines modernen geschichtlichen Stoffes gelingt Schiller nur durch den Rückgang auf das klassische Kunstideal, das den „Stoff" durch die „Form" vertilgen wollte. Im Umgang mit Goethes *Hermann und Dorothea*, mit Shakespeares *Richard III.* und vor allem mit Sophokles suchte Schiller zwischen den beiden Klippen des nur Prosaischen und des nur Rhetorischen den Weg zu finden, auf dem sich der widerspenstige Stoff in eine „reine tragische Fabel" verwandeln ließ. Nicht eigentlich um ein Weltanschauungsdrama ging es Schiller, sondern um die Gattung Tragödie, um die „tragische Handlung", die ihre eigene „Ökonomie" verlangt, indem sie nach wie vor im Sinne des Aristoteles den Ausgleich von Furcht und Mitleid beim Zuschauer hervorrufen soll.

Diesem künstlerischen Ziel diente auch die antike Kategorie der „Nemesis", nach der der schuldige Täter sich selbst das Haupt der Gorgo heraufholt. Mit Recht hat daher Wilhelm von Humboldt die Verwandtschaft des *Wallenstein* zur antiken Tragödie betont. Anfang September 1800 schreibt er an Schiller: „Sie haben Wallensteins Familie zu einem Haus der Atriden gemacht, wo das Schicksal haust, wo die Bewohner vertrieben sind, aber wo der Betrachter gern und lang an der verödeten Stätte verweilt." Jedoch nicht nur Kategorien wie Fatum, Nemesis, Schicksal lassen uns an die antike Tragödie denken, sondern auch das von Schiller verwendete Prinzip der „tragischen Analysis", für die alles Kommende bereits im prägnanten Moment der anlaufenden Handlung enthalten ist.

Wie ließ sich solche griechische „Manier" mit der Theorie des Kantianers Schiller von der Tragödie vereinigen, die diese als den Ort des „Erhabenen" definiert hatte? Offensichtlich wächst das Schillersche Werk über seine eigene Theorie weit hinaus. Zur Not läßt sich Schillers Kantianismus noch bei einer Gestalt wie Max Piccolomini nachweisen, das Ganze der Trilogie ist jedoch keineswegs „philosophische Tragödie", die demonstrativ den Sieg des „Idealismus" über den „Realismus" verherrlichen sollte. Indessen: „antik" ist *Wallenstein* in Wahrheit auch nicht. Wo an die Stelle des antiken Mythos die moderne Geschichte getreten ist, mußte die Vorstellung von der rächenden Vergeltung einen weit mehr in die Menschen selbst verlegten Sinn erhalten. Das gilt nicht nur von Wallen-

stein, der die Geschichte nach seinem Willen und seinen
Zwecken dirigieren wollte, in Wahrheit ihr aber bereits als
Kreatur ausgeliefert ist; es gilt darüber hinaus von der für fast
alle Gestalten charakteristischen Schuldverflechtung, die das
Recht so oft auf die Seite des Unrechts oder auch umgekehrt
herüberwandern läßt. Nur Max und Thekla können sich als
untergehende Opfer der Geschichte davon freihalten. Anders
sieht es bei Wallenstein, bei Octavio, bei Buttler aus. Höchst
kunstvoll hat Schiller hier persönliche und politische Motive
miteinander verknüpft und in ihrem jeweiligen Widerstreit
gezeigt. Was vor dem Forum der politischen Vernunft als
richtig und zweckmäßig erscheint, kann dennoch zugleich zur
Versündigung gegen das Menschliche werden.

Am deutlichsten wird dieses verwickelte, ganz unantike
Schuldproblem im Verhältnis von Vater und Sohn Piccolomini, vor allem aber in dem von Wallenstein und Max aufge-
rollt. Auf der einen Seite steht Wallenstein. Er will geschicht-
lich leben, er sieht sich in einen von Leidenschaften und höheren
Zwecken bewegten Umkreis politischer Taten hineingestellt
und ist bereit, dafür auch noch die „Reinheit" zu opfern. „Wenn
ich nicht wirke mehr, bin ich vernichtet." Auf der anderen
Seite steht Max. Er will nur der inneren Stimme des „Herzens"
folgen und den geraden Weg der Reinheit, des Gewissens, der
Wahrhaftigkeit und der Liebe auch noch in der vieldeutigen, ja
schmutzigen Welt der Politik durchhalten. Aber was er an
Adel und Lauterkeit gewinnt, eine Jünglingsfigur, an die sich
Schiller ebenso wie an Thekla durch „Neigung" gebunden
wußte, verliert er an Geschichtsmächtigkeit. Sein zum Unbe-
dingten und Erhabenen entschlossener Wille muß in der anar-
chischen und bösen Welt der Geschichte tragisch scheitern. So
bleibt ihm am Ende nur der selbstgewählte Tod, der Untergang des „Schönen" auf Erden. Nur im freiwilligen Opfer
kann der Anspruch des Gewissens und die Lauterkeit der Liebe
bewahrt werden. Aber dennoch hat dieser Tod auch wieder
etwas verzweifelt Sinnloses, da Max auch seine ganze Truppe
in diesen Untergang mit hineinreißt. Umgekehrt wiederum ver-
stößt Wallenstein, der sich mit seinem Machtanspruch in der
wirklichen Welt der Geschichte, auch noch auf Kosten des
Herzens, durchsetzen will, gegen ewige, über alle Geschichte
hinaus gültige Gesetze und muß die Bedingtheit jedes menschlichen Tuns erfahren.

Wenn das Schauspiel *Die Piccolomini* Verschwörung und Gegenverschwörung, politische Staatsaktion und das diplomatische Spiel vor und hinter den Kulissen bringt, so zeigt das Vorspiel *Wallensteins Lager* die Basis der Macht, von der aus Wallensteins Glück und Untergang allein verständlich werden. „Denn seine Macht ist's, die sein Herz verführt,/Sein Lager nur erkläret sein Verbrechen." Zwar hat die drastische Heiterkeit dieses Auftaktes etwas vom Lustspiel. Aber trotz aller naiven Fröhlichkeit des Tons, trotz aller Freude am malerisch Bunten wird der Riß schon leise angedeutet, der alsbald in jäher Plötzlichkeit das Lager sprengen und spalten wird, sobald die Masse der zunächst Wallenstein so treu ergebenen Soldaten spüren muß, daß der Feldherr die legitime Formel ihres Dienstes verändern will. Wir ahnen, daß der Stern des Unheils, wenn auch bisher unbemerkt, bereits aufgegangen ist.

Dann vollzieht sich im Verlauf von nur vier schicksalsschweren Tagen die unaufhaltsame, immer schneller werdende fallende dramatische Bewegung, die in dem Verhängnis von Wallensteins Tod gipfelt. Schiller ist es dabei gelungen, durch zahlreiche Rück- und Vorblendungen ein geschichtliches Kräftespiel sichtbar zu machen, das zeitlich weit über diese vier Tage hinausreicht. Aber der Augenblick, der das Schicksal zur Reife bringt, bleibt dabei keineswegs im vagen. Ein vieldeutiger und rätselhafter geschichtlicher Charakter, den wir lange Zeit nur indirekt in der Spiegelung durch seine Umwelt kennenlernen, wird uns in einer verwickelten historischen Situation vorgestellt, die er noch zu beherrschen glaubt, die aber in Wahrheit bereits ihn beherrscht. Es gehört zur tragischen Ironie dieses Vorgangs, daß Wallenstein sich zum „Verrat", zum Übertritt zu den Schweden, erst entscheidet, als ihm in Wahrheit die Freiheit des Handelns bereits genommen ist.

Mit dem letzten Stück der Trilogie *Wallensteins Tod* verdichtet sich die politische Staatsaktion noch stärker zur „reinen tragischen Fabel". Mehr als bisher gewinnen jetzt die rein menschlichen Motive an Bedeutung. Auch der Sternenglaube Wallensteins wird über zeitbedingten Aberglauben hinaus zugleich zu einem religiösen Symbol für die Abhängigkeit des Menschen von geheimen Mächten, die er vergeblich in seinen Dienst zu zwingen sucht, ein Symbol für das Widerspruchsvolle des menschlichen Daseins, das immer schon zwischen Freiheit und Schicksal gestellt ist, und damit zugleich auch ein

Symbol für das Geschehen der Nemesis, durch die alles menschliche Handeln an das unerforschliche Walten des Schicksals
geknüpft bleibt. Wallenstein selbst begegnet uns nunmehr als
der Stürzende und unselige Verblendete, eine Figur der tragischen Ironie. Am Ende wird der gleiche Wallenstein, in dessen Person die Geschichte so ganz verdichtet schien, im dunk-
len Sterben hinter der Bühne zu einem Opfer eben jener Geschichte. Kurz vorher stand er noch in verlassener einsamer
Würde vor uns, ein tragischer Held, der Sieger und Besiegter
zugleich ist, Täter und Erleidender, der an Wahnsinn und Verbrechen grenzt, aber auch an das Große und Idealische, eine
zugleich phantastische wie auch wieder realistische Gestalt.
Offensichtlich reichen die Kategorien der Kantischen Philo-
sophie für die Bewertung dieses Mannes nicht mehr aus. Alles
in diesen unvergleichlichen Schlußszenen beruht auf dem Kon-
trast von subjektiver Lebenskraft und Schaffensfreude, die
trotz aller Schwermut über den Tod des liebsten Freundes,
Max, von keiner Ahnungsstimme angerührt wird, zu der
realen geschichtlichen Situation und ihren vom Dichter kunstvoll angehäuften Vorankündigungen. Eben in solcher tragischen Ironie offenbart sich das geheime, in dieser Tragödie
waltende Weltgesetz, das in den Zeichen redet, die der Dichter
dafür erfand. Er zeigt uns einen ganz nach innen gewandten,
ganz in sich gesammelten Wallenstein, der dem Geheimnis seines Schicksals vertraut, aber er zeigt ihn zugleich als den dennoch Verlorenen, der alsbald in nächtlicher Stunde roh erschlagen wird.

Schillers *Wallenstein* wird wohl für immer eine der groß-
artigsten dramatischen Dichtungen bleiben, die wir in unserem
Schrifttum besitzen. Auch die vielen, oft sich widersprechen-
den Versuche zur Deutung und zur Bühnendarstellung werden
ihn niemals voll ausloten können. Was der alte Goethe zu
Eckermann gesagt hat, gilt selbst heute noch: „Schillers
Wallenstein ist so groß, daß in seiner Art zum zweiten Male
nicht etwas Ähnliches vorhanden ist."

Benno von Wiese

ANMERKUNGEN

Für die Entstehungsgeschichte wurden vor allem Schillers eigene Aussagen aus seinen Briefen und seinem Kalender herangezogen. Dafür wurden folgende Ausgaben benutzt:

Schillers Briefe. Hrsg. und mit Anmerkungen versehen von Fritz Jonas. Kritische Gesamtausgabe. 7 Bde. Stuttgart [1892–1896].

Schillers Calender vom 18. Juli 1795 bis 1805. Stuttgart 1865. Neue Ausgabe von E. Müller. Stuttgart 1893.

Für die Überlieferung wurden dankbar benutzt:

H. Marcuse: Schiller Bibliographie. Berlin 1925.

G. von Wilpert: Schiller-Chronik. Sein Leben und sein Schaffen. Stuttgart 1958 (Kröners Taschenausgabe Bd. 281. Jetzt auch in: Schillers Leben und Werk in Daten und Bildern. Hrsg. von B. Zeller. Frankfurt/M. 1966. S. 57–203).

Die Schillerforschung hat auch Schillers Quellen bereits weitgehend erschlossen. Dankbar benutzt wurden vor allem folgende kommentierte Ausgaben:

Schillers Werke. Hrsg. von L. Bellermann. Kritisch durchgesehene und erläuterte Ausgabe. 14 Bde. Leipzig [1895–1897]; 2. Auflage in 15 Bdn. 1919–1922.

Schillers sämtliche Werke. Säkular-Ausgabe. In Verbindung mit R. Fester (u. a.) hrsg. von E. von der Hellen. 16 Bde. Stuttgart [1904–1905].

Schillers sämtliche Werke. Historisch-kritische Ausgabe in 20 Teilen (= 10 Bde.). Unter Mitwirkung von K. Berger (u. a.) hrsg. von O. Güntter und G. Witkowski. Leipzig [1910–1911]; 2. Auflage 1925.

Schillers Werke. Nationalausgabe. Im Auftrag des Goethe- und Schiller-Archivs, des Schiller-Nationalmuseums und der Deutschen Akademie hrsg. von J. Petersen † und G. Fricke. Bd. 1: Weimar 1943. Seit 1948 hrsg. von J. Petersen † und H. Schneider. Seit 1961 hrsg. im Auftrag der Nationalen Forschungs- und Gedenkstätten der klassischen deutschen Literatur in Weimar (Goethe- und Schiller-Archiv) und des Schiller-Nationalmuseums in Marbach von L. Blumenthal und B. von Wiese.

Schiller. Sämtliche Werke. Hrsg. von G. Fricke, H. G. Göpfert und H. Stubenrauch. 5 Bde. München 1958–1959; 2. Auflage 1960.

Die bibliographischen Angaben der von Schiller benutzten Quellen wurden nach Möglichkeit noch einmal nachgeprüft. Für die weitere Beschäftigung mit Schillers Leben und Werk seien noch folgende Hilfsmittel genannt:

BIBLIOGRAPHIEN

W. Vulpius: Schiller. Bibliographie 1893–1958. Weimar 1959.

P. Raabe/I. Bode: Schiller-Bibliographie 1959–1961. In: Jahrbuch der Deutschen Schiller-Gesellschaft 6. 1962. S. 465–553.

I. Bode: Schiller-Bibliographie 1962–1965. In: Jahrbuch der Deutschen Schiller-Gesellschaft 10. 1966. S. 465–505.

Fr.-W. Wentzlaff-Eggebert: Ausgewählte Bibliographie (zum Thema Goethe und Schiller) seit 1949. In: Fr.-W. W.-E.: Schillers Weg zu Goethe. Berlin, 2. Auflage 1963. S. 327–338.

WEITERE AUSGABEN DER WERKE SCHILLERS

Schillers sämtliche Schriften. Historisch-kritische Ausgabe. Im Verein mit A. Ellissen (u. a.) hrsg. von K. Goedeke. 15 Teile. Stuttgart 1867–1876.

Schillers dramatischer Nachlaß. Nach den Handschriften hrsg. von G. Kettner. 2 Bde. Weimar 1895.

Xenien 1796 . . . Hrsg. nach den Handschriften des Goethe- und Schiller-Archivs in Weimar von E. Schmidt und B. Suphan. Weimar 1893 (Schriften der Goethe-Gesellschaft Bd. 8).

BRIEFWECHSEL

Der Briefwechsel zwischen Schiller und Goethe . . . hrsg. von H. G. Gräf u. A. Leitzmann. 3 Bde. Leipzig 1912; 2. Auflage 1955.

Dasselbe. Einführung und Textüberwachung von K. Schmid (= Goethes Werke, Briefe und Gespräche [Artemis-Gedenkausgabe]. Bd. 20). Zürich 1950; 2. Auflage 1964.

Briefwechsel zwischen Schiller und Wilhelm von Humboldt. Dritte vermehrte Ausgabe mit Anmerkungen von A. Leitzmann. Stuttgart 1900.

Schillers Briefwechsel mit Körner. Von 1784 bis zum Tode Schillers. 2 Teile. 2. Auflage Leipzig 1859.

LEBENSZEUGNISSE UND WIRKUNGSGESCHICHTE

Schiller und Goethe im Urtheile ihrer Zeitgenossen. Zeitungskritiken, Berichte und Notizen, Schiller und Goethe und deren Werke betreffend hrsg. von J. W. Braun. I, 1 und 2: Schiller. Leipzig 1882.

Schillers Persönlichkeit. Urtheile der Zeitgenossen und Documente gesammelt von M. Hecker u. (ab Bd. 2) J. Petersen. 3 Bde. Weimar 1904 bis 1909.

O. Fambach: Schiller und sein Kreis in der Kritik ihrer Zeit. Die wesentlichen Rezensionen aus der periodischen Literatur bis zu Schillers Tod, begleitet von Schillers und seiner Freunde Äußerungen zu deren Gehalt. In Einzeldarstellungen mit einem Vorwort und Anhang: Bibliographie der Schiller-Kritik bis zu Schillers Tod. Berlin 1957 (= Ein Jahrhundert deutscher Literaturkritik. Bd. 2).

Schillers Gespräche. Berichte seiner Zeitgenossen über ihn. Hrsg. von
J. Petersen. Leipzig 1911.

Schillers Gespräche. Hrsg. von Fl. Frhr. von Biedermann. München
1961.

Seit 1959 erschienen drei große *Schiller-Darstellungen*:

G. Storz: Der Dichter Friedrich Schiller. Stuttgart 1959; 3. Auflage
1963.

B. von Wiese: Friedrich Schiller. Stuttgart 1959; 3. Auflage 1963.

E. Staiger: Friedrich Schiller. Zürich 1967.

Hingewiesen sei ferner auf das Jahrbuch der Deutschen Schiller-Gesellschaft. Im Auftrag der Deutschen Schiller-Gesellschaft hrsg. von F. Martini, H. Stubenrauch, B. Zeller. Bd. 1. Stuttgart 1957. Seit 1959 hrsg. von
F. Martini, W. Müller-Seidel, B. Zeller.

Entstehung des *Wallenstein*

Schiller hat sich – vom ersten Entwurf bis zum Erscheinen des Dramas –
nahezu zehn Jahre lang mit dem *Wallenstein* beschäftigt. Schon am 12. Januar
1791 berichtete er Körner von einem Plan zu einem Trauerspiel: „Lange
habe ich nach einem Sujet gesucht, das begeisternd für mich wäre, endlich
hat sich eins gefunden, und zwar ein historisches." Wir dürfen vermuten,
daß es sich dabei zumindest um einen Stoff aus der Geschichte des Dreißigjährigen Krieges handelte. Aber erst Ende Juli 1800 erschien das Drama im
Druck.

Schiller hat freilich nicht ununterbrochen daran gearbeitet. Dazwischen
lagen Jahre, die vorwiegend mit anderem ausgefüllt waren: die Haupt-
masse der philosophischen Schriften entstand und nach der Begegnung mit
Goethe der Hauptteil der klassischen Lyrik Schillers. Aber immer wieder
begegnen uns Zeugnisse dafür, daß Schiller sich wenigstens sporadisch mit
dem *Wallenstein* beschäftigte.

Über den Beginn der Arbeit sind wir allerdings nur schlecht unter-
richtet. Wir wissen aus jenem ersten Brief aus dem Jahre 1791 eigentlich
nur, daß Schiller ein historisches Trauerspiel plante, nicht mehr. Auch aus
dem Jahre 1792 datiert nur eine kurze Äußerung. Sie zeigt aber, wie das
Interesse Schillers an seinem Projekt erneut wieder aufflackerte – und hier
war auch nicht mehr nur von einem historischen Trauerspiel die Rede, sondern ausdrücklich schon vom *Wallenstein*. 1794 muß Schiller sogar schon
damit begonnen haben, einiges auszuarbeiten. 1795 aber hat er nichts an
seinem Stück getan. Erst 1796 taucht *Wallenstein* wieder in Schillers Briefen
auf. Am 22. Oktober dieses Jahres notierte er definitiv in seinem Kalender:
„An den Wallenstein gegangen." Diesmal war sein Entschluß endgültig –
und mit diesem Jahr beginnt eigentlich erst die Entstehungsgeschichte im
engeren Sinne.

Schiller war in den vorhergegangenen Jahren freilich nicht nur durch seine philosophischen Arbeiten abgelenkt worden. Schwierigkeiten waren ihm schon früh auch aus der Sache selbst erwachsen, und wenn Schiller 1792 auch „voll Ungeduld" gewesen war, den *Wallenstein* zu beginnen, so lagen dazwischen doch Perioden, in denen Schiller sich seines Stoffes durchaus nicht recht sicher war. Gelegentlich plante er sogar gar nicht mehr ein Trauerspiel, sondern ein episches Gedicht; ja er wollte sich gar als „homerisierender Dichter" versuchen. Körner hatte ihn dazu aufgefordert. Schiller fühlte sich dieser Rolle auch sich auch gewachsen. „Nur die Kenntnisse fehlen mir", schrieb er an Körner, „die ein homerisierender Dichter notwendig braucht, ein lebendiges Ganze seiner Zeit zu umfassen und darzustellen, der allgemeine über alles sich verbreitende Blick des Beobachters." Aber er hoffte, daß ein „mehr entlegenes Zeitalter" diesem Mangel durchaus abhelfen könnte. Doch der Stoff sollte nicht zu entlegen sein – er sollte zumindest einen „nationellen" Gegenstand behandeln, weil Schiller sich damals nicht vorstellen konnte, daß es möglich sein würde, sich an einem absolut fremden Sujet zu versuchen. „Kein Schriftsteller so sehr er auch an Gesinnung Weltbürger sein mag, wird in der Vorstellungskraft seinem Vaterland entfliehen", hieß es in einem anderen Brief. Unter den vaterländischen Stoffen aber war der *Wallenstein*-Stoff durchaus nicht der einzige. Den Plan, über Friedrich II. zu schreiben, hatte Schiller zwar schon wieder fallenlassen – er könne diesen Charakter nicht liebgewinnen, schrieb er an Körner, und die „Riesenarbeit der Idealisierung" war ihm zu groß. Aber für das Stück Menschheitsgeschichte, das ihm vorschwebte, schien ihm das Leben Gustav Adolfs besonders geeignet; poetische, nationale und politische Ideen wollten sich ihm dort am besten miteinander verbinden.

Aber Schiller muß bald wieder von seinem Plan eines epischen Gedichtes abgekommen sein, und gleichzeitig damit dürfte auch das Interesse an Gustav Adolf wieder erloschen sein, der ihm zwar, als guter König, die dominierende Figur des Dreißigjährigen Krieges gewesen zu sein schien, für den er sich aber letztlich dennoch nicht erwärmen konnte. Ihn fesselte immer stärker sein Gegenspieler Wallenstein, und so wie sich in der *Geschichte des dreißigjährigen Kriegs* sein Interesse ebenfalls deutlich von Gustav Adolf fort und auf Wallenstein hin verschoben hatte, so auch hier, in seinen poetischen Plänen.

Wir hören also nicht zufällig erst wieder 1796 von ihm. Schiller bemühte sich offensichtlich erst damals, nach seinem endgültigen Entschluß zum *Wallenstein*, um eine poetische Organisation des historischen Stoffes, und wir dürfen annehmen, daß er sich auch damals erst von dem beengenden und allzu bedrängenden Vorbild der Geschichte zu befreien begann – eine Arbeit, die ihn in den nächsten zwei Jahren immer wieder beschäftigen sollte. Das historische Wallenstein-Schicksal war noch kein Stoff für eine Tragödie, und Schiller muß das gerade 1796 aufs deutlichste erfahren haben, denn in den Briefen dieses Jahres ist wiederholt vom

„widerspenstigsten Stoff" die Rede, von der „ungeheuren Masse", von den „engen Grenzen einer Tragödien-Ökonomie", ja davon, daß er diesem Stoff nur durch „heroisches Ausharren" etwas abgewinnen könne.

Schwierigkeiten, den Stoff poetisch brauchbar zu machen, gab es allerdings tatsächlich genug. Eine erste lag schon in der Person Wallensteins: er war zwar an seinem Niedergang weitgehend selbst schuld, aber gerade deswegen erschien sein Ende nicht eigentlich tragisch. „Das eigentliche Schicksal tut noch zu wenig, und der eigne Fehler des Helden noch zu viel zu seinem Unglück", schrieb er am 28. 11. 1796 an Goethe, und das zeigt, wie genau sich Schiller der Widerstände bewußt war, die sich ihm hier entgegenstellten. Aber es gab es noch mehr Probleme. Wallensteins Schicksal war aufs engste mit seinem Heer verbunden, er war groß nur innerhalb seiner Umgebung, seines Lagers – aber eben das ließ sich nicht ohne weiteres auf die Bühne und „vors Auge" bringen. Ungewohnt war das Terrain für Schiller aber auch noch in einem dritten Sinne: der realistisch denkende, aufs Pragmatische bedachte Wallenstein hatte nichts mehr von Carlos' Idealismus. „Er hat nichts Edles, er erscheint in keinem einzelnen Lebens-Akt groß", schrieb Schiller über den Helden seines Dramas am 21. März 1796 an Wilhelm von Humboldt. Wallenstein war ein Realist, bar jeder Idealität. Auch das verringerte nicht die Schwierigkeiten, sondern vergrößerte sie nur noch. Denn Wallensteins Sturz war so nicht mehr der Sturz eines Schwärmers aus der Höhe des Ideals in den Abgrund der Wirklichkeit, die anders war: es war im Grunde nur der Fall dessen, der Fehler gemacht hatte und falscher Berechnung gefolgt war.

Alles das sprach eigentlich eher gegen die Eignung dieses Stoffes zur Tragödie, als daß es ihn dazu qualifiziert hätte. Schillers briefliche Zeugnisse der Jahre 1796 und 1797 zeigen denn auch immer wieder, wie sehr ihm der *Wallenstein* zu schaffen machte. Wiederholt war von einer „Krise" die Rede, in die er geraten sei. Die gewaltige Ausdehnung des Stoffes erschwerte ihm immer wieder die Übersicht, so daß er sich am 4. April 1797 sogar entschloß, ein „detailliertes Szenarium des ganzen Wallensteins" anzufertigen, um nicht die Übersicht zu verlieren. Aber allmählich machte er Fortschritte in der Ökonomie und poetischen Organisation seines Stückes. Es gelang ihm zunächst einmal, die ungeheure Masse auf einige wenige Ausschnitte zu reduzieren, die alles überschaubar hielten. Wichtiger war noch etwas anderes: Schiller verlegte die Gründe für Wallensteins Sturz in die Umstände: denn in diese ließ sich die Bewegung, die die „Präzipitation" hineinbringen, die der Charakter von sich aus nicht mitbrachte, ja der er sogar entgegenstand. Eben das aber wurde jetzt zum Vorteil: der über die widrigen Umstände strauchelnde Wallenstein bekam seine Größe im Fall, und so wuchs er um ein entschiedenes über den historischen Wallenstein hinaus. Wesentliche Charaktereigenschaften hatte Schiller ihm zwar belassen – sein Zaudern, Zögern, die Blindheit seiner Umgebung und seiner Vertrauten, den Verhältnissen und den Kräftekonstellationen gegenüber. Aber daß er sich in tragischer Blindheit tief in die Verhältnisse verstrickte, die er selbst geschaffen hatte, das nahm ihm alles Kleinliche. „Er hat nichts Edles, er erscheint in keinem einzelnen Lebens-Akt groß" – dieses frühere Urteil über die Person Wallensteins hat Schiller selbst in seiner Darstellung revidiert. Die Verhältnisse waren nun das, was nach Schillers Auffassung im antiken Drama das Schicksal gewesen war. Wallenstein aber stieg als Gestalt im gleichen Maße, in dem er fiel – ein von Schiller kunstvoll arrangiertes Mißverhältnis, durch das Schiller nicht nur das Interesse des Zuschauers an Wallenstein steigerte, sondern das auch der allzu fraglosen Identifikation von Person und Schicksal wohltuend entgegenwirkte. Und Wallensteins Sternenglaube – ein Motiv, zu dem ihn Goethe angeregt hatte – machte die Gestalt noch hintergründiger, als sie es so schon geworden war.

Das alles paßte freilich nicht mehr so recht in ein Drama, das einen Realisten darstellen und darin auch realistisch verfahren wollte. Aber Schiller war von diesem ursprünglichen Vorhaben auch selbst schon längst abgekommen. Shakespeares *Julius Caesar* hatte ihm gezeigt, daß eine streng realistische Darstellungsweise gar nicht möglich war, ja daß die Kunst von der Wirklichkeit „wegzunehmen" habe. Und Ende 1797 hatte Schiller sich zudem entschlossen, aus der Prosafassung eine Jambenfassung zu machen, um den historischen Stoff auch auf diese Weise zu poetisieren. Die antike Tragödie, die die Personen von Individuen zu symbolischen Wesen erhoben hatte, war ihm darin ein bedeutsames Vorbild. Daß sein Drama an Breite dadurch freilich noch gewann, hat er gerne in Kauf genommen, ebenso die poetische Gemütlichkeit, die die Jamben einzelnen Stellen verliehen.

Im März 1799 war die Trilogie endgültig abgeschlossen – und Schiller fühlte sich von einer Last befreit, die ihn vor allem in der Endphase der Arbeiten zunehmend bedrückt hatte. Er war die Historie leid geworden. „Soldaten, Helden und Herrscher habe ich vor jetzt herzlich satt", gestand er gar, und sein nächstes Drama war ein Schritt vom historischen Schauspiel weg und auf das poetische Festspiel zu. *Wallenstein* blieb im Grunde Schillers einziges wirkliches Geschichtsdrama. In ihm hatte er sich der Geschichte dichterisch ganz bemächtigt, in ihm sie zugleich aber auch überwunden.

Quellen des *Wallenstein*

Schiller war seit seiner *Geschichte des dreißigjährigen Kriegs* mit den geschichtlichen Ereignissen selbst gut vertraut. 1792 lernte er aber noch ein Werk kennen, das sich für den *Wallenstein* über seine anderen Quellen hinaus als fruchtbar erweisen sollte: Christoph Gottlieb von Murrs *Beiträge zur Geschichte des dreißigjährigen Krieges, insonderheit des Zustandes der Reichsstadt Nürnberg während desselben . . .* (Nürnberg 1790). Daneben benutzte er ziemlich ausgiebig Johann Christian Herchenhahns *Geschichte Albrechts von Wallenstein, des Friedländers* (Altenburg 1790/91). 1796, also lange nach seinen historischen Arbeiten, hat er sich erneut einige Quellen zunutze gemacht: Matthaeus Merians *Topographia Bohemiae, Moraviae et Silesiae* (Frankfurt/M. 1650); Frédéric Spanheims *Soldat Suédois ou Histoire de ce qui s'est passé depuis l'avenue de Roi de Suède en Allemagne jusqu'à sa mort* (o.O. 1634). Ebenfalls 1796 hat er Johann Philipp Abels *Theatrum Europaeum* (Frankfurt 1662–79) kennengelernt und Bogislav Philipp von Chemnitz' *Königlichen Schwedischen in Teutschland geführten Kriegs Anderer Teil* (Stockholm 1653), Georg Engelsüß' *Weimarischer Feldzug oder von Zug und Vernichtung der Fürstl. Weimarischen Armee* (Frankfurt 1648) und Franz Martin Pelzels *Kurzgefaßte Geschichte der Böhmen . . .* (Prag 1774). Für die Kapuzinerpredigt bekam er von Goethe Abraham a Santa Claras *Judas der Erzschelm . . .* (Bonn 1687–95) zugestellt; für die astrologischen Motive dürfte er Franz Mercur von Helmonts *Paradoxal Discourse oder Ungemeine Meynungen von dem Macrocosmo und Microcosmo . . . Aus dem Englischen in die Hochteutsche Sprache übersetzet* (Hamburg 1691) benutzt haben.

Überlieferung des *Wallenstein*

Das Drama erschien unter dem Titel *Wallenstein. Ein dramatisches Gedicht von Schiller. Erster und zweiter Teil* Ende Juni 1800 bei Cotta in Tübingen. *Wallensteins Lager* wurde am 12. Oktober 1798 in Weimar uraufgeführt, die *Piccolomini* (einschließlich Akt I und II von *Wallensteins Tod*) am 30. Januar 1799 in Weimar, *Wallensteins Tod* (damals noch unter dem Titel *Wallenstein*) am 20. April 1799 in Weimar. Das *Reiterlied* war schon im *Musenalmanach auf das Jahr 1798* erschienen, im *Musenalmanach auf das Jahr 1799* der Prolog. Einzelne Auszüge aus *Wallensteins Lager* und aus den *Piccolomini* waren ebenfalls schon 1798 und 1799 in der *Allgemeinen Zeitung* und in *Janus. Eine Zeitschrift auf Ereignisse und Tatsachen gegründet* 1800 veröffentlicht worden.

11　*Der scherzenden, der ernsten Maske Spiel:* Thalia und Melpomene, Musen der Tragödie und der Komödie.

14　*Er:* Wallenstein.

16　*Terschkas:* Terzkys. – *Karabinieren:* bewaffnete Berittene.

17　*die alte Perücke:* Questenberg.

18　*Konstabler:* Büchsenmeister.

19　*Sukkurs:* Unterstützung.

20　*galant:* elegant.

22　*inkommodieren:* belästigen. – *Reveille:* Wecken. – *Ligisten:* Angehörige der katholischen Liga.

24　*viktorisieren:* siegen.

25　*fest:* kugelfest. – *Ein graues Männlein:* Seni.

28　*Antibaptisten:* Wiedertäufer. – *Chiragra:* Gicht.

33　*Profos:* Feldrichter.

35　*Melnecker:* böhmischer Wein. – *Kolletter:* Reitjacke.

36 *Hibernien:* Irland.

38 *konfiszieren:* beschlagnahmen.

42 *Sozietät:* Gesellschaft, Geselligkeit.

43 *Pro Memoria:* Denkschrift.

50 *kontentieren:* zufriedenstellen.

53 *Benefizen:* Lehen. – *Remonte:* Nachschub der Pferde . – *Antecamera:* Vorzimmer.

55 *kantonieren:* lagern.

63 *Petarde:* Geschoß.

64 *versprützen:* verspritzen.

74 *Pharobank . . . aufgerichtet:* Spielschulden . . . bezahlt.

75 *deputieren:* eine Gesandtschaft abschicken. – *Parole:* feierliche Erklärung. – *temporisieren:* verzögern.

77 *Maleficus:* Unglücksstern. – *Häuser:* Kreise (astrol. Fachausdruck).

79 *Böheim:* Böhmen.

85 *Paktum:* Abmachung.

86 *Der goldne Schlüssel:* Abzeichen des Kammerherrn.

87 *observieren:* beobachten.

88 *karten:* einrichten.

104 *Kredenztisch:* Anrichtetisch.

110 *Utraquisten:* böhmische Reformierte, die das Abendmahl mit Brot und Wein einführten. – *Grätzer:* Ferdinand II. (von Graz). – *Taboriten:* radikale Hussiten.

113 *Exkusiert:* Entschuldigt.

114 *Quartier aufschlagen:* plötzlich überfallen.

116 *salvieren:* in Sicherheit bringen.

120 *bestmontierten:* bestausgerüsteten.

131 *Lumina:* Himmelslichter. – *in cadente domo:* in fallendem Haus.

139 *Konkurrenz:* Zusammentreffen der Gelegenheiten.

140 *Felonie:* Treubruch.

142 *Konjunktion:* Vereinigung.

149 *Zodiak:* Tierkreis.

158 *Kalkul:* Berechnung.

189 *Partisan':* Hellebarde.

197 *Widderfell:* Orden vom goldenen Vlies. – *Kettenkugeln:* Kugeln, durch Ketten zusammengehalten.

200 *Altan:* Balkon.

206 *Rechen:* Gitter. – *Laren:* Schutzgötter.

210 *kanzelliert:* durchgestrichen.

216 *Avantgarde:* Vorhut.

232 *Jurament:* Eid. – *absolvieren:* lossprechen.

234 *Hartschiers:* bewaffnete Wachen.

238 *Ravaillac:* Mörder Heinrichs IV. von Frankreich.

241 *Typhon:* ägyptischer Gott.

ZUM TEXT DER AUSGABE

Unser Text folgt der Ausgabe letzter Hand (LH) unter genauer Bewahrung von Lautstand, Formenstand und Zeichensetzung des Originals. Modernisierungen wurden nur in orthographischem und typographischem Bereich durchgeführt, und zwar: Streichung bzw. Umstellung funktionsloser Kommas usw. vor Klammern oder Gedankenstrichen, Einfügung vergessener Interpunktion bei Anführung vor und nach direkter Rede; Normalisierung von Anführungszeichen, d. h. deren Streichung bei indirekter Rede (außer im Zitat) und deren Setzung, soweit fehlend, bei direkter Rede. Apostrophe, die ausgefallenes e andeuten, wurden gestrichen, sofern sie nicht zur Bezeichnung des Tempus oder des Konjunktives notwendig sind. Die in der Vorlage durch Sperrung, Fettdruck oder durch andere Schrift hervorgehobenen Wörter sind hier gesperrt gesetzt; hingegen wurde die Sperrung von Namen als eine lediglich typographische Eigenheit der damaligen Zeit nicht übernommen – außer in Fällen, wo eine Hervorhebung deutlich beabsichtigt ist (z. B. gelegentlich beim ersten Auftreten). Regieanweisungen im Dramensatz sind in Kursivdruck wiedergegeben; die Klammern vor und nach den Regieanweisungen wurden gestrichen.

Groß- und Kleinschreibung ist nach Duden normalisiert, desgleichen Getrennt- und Zusammenschreibung, wobei gewisse prägnante Zusammenschreibungen Schillers sowie einige rhythmische Eigenwilligkeiten im Dramenvers beibehalten, aber, soweit es Klarheit und Übersichtlichkeit erforderten, durch Bindestriche gegliedert wurden.

Selbstverständliche orthographische Modernisierungen betreffen die Änderung von *th* in *t* (*Thurm* : *Turm*), *ie* in *i* (*gieng* : *ging*), *z* in *tz* (*jezt* : *jetzt*) oder Änderungen wie *Pabst* in *Papst*, *tödtlich* in *tödlich* usw.

Fremdwörter wurden, soweit noch heute gebräuchlich, in der entsprechenden modernen Form wiedergegeben; dabei mußten z. B. Formen auf *-et* ersetzt werden durch solche auf *-ett* (*Cabinet* : *Kabinett*), *-iren* durch *-ieren* usw.

Eigennamen sind unter Wahrung des Lautstandes modernisiert worden.

Das nachfolgende Verzeichnis der Textänderungen führt alle Stellen auf, an denen der Text unserer Druckvorlage an Hand des Erstdrucks bzw. anderer Ausgaben oder infolge einer Konjektur geändert wurde, mit Ausnahme von eindeutigen Setzerfehlern, die stillschweigend verbessert wurden. Die Textgeschichte und -überlieferung ist in den Anmerkungen im einzelnen dargelegt. Unsere Vorlage (im Verzeichnis der Textänderungen mit LH bezeichnet) war *Wallenstein. Ein dramatisches Gedicht von Schiller. Erster und zweiter Teil. Tübingen, in der J. G. Cottaschen Buchhandlung 1800.*

Nach Seiten- und Zeilenzahl folgt in Kursivsatz die Lesart unserer Aus-

gabe, nach dem Doppelpunkt, ebenfalls in Kursivsatz, die Lesart der Text-
vorlage. Leerzeilen und Kolumnentitel werden bei der Zählung nicht be-
rücksichtigt.

11/26	*Kreis,* : *Kreis*
29/ 5	*Sabel* : *Säbel* LH und übrige Ausgaben
31/29	*Hat . . . verschossen.* : fehlt in Vorlage; Ergänzung nach Weima- rer und Stuttgarter Hdschr. (Vgl. Nationalausgabe Bd. 8, 1949)
41/31	*mir* (gesperrt) : *mir* (nicht hervorgehoben)
85/ 9	*Sache* : *Sach*
85/26	*ging'* : *ging*
94/36	*Tages-* : *Tages –*
132/25	*ausgeliefert!* : *ausgeliefert?*
133/ 8	*entsagen,* : *entsagen.*
147/33	*Tat* (gesperrt) : *That* (nicht hervorgehoben)
154/39	*müssen.* : *müssen,*
191/23	*Gutgesinnten.* : *Gutgesinnten*
196/11	*bleibe* : *Bleibe*
198/ 4	*ihn.* : *ihn*
198/ 5	*ihn.* : *ihn,*
202/21	*das* : *das,*
210/23	*Ja, ja* : *Ja, Ja*
238/31	*jagt'* : *jagt*

Die Taschenbuchreihe GOLDMANN KLASSIKER enthält deutsche, römische, griechische, französische, italienische, spanische, englische und russische Literatur. Auf den nachstehenden Seiten folgt ein Auswahlverzeichnis dieser Klassikerausgaben.
Leser, die eine vollständige Übersicht über die Klassiker wünschen, bitten wir, unser Verlagsverzeichnis anzufordern.

BALZAC, HONORÉ DE: Vater Goriot. Roman (KL 526)
– Wie leichte Mädchen lieben. Roman (1606)
BÜCHNER, GEORG: Gesammelte Werke. Inhalt: Dantons Tod; Lenz; Leonce und Lena; Woyzeck; Der hessische Landbote (7510)
CAESAR: Der gallische Krieg (7507)
CERVANTES, MIGUEL DE: Don Quijote von la Mancha. Roman (7502)
CICERO: Reden gegen Catilina; 4. und 7. Philippische Rede; Rede für den Oberbefehl des Pompeius; Rede für Archias (7504)
– Reden. Inhalt: Rede für Sextus Roscius aus Ameria; Erste Rede gegen Verres; Rede für Sestius (7566)
DEFOE, DANIEL: Das Leben und die seltsamen, überraschenden Abenteuer des Robinson Crusoe. Roman (KL 717)
DICKENS, CHARLES: Oliver Twist. Roman (KL 724)
– Weihnachtserzählungen. Inhalt: Weihnachtslied; Die Silvesterglocken; Das Heimchen am Herd (7545)
DOSTOJEWSKIJ, FJODOR: Schuld und Sühne. Roman (7531)
– Der Spieler. Roman (7533)
DROSTE-HÜLSHOFF, ANNETTE VON: Gedichte; Die Judenbuche. Eine Auswahl aus dem Gesamtwerk (7554)
EICHENDORFF, JOSEPH VON: Aus dem Leben eines Taugenichts; Gedichte (7552)

WILHELM GOLDMANN VERLAG MÜNCHEN

WILHELM GOLDMANN VERLAG MÜNCHEN

HOFFMANN, E. T. A.: Die Elixiere des Teufels. Roman (7523)
– Das Fräulein von Scuderi und andere Erzählungen. Inhalt: Rat
  Krespel; Das Majorat; Das Fräulein von Scuderi; Spielerglück
  (7546)
– Lebensansichten des Katers Murr. Roman (7553)
– Spukgeschichten und Märchen. Inhalt: Der goldne Topf; Die
  Abenteuer der Silvesternacht; Der Sandmann; Nußknacker und
  Mäusekönig (7558)
HOMER: Ilias (7501)
– Odyssee (7548)
HUGO, VICTOR: Der Glöckner von Notre Dame. Roman
(KL 511)
IBSEN, HENRIK: Die Stützen der Gesellschaft; Nora. Dramen
(7569)
JOSEPHUS, FLAVIUS: Der jüdische Krieg (KL 110)
KELLER, GOTTFRIED: Der grüne Heinrich. Roman (7549)
– Die Leute von Seldwyla. Erzählungen. Erster Teil. Inhalt:
  Pankraz, der Schmoller; Romeo und Julia auf dem Dorfe; Frau
  Regel Amrain und ihr Jüngster; Die drei gerechten Kammacher;
  Spiegel, das Kätzchen (7561)
– Die Leute von Seldwyla. Erzählungen. Zweiter Teil. Inhalt:
  Kleider machen Leute; Der Schmied seines Glückes; Die miß-
  brauchten Liebesbriefe; Dietegen; Das verlorene Lachen (KL
  241)
– Züricher Novellen. Inhalt: Herr Jacques; Hadlaub; Der Narr
  auf Manegg; Der Landvogt von Greifensee; Das Fähnlein der
  sieben Aufrechten; Ursula (KL 243)
KLEIST, HEINRICH VON: Prinz Friedrich von Homburg;
Der zerbrochne Krug; Das Käthchen von Heilbronn. Dramen
(7503)

WILHELM GOLDMANN VERLAG MÜNCHEN

– Sämtliche Novellen. Inhalt: Michael Kohlhaas; Die Marquise von O . . .; Das Erdbeben von Chili; Die Verlobung in St. Domingo; Das Bettelweib von Locarno; Der Findling; Die heilige Cäcilie oder die Gewalt der Musik; Der Zweikampf (7532)

LESSING, GOTTHOLD EPHRAIM: Emilia Galotti; Miß Sara Sampson; Philotas. Dramen (7565)

– Nathan der Weise; Minna von Barnhelm. Dramen (KL 261)

LIVIUS: Hannibal ante portas. Die Geschichte des 2. Punischen Krieges. Auswahl aus den Büchern 21–30 der »Römischen Geschichte« (7508)

– Römische Frühgeschichte. Band 1: Auswahl aus den Büchern 1–5 der »Römischen Geschichte« (7539)

MAUPASSANT, GUY DE: Bel Ami. Roman (3411)

MEYER, CONRAD FERDINAND: Jürg Jenatsch. Roman (7563)

MOLIÈRE: Tartuffe; Amphitryon; Der eingebildete Kranke. Komödien (7512)

NEPOS, CORNELIUS: Berühmte Männer (7515)

NIETZSCHE, FRIEDRICH: Also sprach Zarathustra (7526)

– Der Antichrist; Ecce Homo; Dionysos-Dithyramben (7511)

– Der Fall Wagner; Götzendämmerung; Nietzsche contra Wagner (1446)

– Die fröhliche Wissenschaft (7557)

– Die Geburt der Tragödie aus dem Geiste der Musik (7555)

– Jenseits von Gut und Böse (7530)

– Menschliches, Allzumenschliches II (7536)

– Morgenröte (7505)

– Zur Genealogie der Moral (7556)

NOVALIS: Hymnen an die Nacht; Heinrich von Ofterdingen (KL 273)

WILHELM GOLDMANN VERLAG MÜNCHEN

OVID: Metamorphosen (7513)

PLATON: Der Staat (7516)

QUINTILIAN: Über Pädagogik und Rhetorik (KL 130)

SALLUST: Die Verschwörung des Catilina; Der Krieg mit Jugurtha (7543)

SCHOPENHAUER, ARTHUR: Aphorismen zur Lebensweisheit (7519)

SENECA: Moralische Briefe; Von der Vorsehung (7509)

– Vom glückseligen Leben; Trostschrift für Marcia; Von der Ruhe des Herzens (KL 131)

STENDHAL: Rot und Schwarz. Roman (KL 507)

STORM, THEODOR: Immensee und andere Novellen. Inhalt: Im Saal; Immensee; Ein grünes Blatt; Im Sonnenschein; Auf dem Staatshof; Auf der Universität; Von jenseit des Meeres; Draußen im Heidedorf (7524)

– Der Schimmelreiter und andere Novellen. Inhalt: Ein Fest auf Haderslevhuus; Ein Bekenntnis; Der Schimmelreiter (7551)

SUETON: Kaiserbiographien. Band 1: Caesar; Augustus; Tiberius; Caligula (KL 108)

TACITUS: Germania; Die Annalen (7518)

TOLSTOI, LEO N.: Anna Karenina. Roman (7537)

– Die Kreutzersonate. Erzählung (KL 806)

– Krieg und Frieden. Roman (430)

– Roman einer Ehe (KL 802)

VERGIL: Aeneis (KL 129)

WILDE, OSCAR: Das Bildnis des Dorian Gray. Roman (KL 733)

– Das Gespenst von Canterville und andere Erzählungen. Inhalt: Das Gespenst von Canterville; Die Sphinx ohne Geheimnis; Der Modellmillionär; Lord Arthur Saviles Verbrechen (7550)

ZOLA, ÉMILE: Germinal. Roman (KL 586)

– Nana. Roman (KL 582)

WILHELM GOLDMANN VERLAG MÜNCHEN